幼兒園 主題課程設計

慈大附中附幼主題課程紀實

施淑娟　主編

陳佩珠　　張珮嘉　　陳美如

顏桂玲　　顏如玉　　鄒怡娟　著

簡月蓉　　梁佩芹　　莊惠麗

目錄

主編簡介

施淑娟

學歷： 美國 Argosy University 教學領導博士

　　　　主修 K-12 課程與教學

現任： 臺東大學幼兒教育學系副教授

經歷： 慈濟大學兒童發展與家庭教育學系助理教授

　　　　慈濟大學兒童發展與家庭教育學系及服務學習中心主任

　　　　慈濟技術學院幼兒保育系講師／助理教授

　　　　高職幼兒保育科老師、國小及幼稚園教師、主任及園長

　　　　幼兒園奧福音樂及體能才藝教師

　　　　教育部幼兒園新課綱宣講人員及輔導教授

　　　　勞動部丙級保母人員監評委員

　　　　保母人員培訓及在職進修課程講師

　　　　托嬰中心輔導委員

　　　　蒙特梭利啟蒙基金會花蓮區執行長和教務長

　　　　0-3 及 3-6 歲蒙特梭利師資培訓講師

　　　　托嬰中心、托兒所、幼兒園、課後托育中心及保母支持系統評鑑委員

　　　　原民會沉浸式族語教學幼兒園計畫共同主持人

　　　　教育部幼兒園美感及藝術教育札根計畫輔導委員

證照：幼稚園教師合格證

美國 NAMC 0-3 歲蒙特梭利合格教師證

美國 AMS 3-6 歲蒙特梭利合格教師證

美國國際嬰幼兒按摩訓練中心專業講師證

專長：全語文教學、方案教學、閱讀教學、親職教育、教學領導、幼兒園行政、檔案評量、蒙特梭利教育、繪本與說故事教學、嬰幼兒課程設計、嬰幼兒音樂與律動、嬰幼兒環境規劃與設計、嬰幼兒教具製作與應用、嬰幼兒按摩、嬰幼兒體能與遊戲

作者簡介

陳佩珠

　　畢業於東華大學教育行政與管理學系碩士班，投身教育界25年至今。求學階段，因一場美麗的誤會而提早入學就讀，跌跌撞撞的學習過程，直至接觸師資培育，從自身經驗中，深刻體會到適性教育及因材施教的重要性，激起了對幼兒教育的熱忱，學會用同理心及愛心來陪伴孩子成長與學習，更帶領全園老師共同成長，不斷為幼兒、為課程而精進努力。

張珮嘉

　　臺東師範學院幼兒教育學系畢業，教學年資22年。幼兒教育，首重滿足幼兒心理需求，不能滿足，智慧就不能開發，因為孩子永遠在追尋自尊心需求、歸屬感需求等六大心理需求，如果孩子的感受不好，情緒就不會安定，最後的行為表現就沒智慧可言。「尊重孩子、了解孩子、更能滿足孩子」的理念，滿足孩童的心理需求與培養氣質。

陳美如

　　畢業於東華大學幼兒教育學系碩士班，教學年資19年。喜歡看孩子純真的笑容，喜歡聽孩子童稚的聲音，更喜歡和孩子一同歡樂學習與成長，陪著孩子去探索廣闊未知的世界。孩子有無窮的想像力與創造力，端看老師與父母如何去引導與開發，期許自己是盞點亮孩子心中明燈的老師。

顏桂玲

畢業於朝陽科技大學幼兒保育系，教學年資 16 年。面對孩子時，我是陽光，我是小雨，我是溫柔的守護天使，從孩子的身上，學會了如何成為一位良師；從孩子的回饋上，知道孩子們收到我滿滿的愛。孩子的世界無限寬廣，生活的知識處處蘊藏，願從這本書中，看見努力、執著於教育工作的桂玲。

顏如玉

實踐大學畢業，投入幼教事業逾十年至今。觀察孩童因不同原生環境和成長歷程，其氣質和個性是有差異的，因此，秉持愛心、耐心及專業，學期間採取因材施教和參與分享的方式，帶領主題課程，期望學生能主動積極的探索知識，享受獲得知識的喜悅。

鄒怡娟

畢業於樹德科技大學，教學年資 14 年。「耐心」是我的座右銘，等待孩子學習，等待孩子成長，孩子需要我們給予充足的學習經驗，孩子需要我們放手讓他嘗試，孩子需要我們給予勇氣和鼓勵，給予孩子充足的學習環境，孩子將會長成一棵棵獨特又茁壯的小樹。

簡月蓉

喜歡與小孩相處而選擇花蓮師範學院幼兒教育學系，進而投入幼兒教育的工作。我喜歡與孩子共同營造學習的興趣，探索新的知識，透過主題課程的進行，更激發自己創意教學的實踐。

🖋 梁佩芹

　　畢業於樹德科技大學，教學年資 10 年。貨真價實的南部小孩。我喜歡故事，家中收藏超過 200 本繪本；我喜歡用故事引導孩子、帶領孩子進入創意想像世界。陪伴孩子成長、和孩子一起學習，已經是生活中的一部分；看著孩子們開心的大笑是每天的動力來源，聽著孩子們甜甜的喊一聲佩芹老師，更是我持續往前的動力。願能在孩子的心中，種下更多奇幻種子，讓孩子們更成長茁壯。

🖋 莊惠麗

　　畢業於中原大學，對於教育相當有熱忱，總是像孩子王一樣帶著孩子們一起進入主題的世界，快樂的玩、盡情的探索，擦出許多美麗的火花，為孩子的未來開啟一扇不同的窗。

推薦序一

　　本校為佛教慈濟基金會於 2000 年創設之慈濟大學附屬高級中學,校訓為「慈悲喜捨」,位於花蓮市中央山脈山麓,100 學年度與慈濟大學實驗國民小學合併,2001 年設立之慈大實小幼兒園因而改設於慈大附中。幼兒園合計 6 班,學生 180 人,教師 13 位,與國小部、國中部及高中部師生合用 16 公頃校園,環境開闊清幽,建築莊嚴安全,設備新穎充實,師資專業精良,學生勤勉向學,家長認同支持,為最優質的學習園地。幼兒園的全人教育培養學生高尚品格與帶得走的能力,使其獲得適性發展,更重視培養學生解決問題的能力及生活智慧。

　　學校創辦人　證嚴上人提出的教育理念為:
1. 全人教育:啟發良知良能、正知正見。
2. 全程教育:奠定己立立人、才德兼備。
3. 生活教育:秉持愛為管理、戒為制度。
4. 人文教育:落實慈悲喜捨、誠正信實。
5. 宏觀教育:永續淨化人心、祥和社會。

　　本校幼兒園深耕全方位教育,幼兒學習與各種人、事、物相處;從食、衣、住、行、育、樂中落實生活教育,養成獨立自主的人格及生活自理的能力。自 96 學年度起,慈濟大學兒童發展與家庭教育學系施淑娟助理教授持續指導幼兒園教師發展主題課程,教師與幼兒共同確定學習主題,並逐步產出豐富之教學成果,獲得幼兒教育學者、同仁及家長肯定。

　　近年,淑娟教授積極鼓勵,幼兒園教師們將教學設計及教學過程之完整紀錄集結出版,經由「主題引發」、「興趣萌發」、「探索鷹架」及「成

果展現」四階段教學程序，呈現的經驗是紮實與珍貴的。本校計畫出版幼兒園各主題系列教材，此本為首冊，特予推薦，並與國內外幼兒園教師分享。

慈濟大學附屬高級中學

前校長 李克難 謹誌

推薦序二

Learning by Doing?

Learning by Playing?

幼兒園階段就實施主題教學，可能嗎？

以上的答案是確定的，位在後山花蓮的慈大附中附設幼兒園提供了肯定的答案！

本校為佛教慈濟基金會於 2000 年創設之慈濟大學附屬高中所附設之幼兒園，校訓為「慈悲喜捨」，是一所從幼兒園、小學、國中、到高中，十五年一貫實踐全人教育理想的學園。幼兒園合計 6 班，學生 180 人，因為與小學部共用中央山脈山麓 16 公頃廣袤的校園，環境開闊、建築莊嚴、教學設備齊全，在教學與課程的設計上，由於題材來源豐富，在深度廣度上容易上下延伸、左右擴展，教學內容更是容易符應學生不同的心智發展！

慈濟教育學校系統是由慈濟功德會集結海內外慈濟人的愛所建立，創辦人 證嚴上人的教育理念包涵：全人教育、全程教育、生活教育、人文教育、以及宏觀教育，各階段的教育又有其教育目標與重點。其中，慈大附中附設之幼兒園，在全人教育的實踐上，尤其著重培養兒童們生活自理的能力、基礎的品格力、以及學習習慣的養成，讓感恩、尊重、愛的善苗在幼小的心田播種、發芽，更為未來的知識學習奠下關鍵的基礎。

為了實現這份理想，慈幼團隊夥伴們以教師社群的姿態，在施淑娟教授長期的陪伴指導下，精進學習、集體備課、討論分享、共同創造出切合幼兒園心智發展的教案，並且以協同教學的型態，透過生動活潑的方式，讓純真可愛的孩子在做中學、遊戲中學，也在快樂學習的氛圍中，奠定關

鍵的學習基礎！這些教案都來自施淑娟教授與慈幼團隊們的集體智慧，也是慈幼在幼兒教育上實踐理想的重要紀錄。

2019 年在臺灣應該是教育年，因為自 8 月起，以培育終身學習者為目標，以素養導向為核心的新課綱在臺灣的中小學上路了，素養導向的教育強調學習是綜合的學習經驗，結合知識、情意、能力，在不同情境都可轉化運用的能力，是孩子迎接未來挑戰的關鍵能力。我們都心知肚明，中小學的學習成效，基礎在幼兒園，這本主題教學的教案，每一篇都鎖定在培育孩子綜合的能力，也就是素養導向教與學的具體實踐，這群慈幼老師呼應整個教改的脈動，呈現出幼兒園版的素養導向教學設計，我既樂於推薦，更引以為傲！

教育要面向未來，孩子的關鍵學習基礎，就在這短短的幼兒園階段，慈大附中附幼團隊在淑娟教授的指導下，樂於分享教與學的智慧，而這一本主題教學的教學設計彙編，非常值得幼教的夥伴、幼教的家長，以及關心基礎教育的夥伴們一起來探究、研讀，我欣喜推薦。

慈濟大學附屬高級中學

校長 李玲惠 謹誌

 作者序

　　慈大附中附幼座落在好山好水的花蓮，成立於 2002 年，曾是 2 個班 4 位老師的小規模團隊，老師們認真的經營、默默的付出，期許能將每一位孩子教好，成為花蓮地區人文典範的幼兒園。經老師的努力耕耘下，終於獲得家長的口碑與肯定，在少子化的趨勢下，本園卻能穩定成長，發展至今已擴展成為 6 個班 180 位學生，1 位園長、13 位老師的規模。

　　曾經，本園採用單元教學，融入慈濟人文課程與靜思語教學，期盼讓孩子從生活經驗中，落實品德教育。但因學生數日增，在增班增老師情形下，老師們開始有不同的教學想法，原有的教學模式已無法滿足於這群新進的生力軍，因此激起老師想更精進於教學的渴望。全園老師經過討論、磨合後，在慈濟大學施淑娟老師的帶領之下，形成一支願意突破與創新的教學團隊，找尋更合適的教學模式，期許在教學上能有一番創新與成長。

　　全園的課程朝向「主題教學」發展與探索，給了老師新的思維和衝擊，老師一路走來雖跌跌撞撞，但卻更樂於享受教學，從主題教學歷程中省思、蛻變、成長，期盼給幼兒一個自然的真實情境，更努力以孩子有興趣的事物為學習的角度與方向。

　　我們的教學團隊試著以「主題教學」的精神，依循著孩子的興趣、需求與好奇，發展出不同的課程架構，引起孩子探索的興趣。在課程中，孩子透過探索觀察、尋找資料、團體討論、分組創作……等方式進行，開展孩子另一個學習新視窗。發展歷程中，讓孩子勇於嘗試、發現問題、討論操作、分析比較，提升幼兒解決問題的能力，培養主動探索新知識的態度，期許孩子將這些能力應用在往後的學習上。

一路走來，我們思索這樣的教學模式，是幼兒需要的嗎？

　　幼兒是否成了學習的主角？幼兒的學習是主動、快樂的嗎？

　　現在，透過團隊的教學歷程紀實，我們知道「主題教學」是適合幼兒的，感受到師生全心投入且享受教學歷程，如今呈現出教學的甜美果實，願與幼教夥伴們分享我們的成長，幼教路上一起努力精進。

慈濟大學附屬高級中學附設幼兒園

園長 陳佩珠 謹誌

主編的話

開啟主題一扇窗

　　慈濟大學附屬高級中學附設幼兒園成立於 2002 年，多年來採用單元與學習區方式實施教學。隨著幼兒教育的發展趨勢，教師們有感於課程的演變，自省應該嘗試以主題方式來發展幼兒園課程。2007 年個人完成博士學位，正值慈濟技術學院幼兒保育系與慈濟大學兒童發展與家庭教育學系合併，進入慈濟大學和附中幼兒園結緣，擔任教學輔導工作。與全體老師討論後，確定發展主題課程，攜手邁向專業教師之路。

　　一路走來，除了釐清主題課程方式，也藉由坊間主題課程的書籍，了解其他幼兒園主題課程脈絡，研討後，形成慈濟幼兒園自己的主題課程，並融合全語文概念與靜思語教學，慢慢發展出獨特的課程與教學特色。慈大附中幼兒園教學團隊曾在 2009 年獲得花蓮教學卓越金質獎，代表花蓮縣參加全國競賽，讓老師們體會到教學演變中的自我成長，更加深邁向主題課程的確切性。

　　12 年來，幼兒園進行許多不同的主題活動，老師們分工合作，每兩週即整理課程內容，將教學活動花絮呈現給家長，更在學期末整理主題課程教學歷程並製作教學簡報，在下一學期初教學討論時間與全體老師分享。每月一次的晚間研討，不僅使老師們紮實地執行主題課程，也培養教師們撰寫教學歷程的能力，經由多年的努力，興起彙編成書的想法，可與幼教同仁分享主題課程的經驗。但因四年來忙碌於行政工作，延誤出書的進度，這件事情一直記掛在心中，幸而得到兒家系林秀儒與劉鳳秀兩位同學協助

校稿與排版，主題課程教案終於付梓。

　　雖然在出書的過程中，我離開了慈濟大學，進入臺東大學幼教系工作，但仍維持每個月一次與教師們進行專業成長的會議，也期待能順利完成出書的工作。

　　本書並未置入太多的理論依據，單純記錄幼兒教育工作者實施的主題課程，希冀為本園推展多年的主題課程留下足跡。因為老師們課程紀錄十分詳實，以致本書放置的主題課程篇數不多，期待有計畫地出版第二、三或四冊主題書，完整呈現幼兒園課程發展的珍貴歷程。本書內容包含「衣服──拈花惹草」、「觀光」、「恐龍」、「蝶飛『鳳』舞」四個主題，期待透過不同的議題呈現主題教學歷程之面貌。

淑娟 於王記

主題一 衣服——拈花惹草

●幼兒年齡：中大班

●班級老師：陳佩珠、陳美如、顏桂玲、梁佩芹、莊惠麗

緣起

　　衣服是孩子每天生活的必需品，主題的發展應以幼兒生活經驗為中心而出發，我們給幼兒直接的經驗來累積與嘗試，期望幼兒在活動中能真實且具體的體驗衣著與生活關係。希望藉由遊戲、分享與體驗，培養幼兒植物染布的發展歷程，讓孩子抱著一顆勇於嘗試的心，並在過程中，發現問題、討論、操作、分析與比較，提升幼兒解決問題的能力，進而培養他們主動探索新知識的態度。

教學目標

【生活教育之延伸】結合生活教育，延伸對衣服的探索與興趣。

【校園環境之探索】觀察校園自然環境，認識植物染之染材。

【神奇染布之樂趣】觀察染材與染法，主動學習創意無限。

壹、主題概念圖

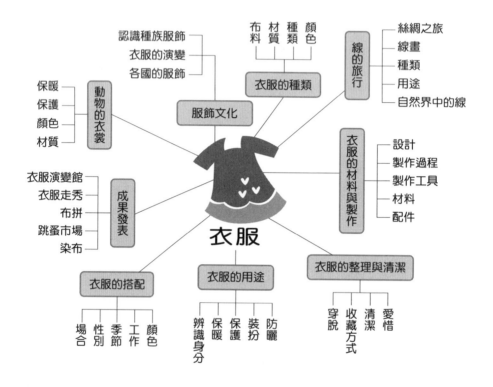

貳、主題事後網

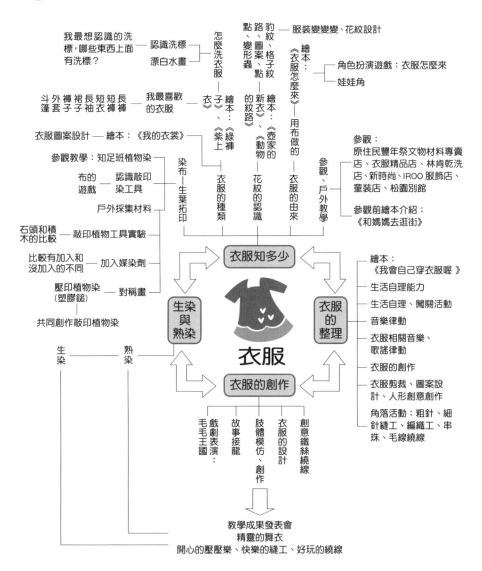

衣服

衣服知多少

- 服裝變變變、花紋設計
- 繪本：《衣服怎麼來》
  - 角色扮演遊戲：衣服怎麼來
  - 娃娃角

豹紋、格子紋、點、路、圖案、點、變形蟲的紋路

我最想認識的洗標，哪些東西上面有洗標？ ── 認識洗標 ── 怎麼洗衣服
　　　　　　　　　　　　　漂白水畫

斗篷、外套、褲子、裙子、長衣、短袖、短褲、長褲 ── 我最喜歡的衣服 ── 《衣》子

衣服圖案設計 ── 繪本：《我的衣裳》

參觀教學：知足班植物染 ── 染布 ── 生葉拓印

布的遊戲 ── 認識敲印染工具

戶外採集材料

石頭和積木的比較 ── 敲印植物工具實驗

比較有加入和沒加入的不同 ── 加入媒染劑

壓印植物染（塑膠鎚） ── 對稱畫

共同創作敲印植物染

繪本：《綠褲》

衣服的種類

繪本：《壺家的新衣》、《動物》花紋的認識

用布做的 ── 衣服的由來

參觀、戶外教學

參觀：原住民豐年祭文物材料專賣店、衣服精品店、林肯乾洗店、新時尚、IROO 服飾店、童裝店、松園別館

參觀前繪本介紹：《和媽媽去逛街》

生染與熟染

生染 ── 熟染

衣服的整理

- 繪本：《我會自己穿衣服喔》
- 生活自理能力
- 生活自理、闖關活動
- 音樂律動
- 衣服相關音樂、歌謠律動
- 衣服的創作
- 衣服剪裁、圖案設計、人形創意創作
- 角落活動：粗針、細針縫工、編織工、串珠、毛線繞線

衣服的創作

毛毛王國 ── 戲劇表演：故事接龍、肢體模仿、創作、衣服的設計、創意鐵絲繞線

教學成果發表會
精靈的舞衣
開心的壓壓樂、快樂的縫工、好玩的繞線

 參、主題發展歷程

 一、主題醞釀期

(一) 故事時間：《我自己穿衣服喔！》

每天穿戴整齊才能快樂出門，關於這些生活上的事，觀察發現孩子還有很大的進步空間。

一上課，先讓他們自我檢測是否會自己穿衣服，幾乎都能舉手回應，倒是有幾個孩子不好意思的看著，安慰、讚美他們很誠實，不會穿沒關係，老師會教大家。再以繪本《我自己穿衣服喔！》讓孩子從中反觀自己、學習正確的方式。

在欣賞繪本的當下，小珊、小芫等紛紛發現小勝穿內衣時卡住了。老師反問：「為什麼？」孩子說：「他穿錯了。」老師立即在白板上畫出小內衣，並在頭、手的位置分別標示出1、2、3，考考小朋友，孩子們清楚的知道正確的位置。當看到小勝穿襪子的畫面時，孩子不禁會心一笑，因為那正是大部分孩子的寫照（拉橡皮筋）。

1. 常規練習：大家來穿、脫襪子

進行「穿襪子」活動時，老師先模仿大家的穿法，引來一陣哈哈大笑，從歡樂中孩子發現自己穿襪子的樣子很好笑。在拉扯間，襪子不但愈拉愈長，身體也會因此而東倒西歪。接著以簡易的手指謠引導孩子穿、脫襪子的好方法，老師並以口訣（大拇哥、二拇弟變啊變啊變成神槍手）讓孩子

們有更好的手勢先將襪子撐開，再往上拉或往下推。最後以小小的競賽考驗，增強孩子穿脫襪子的技能與速度。

▲自願示範脫襪子　　　▲看！孩子可愛的穿襪子　　▲笑得多開心
　　　　　　　　　　　模樣

🔖 老師的觀察 vs. 省思

　　觀察孩子的行為習慣作為教學參考與指導方針，頗能引起共鳴。藉由繪本故事一起發現問題，提問間讓孩子自然而然知道正確的穿衣方式。至於穿襪子的實際演練，先以孩子的方式呈現，再藉由手指謠導入，孩子易懂也學得快，重要的是大家實際練習，老師再從旁一一指導與協助。再次練習穿脫襪子，並加入兒歌，讓孩子體會真實情境，並設計生活自理單，加強孩子正確的穿襪子，也讓家長可以在家陪孩子一起練習。

2. 常規指導：摺衣服、扣釦子

　　老師以口令提醒孩子摺衣服的方式，一來可以知道孩子會摺衣服了嗎？二來加強練習摺衣服的技能。大班的孩子還試著自己解釦子和扣釦子。由於制服的第一顆鈕釦是隱藏的，大多還有進步的空間。

(二) 故事時間：《長頸鹿的新衣》

　　由繪本《長頸鹿的新衣》引發孩子對衣服的興趣。老師：「我也有新衣服喔！我的新衣服是慈濟的制服。」瑄瑄和小家分享他們也有慈濟幼兒園的制服和運動服，小芫接說：「我有一件新衣服是湯瑪士的喔！」小昊說：「我也有。」一陣熱烈討論，引起孩子對衣服話題的高度興趣。

我的新衣服

小芫、小昊：「湯瑪士。」

小晨：「花花（粉紅）。」

小旼：「挖土機。」

小泰：「甲蟲王。」

小靜：「老鼠。」

瑄瑄、小家：「慈小的制服、運動服。」

小羚：「綠色格子的。」

小祺：「鹹蛋超人。」

小真：「公主。」

小庭：「亮亮的、英文的。」（是阿公買給我的）

👆 老師的觀察 vs. 省思

　　提問中，孩子主動分享自己擁有的新衣。不但引起孩子的學習動機，也能作為故事的伏筆。從故事中認識《長頸鹿的新衣》，學會「包容」，進而能欣賞別人的好，也能欣然接受新朋友，對新學期、新同學來說都是很重要的課題。至於生活習慣的養成，除了師長的耳提面命，再加上孩子「常」彼此間的提醒、互動，定能早日養成好的生活習慣。

1. 常規指導：我會穿、脫、摺衣服

　　延續生活自理課程，一方面溫習繪本《我自己穿衣服喔！》，一方面考考小朋友怎麼穿衣服？再請每個小朋友拿出一件上衣，圍坐成ㄇ字型，一起來練習摺衣服。

▲看！大家認真的摺衣服，一直線、正正方方，一點也不馬虎

(三) 故事時間：《我的衣裳》

　　故事時間，讓孩子們先試說如何在白色衣服上畫圖，他們很踴躍的分享，有印的、畫的、繡的、縫的、貼的、染的等方法。

　　帶領孩子們進入故事《我的衣裳》，隨著小白兔千變萬化的衣服，像變魔術一樣。欣賞完，恩恩就說：「到了恐龍的世界不就變成恐龍的衣服了嗎？哇！好可怕啊！」老師接著詢問大家：「那我們也可以來設計一件自己的衣服喔！」大家開心的討論起來，乘著想像的翅膀，設計一件屬於自己的衣服。

如果你有一件衣服，你可以怎麼畫出圖案？
恩恩、小瑩、小誼：「可以畫圖。」
小真：「染色。」
小揚：「用粉紅色。」
小瑩：「用蠟筆。」
小芫：「用綠色蠟筆。」
小珊：「塗水彩、繡的。」
小靜：「蓋印章、可以塗顏色、用貼紙貼。」

▲孩子分享設計的衣服

小庭：「用彩色筆、用葉子。」

小羚：「剪一個畫畫貼上去。」

小瑩：「用噴的，噴得亮晶晶。」

小泰：「用油漆、用倒的。」

小昊：「買新的衣服來仿畫。」

1. 故事接力

　　孩子一一分享自己的創作，老師並適時引導說話的重點：你到哪裡？看見了什麼？產生什麼圖案的衣服？全班以故事接力的方式，共同完成一個有趣的故事。

老師：「有一隻小白兔，牠去散步，天上飛下來一塊神奇的布。」

小珊：「牠去到了學校，和一個小朋友做朋友，結果遇到下雨了。→
　　　　變成蝴蝶衣服。」

小庭：「花園→花花的衣服。」

小瑩：「彩色的花園→彩色的衣服。」

小羚：「又到學校的花園看花→花花的衣服。」

小靜：「又到花園看見蝴蝶又下雨了→蝴蝶和雨滴的衣服。」

瑄瑄：「學校的草地→許願的衣服。」

小庭：「回到了家，看到姊姊的笑臉→笑臉的衣服。」

小宇：「到草原遇見蝴蝶→蝴蝶的衣服。」

小亞：「到了火車站→火車的衣服。」

小家：「恐龍世界，遇到恐龍→恐龍的衣服。」

小祺：「遇到恐龍跑進城堡裡面，變成「箭城堡」→恐龍的衣服。」

小芫：「我到恐龍時代，然後遇到很多凶惡恐龍→恐龍的衣服。」

小宏：「到了消防隊那裡→消防隊的衣服。」

小揚：「媽咪（海盜）→鑽石的衣服。」

小權：「到了荷花那邊→蝴蝶的衣服。」

小瑩：「碰到了小孩子→機器人的衣服。」

小安：「買眼鏡時遇到恐龍→恐龍的衣服。」

小凡：「遇到冰冠龍、雙冠龍、恐爪龍，還有暴龍→恐龍的衣服。」

小泰：「要跟恐龍戰鬥→恐龍的衣服。」

小昊：「戰鬥後，跑到花園，遇到花花→花花的衣服。」

小葦：「到花園玩遊戲，就變成笑臉了→笑臉的衣服。」

小諼：「太陽的地方→太陽的衣服。」

小真：「到了彩虹的世界，遇到蝴蝶，帶到彩虹那裡→彩虹的衣服。」

恩恩：「到恐龍星球，遇到暴龍、異特龍、虛形龍、角鼻龍，還有一隻食惡龍→恐龍的衣服。」

小愉：「遇到了小蜜蜂，有蜂蜜吃，蜜蜂還去花園，太陽很大，還有海綿寶寶→很幸福的衣服。」

(四) 故事時間：《衣服怎麼來》／遊戲時間：大風吹

從選一塊自己喜歡的「布」到設計圖案，孩子對布已有初步的概念，試問「布可以做什麼？」他們認真思考後，五花八門的想法一一拋出，想像空間更開闊了。

老師又拋出另一個問題：「以前的人有沒有穿衣服？」孩子即清楚表示說沒有。老師追問：「為什麼？」小真：「很熱。」小芫：「很冷。」孩子的回答看似相反，卻探究出人類需要「穿衣服」的原因。老師又問孩子：「該怎麼辦呢？」小誼說：「躲在樹下。」老師肯定的說：「答案很接近喔！可以用什麼來遮身體呢？」小珊：「樹葉。」老師再問：「可是樹葉沒辦法保暖，還有什麼呢？」小凡：「獸皮。」

1. 問題：請孩子猜想有了獸皮，為什麼他們還要更多呢？

　　孩子回答因為愛漂亮，他們的想法幾乎道出「衣服怎麼來」的故事，老師將故事說了一遍，並透過「大風吹」遊戲，讓孩子試著運用自己身上和「衣服」有關的物品來進行活動。大家玩著玩著，不只衣服、褲子、內衣、襪子等都出現了，最後小愉連「釦子」都出籠了，大家玩得又驚又叫，好不開心。

2. 大家來演戲

　　老師帶來一些仿動物花紋的布料，讓大家觸摸與觀察。孩子對於毛絨絨的布感到非常的好奇，紛紛說：「好軟喔！好好摸喔！摸起來真舒服

……。」老師又秀出一片大葉子讓孩子猜想，小諼馬上說：「可當衣服。」小亞：「葉子剝掉貼在衣服上。」小珊：「樹。」瑄瑄：「動物的衣裳。」猜想的當下，老師提到好久沒有演戲了，孩子開心的討論著要演什麼。小晨：「演動物。」小諼：「演動物的衣裳。」小葦：「演衣服怎麼來。」大家認同他的看法，舉手想參與演出，最後找了四位來幫忙，他們扮演原始人很熱的樣子，也扮演發冷發抖的樣子，甚至還穿上獸皮。小葦說他們要去打獵，老師順口問觀眾：「你們要不要當野獸啊？」就這樣孩子瘋了起來，全成了嘶吼的野獸，更在原始人的追逐下，全班情緒沸騰，大家玩得不亦樂乎。

3. 故事複習：衣服是怎麼來的

大家票選出最想分享的書《衣服怎麼來》，老師以提問的方式和大家一起溫習故事。

老師：「以前的人本來沒有穿衣服，後來為什麼有穿呢？」

小珊：「因為很冷。」

孩子：「很熱。」

老師：「那……穿衣服有什麼功能？」

小宇：「可以保護身體。」

小珊：「可以取暖、不會被太陽曬。」

老師：「那……他們穿過哪些東西當衣服？」

小真：「樹葉。」

老師又問：「樹葉夠不夠保暖呢？」

孩子都回答說：「不夠。」

小珊：「風一吹就吹掉了。」

小瑩笑著說：「人家笑她羞羞臉，沒穿衣服。」

老師接著問：「那怎麼辦啊？」

小靜和小晨就說：「就用動物的毛皮。」

老師：「喔！他們到山上打獵。」

小諼還接著說：「他們這樣也可以吃到肉啊！」

老師：「那動物的毛皮怎麼變成衣服啊？」

小珊：「他們把動物的衣服曬一曬。」

老師請孩子想一想哪些動物的毛皮可以當衣服？

小安：「長頸鹿、駱馬。」

小瑩：「綿羊。」

小旼：「獅子。」

小家：「豹。」

小昊：「大象。」

小芫和恩恩：「老虎。」

小靜：「豬。」

恩恩：「駱駝。」

瑄瑄：「大猩猩。」

小晨：「美洲豹。」

小真：「馬。」

(五) 故事時間：《壺家的新衣服》

欣賞故事前，先問孩子什麼時候會去買新衣服？

小晨：「衣服穿不下了。」

小庭：「衣服破了。」

小真：「天冷了。」

老師提了一下：「中國人通常是什麼時候買新衣服？」

小珊馬上回應：「過年。而壺家也是過年時會全家去買新衣服喔！」

從故事中，認識了變形蟲裝、格子裝、條紋裝、圓點裝等。在欣賞的當下，問孩子到哪裡換衣服？會認字的孩子馬上回說：「試衣（間）。」反問孩子有沒有試穿衣服的經驗？不少孩子表示有。老師也提示孩子故事中皮先生身上掛了皮尺的功能，為了讓孩子見識一

下，所以請出模特兒當場測量，讓孩子了解皮尺的使用。

在故事中壺家一家人變裝後，每個人都會對新衣服有不同的感受，因此說話的語氣也不一樣，我們試著去感受並仿說。這時小珊發現新衣服上有牌子，小晨也說：「對啊！」好幾個孩子還接說：「每件新衣都嘛有。」小珊還舉手告訴大家她的發現：「就是每一種服裝，畫者都配合畫出相同的紋路（條紋、格子、圓點等）。」老師還分享準備好的新圍巾、褲子，讓孩子認識牌子。

 老師的觀察 vs. 省思

所謂投其所好，從孩子的興趣出發，並加深加廣學習的內容。「剪紙」就引起孩子的學習動機，當下還主動要求老師剪裙子、褲子、吊帶褲等，更期待自己也可以玩喔！連結舊經驗「布」，讓孩子感受它的質感，觀察它的紋路與動物紋路的關聯，對衣服的由來有更深的印象。事前的準備（新衣服、新圍巾），讓孩子有真實的感受外，也是做最好的印證。

1. 布的探索：欣賞與比較～印、染、繡和畫

就孩子提到的創作方式，以實際的衣服觀賞、觸摸、比較。老師一拋出問題：「你們知道衣服是用什麼做成的嗎？」小鈴：「用布做成的。」大班的孩子果然反應很快。

當場與孩子分享有關印、染、畫的布料和黃黃的胚布，並讓他們摸摸看、壓壓看、搓搓看，比較一下跟我們平常的衣服有什麼異同。小珊說：「摸起來硬硬的。」小

瑩說：「粗粗的，跟我們的制服摸起來感覺不一樣。」小護說：「這一塊花紋的布很漂亮。」最後老師拿出一塊染布，引起恩恩的熱烈反應，說：「那是我們暑假班做的，我想做，我想做！」大家聽到他這麼說也跟著說想做，老師就負責滿足他們的創作慾望。

🔖 老師的觀察 vs. 省思

孩子的分享引發很好的話題，像小真說出「染色」，便引起大家的好奇，老師則適時補充教學資源。而小白兔的衣裳是一連串的故事發展，我們討論：讓孩子將自己設計的衣服發表出來，全班一起編故事。在孩子說出自己的創作時，有趣的發現，小女生大多偏向花草、蝴蝶，小男生則以恐龍為主。因為孩子是第一次發表自己的作品，顯得有些生澀，但還是很努力的一起編故事。

2. 我喜歡的一塊布

先請孩子試說「布」可以做什麼，小旼說可以做拼布。至於怎麼布置，就留待下次囉！

接著將事前準備的碎布讓孩子們觸摸觀賞，大家看到花紋漂亮的碎布，都忍不住驚呼，一直說好漂亮、好可愛喔！讓孩子選擇一塊自己最喜歡的布，老師也選擇一些花紋不一樣的布來介紹，有條紋的、點狀的、格子的、圖案的等等，最後請孩子當個小小設計師，試著設計花紋。第一次先請小朋友試著用線條設計，小珊就接著說：「那下次再試看看別的方法。」

設計完成，老師提出一個問題：「這些設計可以放在哪呢？」小旼說：「可以掛起來啊！」真是一個好辦法，還可以當成教室布置呢！

3. 孩子設計的線條

4. 孩子設計的圖案

    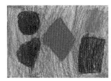

(六) 故事時間：《老虎的花紋》

運用大科學《老虎的花紋》一書，讓孩子觀看動物身上的花紋，並與《壺家的新衣服》連結。孩子進而明白條紋裝，其紋路和斑馬身上的花紋是相似的。圓點裝就像花豹身上的斑點一樣，同樣圓點斑紋還有梅花鹿。至於長頸鹿身上的紋路則是網狀的格子等等。

孩子清楚動物的紋路，也認識格子裝、條紋裝、圓點裝等由來，也想自己設計一套衣服，老師配合的提供圓點貼紙與長條色紙讓孩子自由選材與創作。

孩子想好設計的衣服後，請老師協助。發現孩子能清楚述說他想要的是有袖、無袖或長袖，裙子或褲子等。接著孩子挑選要選用的素材，聚精會神的設計著自己心目中的一套衣服。完成後，更讓孩子實現晾衣服的夢想，在窗前以紙藤布置好曬衣線，一切就緒，就等著晾起大家的衣服囉！後來孩子將衣服加以運用，設計成一個人偶。

▲ 孩子設計的人偶

🔷 老師的觀察 vs. 省思

　　孩子已認識「布」，也接連在設計線條圖案，因此老師試問「布可以做什麼？」

　　從孩子五花八門的想法，可見「布」真的是他們生活中的一環，對它們一點也不陌生。而欣賞故事前的猜想，更開心的見到孩子們很棒的一面，不管是新舊生都能在老師的提示下參與猜說，不但熱衷，還是很正確的想法呢！

1. 學習單「不同的動物紋路」

　　藉由「不同動物的斑紋」學習單，讓孩子從辨別中，剪貼完成正確的動物斑紋，以加深印象及對紋路的認識。

　　在主題討論中，了解孩子不錯的猜說能力且能勇於分享，還激盪了孩子的創造力與想像力。

2. 分享：我最喜歡的一件衣服

　　隔天，孩子真的從家裡帶來了自己最喜歡的衣服。

　　小朋友分享「我最喜歡的一件衣服」時，有的落落大方，有的則是在提問中完成介紹。

▲比一比，他們哪裡不一樣

　　小揚：「有猴子。」

　　小靜：「小熊、小口袋、粉紅色。」

　　小凡：「沒有袖子，很涼。」

　　小芫：「喜歡小猴子，衣服可以翻起來，裡面有香蕉圖案。」

　　TATA：「這些花（粉紅色的）顏色粉紅、綠綠。」

　　雙胞胎：「有球、英文字。裙子口袋可以裝東西。」

　　……

　　最後請出三位小朋友，分別穿無袖、短袖和長袖讓大家比一比，孩子發現了，原來是袖子不一樣。

3. 依衣服的外觀分類

　　請孩子拿出自己帶來的衣服圍坐成ㄇ字型，因之前老師已教過簡單的分類，接著就請小朋友將帶來的衣服依外觀做簡單的分類。小朋友先展示自己的衣服，所有的幼兒一起討論它是哪類衣服，分類好就請幼兒將衣服

摺好放在那一類衣服上，老師也寫上這類衣服的名稱讓幼兒認識。最後一共分成了背心、短袖上衣、連身裙、短褲、長褲、長袖上衣、小內褲、短裙、長裙及外套十大類。

小朋友先展示自己的衣服，並和全班一起將之分類，接著將衣服摺好放到同類的衣服上。

4. 衣服分類學習單

老師首先將十大類的衣服名稱做成字卡，在每張字卡背面貼上該類衣服的圖案，並將之護貝起來，讓孩子可以圖文對照的方式認字。

接著設計了一份學習單，上面分列這十類衣服的名稱，下面留下空白，讓孩子從之前蒐集的雜誌、宣傳DM、報紙，剪下服裝圖片並貼到正確的服裝類別上，若找不到適合的圖片，也可以畫圖的方式畫出該類型的衣服。若孩子不識字，前述護貝好的字／圖卡是很好的工具，讓孩子可以在完成學習單的過程中自行認讀其上的文字。

▲ 字卡背面

▲ 幼兒正在做衣服分類學習單

▲ 幼兒完成的學習單

> **▼ 老師的觀察 vs. 省思**
>
> 　　衣服分類學習單是配合小朋友依照衣服的外觀將其分成十類做成的學習單，小朋友不僅可以學認字（衣服分類字卡，正面為衣服分類名稱，背面則貼上該類衣服的圖片），還可以學習、複習將衣服分類，因必須用到剪刀剪下衣服圖片及用膠水黏貼，可以讓幼兒的小肌肉獲得練習，更重要的是還可培養幼兒的細心和耐心。

5.影片欣賞：布料知多少 vs. 肢體律動

　　雖然花蓮沒有染布場，但我們蒐集到「布料知多少？」的影片，引領孩子認識布料的染、燙、平整過程。並藉由一塊染布區分與一匹布的差異，同時和孩子一起假裝自己是一塊布，運用想像讓自己經過搓洗、染色、脫水、整燙到包裝等完整歷程，展現肢體律動。

　　從影片中知道，染布的水是用蒸氣加溫的，熱得會冒煙，叔叔會從染色機器旁邊剪下一小塊布，原來是要確認是否和客人訂製的顏色有沒有一樣。染好的布放進機器中轉動，好像媽媽的洗衣機。這時，布皺巴巴的，又被送進滾桶裡，一下子全都變平了，好像燙衣服，叔叔說這是烘乾、平整。

老師：「為什麼要染布？」

小晨：「變出喜歡的顏色。」

老師：「布可以做什麼？」

小誼：「做布偶。」

小庭：「做衣服。」

老師：「誰會做衣服？」

恩恩：「人（大人）。」

孩子：「工廠人。」

老師：「什麼人？」

小珊：「設計師。」

老師：「他要怎麼做衣服？」

小家：「用織布機。」

小珊：「縫紉車。」

6. 團討：洗衣服的方式

老師說了兩個故事：《佩琪洗衣服》、《綠上衣 紫褲子》，說完後便和孩子討論洗衣的方式，洗衣服對孩子而言，看似熟悉，是生活上常見的事，但又好像很陌生，因為這好像都是媽媽的工作，孩子們到底知道多少呢？以下是我們洗衣服的方法有哪些的討論：

洗衣店

1. 傳統洗衣店拿給老闆洗（小揚）。

2. 自助式洗衣店（小詠）：(1) 先投 40 元；(2) 門打開後放衣服；(3) 等一小時；(4) 將洗好的衣服換到烘衣機烘乾。

洗衣機

1. 洗衣機洗（小茹）。

2. 把衣服丟進洗衣機（小謙）。

3. 放洗衣服粉（皓皓）、漂白水（小詠）。

（「只有放這兩樣東西而已嗎？」老師請孩子回家觀察洗衣服的清潔劑有哪些？）

4. 關門，按一個按鈕就會一直轉（小豪）。

5. 洗完（停止不會動後）晾乾（瑄瑄）。

手洗

1. 用手洗（瑄瑄）。

2. 在盆子內加水（小庭）。

3. 放衣服、放洗衣粉搓一搓（阿廷）。

4. 拿洗衣板、用手搓一搓，用刷子刷一刷。

5. 沖一沖水（小翔）。

6. 放洗衣機脫水晾乾或烘乾（小涵）。

此時孩子們開始七嘴八舌爭辯：要把衣服擰乾要用洗衣機還是脫水機？孩子們不會分辨洗衣機及脫水機的不同，因此老師出了一個回家功課：回家與媽媽研究洗衣機和脫水機有什麼不同？隔天，孩子們就可以很清楚地回答出洗衣機和脫水機的不同處。

7. 衣服的保存方法

老師提問：「洗完衣服後要如何收藏？」

小安：「放在衣櫃中。」

琳琳：「折疊好，放在衣櫃。」

小瀚：「用衣架掛起來。」

小傑：「分類放，褲子、衣服同一類放在一起。」

小勻：「和夏天分開放。」

小穎：「自己的衣服放在一起，沒有和別人一起放。」

老師的觀察 vs. 省思

　　在討論洗衣機如何洗衣服時，小翔說：「洗衣機不用加東西，放下去就會有泡泡。」老師請他回家與媽媽研究討論，是真的嗎？老師開玩笑的說：「如果是真的，這一臺洗衣服功能很好，要介紹老師買喔！」隔天小翔研究完家裡的洗衣機，不好意思的說：「是我弄錯了，媽媽洗衣服的時候要放洗衣粉，是我不知道。」或許老師直接告訴孩子答案，是最直接且快的方法，但老師想培養孩子主動探索知識的態度，孩子自己求證的知識，印象也會更深刻。

8. 衣服怎麼洗：尋找洗標

　　前天討論衣服要怎麼洗？小晨說媽媽告訴她要看上面的洗標，當時大家還一臉疑惑。

　　什麼是洗標？就讓孩子來找一找，有些人找到了，卻不知道什麼洗標，有些人找到牌子的標籤，小安覺得衣服外面的線線就是洗標。請小朋友到白板上畫出他找到的，瑄瑄畫了牌子標籤，小芫畫出了一個乾洗標誌，但大家都不知道那是什麼，阿祺還說那是要加雞蛋進去洗，大家聽了都哈哈大笑，因此請大家回家找一個自己最想認識的洗標來與大家分享。

9.作業分享：我最想認識的洗標

　　首先請小祺與大家分享他畫的「不可烘乾」，老師問大家什麼是烘乾？
又為什麼要烘乾？小羚：「不可用熱的。」

　　小凡說家裡的是要裝過水的，還說我家有
烘乾機，老師請他回家把它畫下，再和大家分
享，恩恩也興奮的說：「我家也有，我也要
畫。」接著，是小庭畫的乾洗圖，孩子很有想
像力的說是雞蛋，它代表的是乾洗。緊接著是
小安的「不可漂白」。小亞的「可整燙，不超
過 120 度」。小羚的「可用手洗」。

　　還有恩恩的「擰乾」。這時小芫也說：
「老師，我發現我的毛巾也有洗標耶！」老師
也拿出自己的皮包讓大家看上面也有洗標喔！
結果引起大家的討論，紛紛說出自己發現除了
衣服以外，哪裡也有洗標。為了滿足大家的發表欲，老師請大家回家再找
找看除了衣服以外，哪些東西也有洗標。

10. 洗標大考驗

將孩子分成兩組，按號碼輪流上臺指出老師說出的洗標是哪一個。從遊戲中考驗孩子的記憶，加強洗標的印象。

最後，我們結合孩子的作業製作成大海報，張貼在教室外，讓孩子可以再欣賞、認識或玩遊戲。

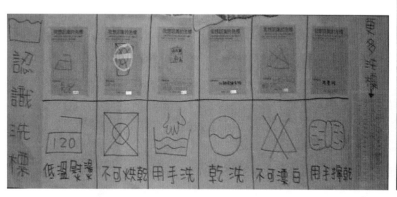

11. 烘乾機介紹

隔天恩恩真的與大家分享他觀察到的烘乾機，並介紹按鈕與操作方式。另外，老師結合四季說明天氣變化與穿衣服的關係，並利用影子遊戲的教具，讓孩子配合季節，做適當的穿衣搭配。

小安等又介紹他們發現哪些東西有洗標。小安：「毛巾、帽子、玩偶、棉被、枕頭套。」小泰：「浴巾、手套、襪子、手提袋。」小羚：「皮包、錢包、小熊等。」

▲孩子解說烘乾機

🔰 老師的觀察 vs. 省思

　　在尋找洗標又不清楚意思時是最有趣的，大家依圖說故事，不能用洗衣機洗的圖案，大家說是不可以丟正方形下去洗，老師也不急於提供正確答案，讓孩子抱著好奇的心去引發學習欲。藉由作業分享認識洗標，是孩子主動學習的方式，因為他已下過功夫，對洗標能認得更透澈。別人也能從猜說中，記得更清楚喔！只要孩子有興趣，他就會主動參與，恩恩就是最好的例子，原本是小凡提出來的烘乾機，老師請他回家觀察，畫下來與大家分享。恩恩聽了，也主動說他家也有，他也要畫，而且真的將畫帶來學校與大家分享。這是值得喝采的事喔！

12. 我想認識的洗標 vs. 分組對抗遊戲

　　複習六個洗標後，又介紹了六個新的洗標，孩子提議切蛋糕，將全班分對半來進行洗標對抗賽。由於一開始沒有寫上「乾洗」這兩個字，孩子對該洗標顯得陌生，因此再強化對乾洗的認識。當然要趁孩子記憶猶新，加深其印象，老師立即讓孩子進行一份「我認識的洗衣標示」，畫出自己喜歡的四個洗標，完成後再跟老師分享。

13. 統整時間：洗標分類 vs. 洗標教具

　　這些日子孩子探究洗標，從遊戲、尋找、參觀中見識了不少。為了讓孩子對洗標更清楚，不只知道洗標的名稱，也能統整歸納洗標分類的意義。從網路上找到 2007 年

經濟部公告的服飾標示基準，讓孩子清楚洗標的分類：有水洗、乾洗、漂白、乾燥、熨燙等五大類。並以兩組轉轉樂教具吸引孩子的學習興趣，期望從中加深孩子對洗標的認識。

14. 角落作品分享：晾衣服

　　角落時間，延伸孩子對「剪紙」的興趣，老師利用皺紋紙剪出連續的衣服圖案，引起學習興趣，當下小珊、小旼等小朋友還要求剪裙子、褲子、吊帶褲等圖案。分享時，孩子們更有不同的聯想，大家都展現了最佳想像力喔！

　　「剪紙」的聯想
　　小權：「曬衣服。」
　　小安：「晾衣服、腕龍的腳。」
　　小誼：「繩子。」
　　小瑩：「跳繩。」
　　小昊：「火車。」
　　小庭：「山。」
　　小揚：「衣服牽手連在一起、火車。」
　　瑄瑄：「浴缸。」
　　小愉：「蛇、大衣服。」
　　小珊：「海浪、手鍊。」
　　小真：「15 個人穿衣服、圍巾。」
　　小泰：「山洞、旗子。」
　　小家：「一座座的山洞。」
　　恩恩：「恐龍。」
　　小祺：「房子、膠水把 15 個人黏起來。」

小芫：「火山、飛魚的鰭。」

小羚、小亞：「鐵軌。」

15. 影片分享：洗衣機廣告 vs. 肢體律動

運用廣告進行影片欣賞，一開始孩子即從畫面看見一臺洗衣機，老師問孩子們：「洗衣機要加水嗎？」他們清楚知道是要加水的。進而引發其想像力，如果洗衣機加水後，「襪子」在水中會變什麼？

小珊、小愉：「魚。」

瑄瑄：「美人魚。」

小祺：「青蛙。」

老師又問：「洗衣機裡還有什麼東西？會變成什麼？」

小真：「衣服→小鳥。」

小宇：「衣服→飛機。」

小安：「衣服→蝴蝶。」

瑄瑄：「圍巾→風箏。」

小羚：「圍巾→蛇。」

小葦：「圍巾→繩子。」

小真：「圍巾→水蛇。」

小旼：「內褲→三角形、金字塔。」

才一觀賞影片，小芫即驚呼：「魟魚。」其他的孩子也和著，隨著畫面孩子不斷的驚喊著海鰻、海蛇、海龜、水母、水草、貝殼……，一直到結束。問孩子看見了什麼？是什麼東西變的？

小泰：「砲彈→手帕。」

小晨：「球→毛巾。」

小芫：「寄居蟹→襪子。」

小真：「海藻→襪子、披風→魔毯。」

小葦：「海草→襯衫。」

小晨：「魟魚→小毯子。」

小珊：「海龜→外套。」

小庭：「水母→毛巾。」

　　小晨舉手要求再看一次，其他孩子也贊成。觀賞前，老師問孩子兩個問題：「圍巾變成什麼？」「手帕變成什麼？」孩子：「圍巾→海鰻、手帕→水母、長襪→水草。」孩子還有其他發現呢！大家覺得很新奇。小珊說：「那我們也可以來模仿，像之前染布一樣。」有了之前的活動經驗，這次的模仿活動大家玩得很開心。

　　老師的觀察 vs. 省思

　　引導孩子肢體律動是需要一點想像力的。適時加入「洗衣機廣告片」，不但可以欣賞美的事物，也可以激發孩子的想像力，適度釋放身體，律動起來更自然、更有創意。

16. 校外教學前：我想問的事

上週已向孩子預告校外教學，甚至在恩恩介紹烘乾機時，也暗示有問題可以問洗衣店的老闆。今天正式向孩子說明：「我們怎麼去？怎麼分組？參觀哪些店？」首先老師唱著1、3、5、7、9，問孩子這是奇數還是偶數，小葦馬上說出「奇數」，並請座號是奇數孩子依序坐下來。接著又唱著2、4、6、8、10，小宇等一群小女生馬上回應「偶數」。等大家都依序坐好後，他們也明白這次的分組方式。

接著，請孩子想想去參觀洗衣店有什麼問題可以請教老闆？

恩恩：「洗衣機怎麼來？」

小凡：「怎麼清洗洗衣機？洗衣機洗完的水排到哪裡去？洗衣機為什麼要蓋蓋子？」

小靜：「怎麼用手洗衣服？」

小安：「怎麼操作烘乾機？」

小祺：「水怎麼裝進洗衣機裡？」

小葦：「水為什麼會轉動？」

小珊：「衣服為什麼要放平？」

▲小晨的洗衣紀錄單　　▲全班洗衣紀錄統計表

　　孩子提到的問題，有些是可以在家和家人一起探討，因此我們的討論當成假日親子作業，觀察記錄家人怎麼洗衣服。

　　討論到材料店時，老師舉例：「就像平時玩的串珠，毛線等材料，可以問老闆什麼問題？」小珊：「那個是用什麼做的？」恩恩：「他們串的珠珠和我們一樣嗎？」瑄瑄：「毛線怎麼用才不會亂？」小靜：「毛線可以怎麼綁東西？」

　　有些孩子還主動提到參觀時的注意事項。小權：「注意安全。」小凡：「不可翻倒東西。」老師反問：「參觀時可以隨便動別人的東西嗎？」孩子：「不可以。」小宇：「這樣沒禮貌。」老師追問：「參觀時該怎麼做？」小珊等人說：「只能用看的。」老師告訴孩子，一定要提醒自己，做好自己。否則要自行負責喔！小庭還說：「要跟好老師，才不會丟掉。」小昊：「不可以奔跑、打人。」恩恩：「在老闆的店不可以大聲講話。」小祺：「不可以尖叫。」老師又問：「到了精品服裝店呢？」孩子沒反應，老師再提示：「看衣服要觀察什麼？」小珊等人：「喔～看牌子。」

　　至於新時尚廣場是一個大賣場，問孩子去過嗎？只有寥寥幾位去過。老師反問孩子：「我們有沒有討論過布可以做什麼？」孩子一致的回答：「有，對啦！到那裡可以找一找哪些東西是用布做的喔！」

▼ 老師的觀察 vs. 省思

　　針對孩子的提問，意外讓老師聯想到，更好的方式，也就是親子間的互動（親子作業～觀察記錄家人的洗衣方式與過程），間接，孩子也可以明白家人平日怎麼洗衣服的，進而關心家裡的衣服是誰洗的。團討中，孩子傾聽和說話的當下，不但提出要問老闆的問題，還能聯想到參觀時該注意的事，完全不需老師一再的耳提面命，這種自動自發的精神，真好！

17. 校外教學：參觀社區有關衣服的商店

　　這次校外教學是以走路的方式參觀社區商店，雖然和孩子團討過，但行前叮嚀仍不能少。

　　原住民豐年祭文物材料專賣店是我們參觀的第一家店，像進入寶庫一樣，孩子一下子發現星星圖案的亮片，一下子發現一捲捲的布、線，琳瑯滿目的珠珠、原住民的服飾、孔雀的羽毛、彩色的羽毛等，更在老闆的同意下，孩子們開心的試戴著原住民的帽子。最特別的是孩子發現了好長好長的羽毛，眼尖的老闆及時為我們介紹，甚至還大方的拿出來讓孩子撫摸、把玩並解說，原來這是帝雉的羽毛，用於祭孔大典或歌仔戲的演出。

　　另外，老闆還向我們介紹阿美族頭目的帽子，上面裝飾著銅雞的羽毛，正前方有仿製的山羊角。他還從門上的豐年祭海報向大家介紹太魯閣族與阿美族的布料。離去前，他還特別為我們拍照留念。

　　參觀的第二家店是衣服精品店，我們瀏覽一圈後，小珊看見一件很美的衣服，還有摸到一件很薄的衣服，請教老闆，她說這件衣服的材質是雙涼絲，也就是我們一般說的線衫，很涼，很適合夏天穿。之後，大家開始研究起洗標，除了已知的洗標圖案，我們還發現牌子上有材質、尺寸，還看到一個很特別的洗標，請教了老闆，她也不清楚，不過她答應幫我們找答案，再告訴我們。

　　第三家是乾洗店，孩子一到門口就認出招牌上「乾洗」兩個字。老闆很認真的拿出進修教材向孩

子說明天然纖維（毛料，宜乾洗）和化學纖維（石油提煉，可水洗），並說明衣服需要乾洗的兩個原因：縮水、褪色。而乾洗不是用水，而是利用油洗的功能。至於怎麼洗衣服，洗標只是占 60%，40%還是要靠經驗判斷。他還拿出一件皺巴巴的衣服當場示範燙衣的技巧，

並向大家介紹尖臺（衣服類）、平臺（褲裙類）燙板。燙衣服則是運用蒸氣的熱度，所以蒸氣熨斗的熱度會起變化，還會冒煙。

「新時尚廣場」，是參觀的最後一家商店，有非常多的商品，當然也有很多用布做成的東西，老師和孩子一起到店內尋找，有泳衣、毛巾、棉被、椅墊……等，頓時變成了一場尋寶遊戲呢！

我們分組兩頭進行參觀活動，去找尋布做的東西，我們看見什麼呢！就聽孩子說：

小宇：「枕頭。」

小庭：「地墊。」

小祺：「襪子。」

小權：「豹紋毯子。」

小羚：「床單。」

小泰：「褲子。」

小珊：「綁頭髮的髮飾。」

小旼：「娃娃布偶。」

小家：「衣服。」

小昊：「棉被。」

小晨：「拖把（線）。」

小誼：「泳衣。」

小葦：「手套。」

還發現先前沒有提過的東西，就是洗衣袋、帽子、絲巾、內衣褲等。

18. 孩子的參觀心得

小昊：「大賣場賣很多東西，它們裡面有賣棉被、枕頭，還有賣拖把。」

小晨：「印象最深刻的是，老闆燙的衣服有煙（蒸氣）。」

小祺：「很多亮片，很漂亮。橢圓形的豆豆，很酷。」

小羚：「乾洗店。」

「有一個最特別的事，衣服本來是皺的，熨斗燙過就變平了。」

小泰：「材料店。最特別的是羽毛，很長的羽毛。」

小靜：「賣衣服的店，衣服很特別，衣服很漂亮。」

小旼：「印象最深刻的是，漂亮的珠珠、彩色的羽毛。」

小珊：「印象最深刻的是珠珠的店，一匹布好像棍子。小女生綁頭髮

用的布，很漂亮。坐墊感覺很
舒服。帝稚羽毛很長很特別。
熨斗燙得很平，很像在變魔術
一樣。」

小凡：「乾洗店。老闆燙衣服燙得很
平。材料店有亮片很漂亮。」

小葦：「印象最深刻的是，材料店的羽毛很長，是祭孔大典用的。」

小庭：「我最喜歡衣服的店，因為它可以找洗標，可以看上面有什麼
洗標。看到不可漂白的洗標，還有乾洗的洗標。還認識材質、
S、M的尺寸。」

小家：「印象最深刻的是材料店，有很多珠珠，有很多羽毛，有很多
毛線，還有綠色大眼睛的羽毛。特別的是針線，一條條針線，
很多顏色。」

小權：「我最喜歡精品店，裡面有很多東西。發現有很多洗標，上面
還有字。有尺寸、材質。我們還有問老闆問題，問一個不認識
的洗標，考倒老闆。」

小宇：「印象最深刻的是賣場。賣的棉被很特別，有很多圖案。椅墊
好特別，上面很多坐起來會很痛的珠珠。」

小安：「乾洗店，把衣服燙平的時候，用在燙平的平臺上，還有熨斗
會冒煙。」

小葦：「新時尚，裡面有好多不一樣的東西，用布做的。有皮包、桌
巾……還有椅墊。」

小瑩：「衣服店。我跟大家一起去找洗標。看到上面有用掛的、可用
手洗，還有可以用熨斗的。還發現一個不認識的，去問老闆。」

小芫：「新時尚。裡面賣好多布做的東西，豹皮的布、泳衣、皮包。」

小真：「衣服店。它有很漂亮的衣服，有裙子、洋裝。看到用針線縫

的衣服。」

老師的觀察 vs. 省思

　　藉由參觀社區服裝店，讓孩子親身體驗與衣服相關的材料、洗衣、洗標、吊牌等問題。發現孩子的分享，在用語上更精準了，先前只會說地板的衣服或桌子的衣服，現在已能正確說出桌巾、床單或地墊等語彙了。還發現孩子有令人意想不到的觀察力與好奇心。老師的探勘著重於課堂上曾與孩子探討的事物，像綠色的大眼睛、珠珠、線、衣服等，但孩子的造訪，開拓了大家的視野，認識了帝雉的羽毛，更感恩老闆的用心與捨得，讓我們有更多的見識與接觸。同時，我們還要感恩精品店的老闆，不但為我們解惑，還和我們一樣好學，願意替我們找尋答案。洗衣店老闆的用心準備，當場的燙衣示範與工具介紹，還為我們開立了一張送洗單，這點點滴滴，我們真的感激在心，更見專業就是用心。相信這次校外教學實地參觀衣服的相關商店，讓孩子吸收了更真、更直接而寶貴的學習經驗。參觀後和幼兒們一起討論，才知道這次活動所獲得的經驗值，也是檢視老師在活動當中對於小朋友的介紹與帶領上是否有需要改善的地方。在這次的參觀中，仍以認知性的介紹居多，團討時，小朋友大多是講述自己看到的東西，覺得哪一項最深刻，對於主題的發展方向比較弱一些，不過沒關係，我們還要到家長開的服裝店（IROO）參觀。

(六) 故事時間：《跟媽媽逛街》

　　延續參觀商店的經驗，藉由《跟媽媽逛街》一書，和孩子一起回顧，進而認識東西是怎麼來的？有土裡來的東西，也有水裡來的東西，還有工廠製造出來的東西。連結孩子的舊經驗，大家一起回想賣場裡賣些什麼東

西？商店的東西是怎麼來的？

1. 校外教學：畫印象最深刻的……

　　和孩子分享校外教學印象中最深刻的事，並請他們畫出來。

　　觀看孩子的創作：小羚、小晨、小凡畫出乾洗店老闆燙衣服的情形，而小家最深刻的是綠色的大眼睛、小旼的彩色羽毛、小宇的花花棉被，還有小真的包包、小珊的珠珠、小揚的洗標、小昊的賣場、瑄瑄的泳衣等，欣見孩子真實的記錄心中最深刻的印象。

▲小庭的孔雀羽毛

▲小泰的酋長帽

▲小羚的乾洗店

▲瑄瑄的泳裝

 老師的觀察 vs. 省思

　　校外的實地參觀，孩子吸收了最直接而寶貴的經驗，當分享時，他們能從內心說出、畫出最深刻的記憶，感受到校外參觀的深意與魅力。

2. 校外教學：IROO 流行服飾店、百事特童裝店、松園別館

　　第二次校外教學的主要目的是藉由參觀服飾、童裝、松園別館等地方，讓幼兒親身體驗有關衣服的陳設販賣、裙子的製作過程，以及染布藝術欣賞等。

　　首先參觀 IROO 流行服飾店。感謝阿姨提前來開店，讓我們可以一覽服飾店的全貌。孩子魚貫的進到店裡，就像好奇寶寶似的，對每件東西都感到很新奇，還不時的問問題。

　　小宇：「那是什麼？」

　　阿姨：「活動看版～宣傳、廣告用。」

　　小旼：「衣服貴不貴？」

　　小珊：「衣服為什麼有洞洞？」

　　小家：「為什麼有亮片？」

　　阿姨回應：「衣服本身是編織設計，亮片是我們這家店的特色。」

　　孩子就這樣好奇的看，好奇的問，不時偷偷的摸一下漂亮的衣服。

　　小愉媽媽則從模特兒身上脫下一套衣服，讓如玉老師試穿。佩珠老師問孩子：「可以到哪裡換衣服？」孩子異口同聲的說：「試衣間。」當如玉老師試穿出來，大家抱以熱烈的掌聲。如玉老師分享喜歡這套衣服的原因是因為它的蛋糕裙

和上面的亮片，並問小朋友：「要怎麼知道多少錢？」小權：「看牌子。」

　　邀請小朋友幫忙找價錢。小泰先舉手，他找到牌子，並說出上面的價錢是 1980 元。

　　小朋友又發現骷顱頭圖案的絲巾，小愉媽媽當場為大家示範絲巾的變裝秀，並請小愉當小模特兒，一下子絲巾變成帽子，一下子絲巾又變成衣服，一下子絲巾又變成圍巾。

　　我們上二樓欣賞阿姨為我們量身打造的裙子。邀請小瑩當小模特兒，阿姨拿出皮尺在小瑩的腰、臀上量一量，腰是 20.5 吋，長是 14 吋，然後拿出一塊布，用粉餅在上面做記號，接著剪刀一剪，把腰的左右各剪掉一小塊，原來是腰比臀小，剪掉才合身。最後請縫紉機來幫忙，大家上前觀看車裙子的模樣，後來阿姨又秀出鬆緊帶，並加在裙子上。這時惠麗老師以肢體暗示孩子，大家試著拉動自己的運動褲，喔！原來我們穿的褲子，也有鬆緊帶呢！

　　當製作完成，請小模特兒小瑩試穿。阿姨還幫裙子加工，先別上星星圖案的別針，又縫上兩個大釦子，還找來兩條拉鍊，最後三位阿姨合力用

珠針把它別在裙子上。最後掛上價錢吊牌呢！

　　我們排隊過馬路去參觀百事特童裝店。到訪前再做一次禮貌性的打招呼，並請求拍一兩張照片，以為這次校外教學留下紀錄。孩子隨著老師小心翼翼的循著動線參訪，觸目所及都是孩子的服裝，有冬季外套、背心、運動服、帽子、襪子，還有小Baby的衣服，離開前阿姨還送大家一人一份禮物喔！

　　最後，我們前往松園別館。來到二樓的展演空間，首先映入眼簾的是一件件樹皮製的衣服高掛在上空，好像張開雙臂、迎風飄逸，讓我們也感受到那份自在。後方陳設了兩塊彩色的大染布，孩子覺得像彩虹一般懸在天空。離開時，我們在門口看見一個像屁股造型的藝術品，喔～它可是構樹皮做成的纖維藝術品。

　　到第二間展覽室，我們一起欣賞竹子做的藝術品，以及創作的歷程照片、設計圖等。對面則是一幅幅的染布，看到創作的素材，有薯榔、薯榔切片、薯榔汁、石頭，還有泥巴。更發現我們和藝術家一樣，有著相同的染布方法，就是用石頭敲染，還有用植物的汁液煮染。

3. 孩子印象深刻的事

　　小庭：「珠珠，三層蛋糕裙，花花的衣服、車子的衣服，彩虹的染
　　　　　布。」

　　小泰：「童裝店，史奴比的衣服。」

　　小權、小芫：「史奴比的外套。」

　　小旼：「粉紅色高跟鞋，後面跟高高的，格子裙子，屋頂有腳印和鏡

子。」

小真：「竹子做的屋頂，構樹做的屁股，樹皮的衣服。」

小亞：「泥巴染～黑色。」

小庭：「皮尺。」

小瑩：「亮片很漂亮，看見裙子，亮片的衣服。」

小晨：「皮包是格子紋路。」

小愉：「毛毛的衣服。」

小凡：「骷髏頭的布，設計圖。」

小瑩：「裙子很漂亮，阿姨做裙子很厲害。」

小家：「袖子是線條，其他地方是格子的衣服。」

小宇：「合身，剪掉腰的部分，冬天的帽子很可愛。」

小安：「小 Baby 的外套。」

小誼：「量你多高，裙子量腰、長度。小 Baby 的衣服很可愛，阿姨很好，送我們禮物。」

小珊：「編織很漂亮（洞洞的衣服），骷髏頭項鍊很可愛。有創意，他們可以拿樹皮做染布。」

老師的觀察 vs. 省思

　　從疑惑到認識，從不知到主動安排，這是小愉媽媽對我們主題教學的改變與支持。當她參與了學校日，聽了園長的分享，她更清楚惠麗老師先前請教她有關衣服的事，當天她就主動提出到她店裡參觀。這次校外教學是她一手精心策劃的，我們才能一早就看見服飾店的全貌，更能看到阿姨製作裙子的過程。原本她還安排我們參觀鞋店，由於松園別館的展覽正與敲敲樂植物染相關，因此取捨之間，我們改變了參訪行程。

4. 校外教學～記憶大考驗

期許孩子能詳細的述說參觀的點點滴滴，我們商量畫出網絡圖。先問孩子：「我們星期三做什麼事？」小旼馬上舉手回答：「校外教學。」孩子還異口同聲的說出：「小瑩、小瑜媽媽的店。」也趁機認識 IROO 流行服飾店。又問在店裡做什麼？看到什麼？由於孩子回應太熱絡了，只好請他們舉手輪流發表。

引領孩子有參觀的時間、順序概念，並予提示。我們一進到店裡，好像有人問阿姨問題，請提出問題的小朋友跟大家分享。就這樣將大家的記憶拉回最初，接著才是如玉老師試穿，最後我們一起上二樓看修改師傅精心為我們準備的製作裙子。

🔖 老師的觀察 vs. 省思

孩子的記憶是驚人的，分享時也許會亂了順序，但只要老師及時提醒、引導，他們可以如數家珍，細數著曾參與過的點點滴滴，而我們就像開著時光隧道機一樣，一起重溫記憶。有趣的是孩子還能從DM引發問題，中班的小誼首先提出問題：「褲子為什麼一定要有鬆緊帶？」大班的孩子小權、小庭馬上給予解答，真棒！當然這是個好的開始，大孩子可以指導小的孩子，更好的是激發其他孩子拋出更多的問題或想法，彼此間有了更多、更好的互動與回應，而且都是正確的，這真是一股善的輝映喔！

 二、主題發展期(一)熟染

　　老師介紹一本書《親親自然～衣服》，書中提到衣服的製作流程，如何從線織成布，布經過染色後，就可以拿來做衣服，在介紹的過程中，孩子們對於染布機相當有興趣，所提出的問題也一直圍繞在染布的議題上，老師解釋書中的照片後，便到語文角拿了染布的書，簡單與孩子們介紹古時候的大染缸及手工染色的方法，這一提可引起孩子們的興趣，因此老師請孩子上網或從書中蒐集「植物染」的資訊。

(一) 課程發展初期

1. 第一次圍討分享活動

　　隔天小安帶了網路資料分享，小安介紹大青、鴨跖草，小安說這兩種植物可以當成染料，大青用葉子染，鴨跖草則是用花染，但鴨跖草的花期很短，只有一天的壽命而已。另外婷婷也帶網路文章分享，但因不知內容，老師請婷婷研究完後再進行分享。第二天婷婷分享資料中一段關於染布的小故事。除此之外，小庭、小涵也帶了以前美陶課所進行的染布作品分享。

2. 染布網頁介紹

　　老師鼓勵孩子上網尋找資料，孩子只知道可以上網，但是並不是每位家長都可以在家陪同孩子「上網」，所以在課堂上老師也帶孩子們上網，教導孩子如何利用網路資源，尋找我們所需的資料，另一方面，老師讓孩子欣賞老師尋找的資料，因班上人數眾多，為了讓孩子看清楚網路資料，因此將孩子們分成兩組，一組看電腦螢幕，一組看電視，孩子們可以看得更清楚喔！

▲孩子分享以前的染布作品　▲孩子分享網路文章　▲孩子分兩組，一組看電視、一組看電腦，同時連線分享網路資訊

3. 有沒有什麼食物可以染？

老師：「有沒有什麼食物可以染？吃東西的時候，滴到最難洗？」

小安舉手回答說：「洋蔥。」

老師反問：「你怎麼會知道？」

小安說：「我自己看書的啊！」

老師：「你看不懂字，怎麼會知道？」

小安說：「我看到圖片就知道了。」

▲孩子分享洋蔥可以染色

然後到語文角將《臺灣植物染》這本書拿出來介紹，老師稱讚小安懂得自己看書尋找解答。接下來的角落活動時間，小安、小詠、小絜、小翔四個人拿著書開始研究，當他們發現了自己認識的植物後，就很興奮地拿著書告訴老師什麼植物可以染，孩子們一共發現了：薑（此為薑黃，即為咖哩）、菱角、檳榔、花（朱槿）。看見這幾位孩子的主動求知，老師相當高興，希望這些答案將來有機會帶孩子從

▲角落時間，大家圍著「植物染」這本書看

實驗中求證,是否真的可以染色,其效果為何?在這堂課中,孩子也提到地瓜葉、紅蘿蔔、咖哩,這些我們也可以來試試看。

老師的觀察 vs. 省思

老師會主動拋此問題問孩子,原本想讓孩子說說曾經吃東西而將衣服弄髒的經驗,也許經由老師的提問,刺激孩子有更多的想法。當老師提問後,小安說出洋蔥可以染色且這個答案又是孩子自己翻書得到的資訊時,老師好感動,雖然知道了許多種生活上常見的植物可以染色,但是不想直接告訴孩子,老師一直在等待,等待孩子何時會發現這些生活上常見的植物、方便取得的植物,再進行染布活動。而今天,小安說出了第一種,令人更感動的是老師在語文角放了一些主題相關書籍不到一星期的時間,孩子們在閱讀的過程中,雖然大部分都是看圖片,但孩子們已懂得思考,並記在腦海中。經由小安的帶領,孩子們學習主動翻書尋找資料,才短短的一個角落時間,孩子們又認識了不少可以染色的植物喔。

4. 孩子的分享接二連三

有了小安、婷婷及老師的分享介紹後,孩子們也續陸陸續續分享自己尋找的資料,小豪指著爸爸為他列印的照片,介紹洋蔥皮染出的作品。小詠介紹三峽曾是臺灣最重要的染布中心,當地也是選用「大菁及馬藍」來染布,染出的布可加工為門簾、椅套、馬克杯、筆記本。皓皓因看得懂一些簡單的文字,加上媽媽將文章中的重點都畫上記

▲孩子分享介紹

號，所以皓皓看著文章，介紹中國苗族的染布方式。

　　而小穎所分享的資料則為三峽製作染液的方式，小穎介紹染布要經過煮布→浸泡七至十天→洗布→曝曬→繃緊→碾平→重壓才完成。老師鼓勵孩子上網，但是家中沒有印表機時，怎麼辦呢？小涵將自己和媽媽一起尋找到的資料抄下帶來學校，小涵指著電腦，向全班介紹洋蔥皮、紅茶、檳榔可以當染料，另外在綁布時，可以用橡皮筋、長尾夾、縫線、竹筷子等工具，可以染出各式的圖案喔！

❤ 老師的觀察 vs. 省思

　　為什麼在本次主題進行中，老師不斷鼓勵孩子上網？孩子主動尋找資料的方式有很多種，可以查百科全書、上圖書館或回家問父母等，上學期進行「蝴蝶家族」的主題時，當時鼓勵孩子回家翻書，尋找資料，而現在老師考量植物染這個主題，很少人家中會備有植物染的書，且圖書館此方面的書籍並不多，這類的書都是成人用書，在各方的考量下，老師直接請孩子們回家上網尋找資料，且不一樣的尋找資料的方式，對孩子而言是不同的學習，只要家長肯花一點時間，陪伴孩子上網，雖然大部分都是家長尋找，但孩子只要有參與，印象必定會深刻，且老師希望孩子們學會各種蒐集資料的方法，對孩子往後的求學而言必有幫助。

　　可以拿來當染料的植物近百種，老師希望在未來植物染的實驗中，都是使用孩子所認識且孩子自己尋找的植物為染料，所以當小安提出鴨跖草可以染時，老師就請教婷婷媽媽何處可以找到鴨跖草，婷婷媽媽到山上、路邊尋找後，最後在幼兒園的水生植物區發現了鴨跖草的蹤影。

▲孩子分享網路文章

▲孩子分享請媽媽寫下的　▲介紹染布縫製的袋子　▲大家一同欣賞網路資料
　資料

▲介紹植物染書籍

5. 婷婷媽媽的大發現

　　早上，婷婷媽媽告訴老師，鴨跖草在幼兒園的生態池旁就可以發現。當天早上，老師帶著孩子們去認識這得來不易，且不起眼的小草。婷婷媽媽發現兩朵，而眼尖的孩子們一共採了「四」朵，但是有個問題：因為花的壽命只有一天，所以當十一點老師帶孩子去採花時，花已謝了，所以以後我們將採花的時間調整為早上八點半。

　　一大早，孩子迫不及待問老師：「要去採鴨跖草了嗎？」由於上週公

布這件事，今天早到的孩子特別多，我們一大群人採花去，這是孩子第二次採集，收穫滿多的，孩子已認識了這種植物，所以十分鐘的時間就採了一個手心這麼多了。但是老師發現一個大問題，孩子們將未開花的花苞都採下來了，美如老師說一棵鴨跖草一天只能開一朵花，所以老師有點擔心因為孩子都將整個花苞採下，明天不知是否會造成花量銳減的現象，而原本以為今天採了很多的鴨跖草，但這些鴨跖草只能製作一點點染液而已，且當天採的花，要馬上製作，因為上週五老師冰在冰箱的花已經乾了，無法製作染液。

▲大家努力尋找鴨跖草　　　　　　　　▲快來看，我找到了

▲別看這張照片如此清楚，我可是不到1公分的小花喔～可愛吧！　▲製作鴨跖草染液

(二) 實際染布活動

1. 植物染一：鴨跖草（染材：花朵）

　　因本次染料只製作一點點，一次染液製作是無法拿來染布的，因此我們得到一個共識，孩子們決定我們要每天採集、每天製作，每天將這些染液蒐集起來，希望很快地即可蒐集完成。

　　某天下雨無法採集，隔天晴天霹靂的事發生了，因志工爺爺在不知情的情

▲整片鴨跖草被除光了！

況下，將整片的鴨跖草除光光了，且這是發生在我們到現場前十分鐘的事，在此情況下我們將此活動暫停。雖然當時有幾位孩子有點「憤怒」，但老師告訴孩子，我們沒有事先告訴爺爺或插告示牌，這是我們的問題，反而我們要感恩爺爺，爺爺辛苦的除草，才有美麗的校園。

🔍 **網頁介紹**

　　老師為了讓孩子更清楚植物染的流程，於是帶孩子上網一起瀏覽網頁，其內容如下：

1. 臺灣綠色學校使用柚子皮染布的照片。
2. 植物染的流程：秤布重→染前處理→染材處理→煮染材→過濾染液→第一回煮染→調製媒染劑→媒染→第二回煮染→水洗→晾乾→完成染前處理。因布未含蛋白質，所以需泡豆漿處理。
3. 檳榔染布的流程：採取檳榔種子→壓碎→熬煮染液→紮綁染布→染色→加媒染劑→沖水→晾乾。

　　經過這些網頁的介紹，孩子對於進行植物染的步驟更加清楚，當孩子們準備好了後，就可以開始染布了。

2. 婷婷與包容班～淑媛老師熱情贊助染布書籍

　　婷婷與媽媽逛書局時，購買了一本染布書籍，婷婷很開心地與同學們分享，這本書中詳細介紹了許多生活中常見的、可以染布的植物，婷婷也利用例假日的時間，與媽媽到戶外蒐集許多書中介紹的植物帶來學校，婷婷一邊介紹植物，還可以對照書本，這個分享，帶給班上孩子們許多植物染的資訊。婷婷一共介紹了：咸豐草、七里香、福木、樟樹、咖啡、菱角、茶葉等植物。

▲婷婷正在尋找福木的資料，由於媽媽和孩子合力將認識的植物製作標籤，所以孩子們很方便找

　　淑媛老師主動提供《植物 in 染家飾布》一書借我們，老師也帶領孩子欣賞這本書的內容，書中介紹染色需要的工具、材料、媒染劑，也說明了如何將布泡豆漿的詳細步驟，書中以圖片說明如何萃取植物染液，這本書最大的優點就是用圖片代替文字，孩子可以很清楚的了解，如果忘記了，也可以自行閱讀。這本書中，介紹了十幾種染材，孩子對於洋蔥皮、荔枝、百香果、柚子印象深刻，這幾種材料孩子都想嘗試，但因季節性的關係，荔枝、百香果無法蒐集，老師請孩子協助蒐集洋蔥皮及柚子，孩子為了想多蒐集洋蔥皮，主動請媽媽買，在大家的合作下，終於可以進行染布活動了。

3. 孩子們主動閱讀，尋找更多資料

　　經過這一陣子大家合力尋找材料及分享，目前孩子們最夯的話題就是討論什麼植物可以當染料及最熱門的是植物染布書籍，孩子們主動翻閱每一本染布書籍，時常可見三、五個孩子圍著一本書討論或是由一位較識字的孩子主動唸著書的內容，旁邊圍著幾位孩子一起研究，不然就是拿著書

問老師：「這是什麼植物？」「可以當染料嗎？」「用什麼部位染？」孩子問的問題很專業，有一次班上家長來接孩子放學，兩位孩子拿著書直問媽媽：「這是什麼樹，可不可以染布？」此時老師正好也朝向媽媽走過去，媽媽直回答：「老師來了，這個問老師，老師比較清楚。」

雖然很可惜的是家長並未直接告訴孩子與孩子互動，但老師很感動的是孩子求知的欲望很高，對於不懂的事會想辦法解決，孩子主動求知的行為，不正是老師一直想引導孩子的嗎？如今孩子都做到了。

4. 染前準備一：布泡豆漿

小插曲～超市賣的黃豆不是黃豆，家樂福賣的黃豆才是黃豆

為什麼需要染前準備呢？染布又與「製作豆漿」有關係嗎？原來植物染因較不易上色，是因為布缺少「蛋白質」，為了讓布含有蛋白質所以我們進行布泡豆漿的活動。團討時老師預告隔天將進行此活動，老師會事先準備黃豆，並泡水一個晚上，老師說到這——小豪說：「老師，我家有黃豆。」小庭也說：「我家也有，我要帶。」阿廷也加入說：「我也要。」為了不減孩子們心意，老師也直叮嚀：「回家黃豆要記得泡水喔！」

隔天老師請三位準備帶黃豆的小朋友到講臺前介紹時，老師將未泡水的黃豆與泡過水的黃豆放一起，並請孩子們觀察比較。

老師問孩子：「這三位小朋友帶的是黃豆，為什麼和老師昨天買的黃豆不一樣？」小量說：「老師你買錯了。」小量說完，全班開始附和，大家都認為老師買錯了。老師問：「你們在哪裡買的。」小庭和小豪說：「家樂福。」阿廷：「不知道。」老師說：「我在超市買的。」

此時班上的孩子得到了一個答案，認為家樂福的黃豆才是真正的黃豆，而老師在超市買的不是黃豆，而且上面黑黑的。小庭想了很久最後向大家解釋：「原本的黃豆就像老師買的那樣小小的，但是我在家裡泡水，今天

就變這樣了。」經過小庭的解釋大家才明白，原來黃豆泡水一個晚上，是會長大的喔！

老師的觀察 vs. 省思

　　原本，準備黃豆是老師的工作，但如果老師都為孩子們做好了，孩子們只能認識泡過水的黃豆而已，然而今天的小插曲，讓班上不管是親自泡黃豆的小朋友或是未參與泡水的小朋友，可以了解黃豆因泡水會變大這個現象。當孩子出現問題時（為什麼兩種黃豆外型不一樣），老師並非直接告訴孩子答案，而是等待孩子讓他們自己討論及思考的時間，或許由老師直接解答，可以在短時間內解決此問題，但是孩子是無法從問題中學習思考及解決問題的能力，這一次泡黃豆雖然只有三位小朋友參與，但三位小朋友中小庭很細心地發現黃豆泡水變大的現象，孩子不僅「做中學」，還做得很快樂、學得很快樂，而未參與泡豆子的孩子，也經由分享，印象深刻。

　　終於要泡豆漿囉！書中說，植物染色因布不含蛋白質，導致吸色不佳，經過豆漿的浸泡，布經植物染色後，即有加倍色彩的作用，而豆漿要如何製作呢？因豆漿的濃度與泡的次數都會影響染布的品質，書上說明，原則上豆子與水的比例最好是一比五，且布要泡二十分鐘，在泡的過程中，要隨時翻動，讓布均勻地泡到豆漿，之後在陽光下曝曬即可使用。

　　在進行此活動中，可以看見孩子興趣如此高昂，真不容易，由於在活動前孩子已清楚地了解步驟，所以此活動過程雖然複雜，但每位孩子都很清楚自己在做什麼，而我們的目的是什麼，看到孩子如此投入於植物染的活動中，老師感到相當高興。

【布泡豆漿流程】

①此三位小朋友將黃豆泡水一個晚上

②黃豆放入果汁機，黃豆與水比例1：5

③開果汁機將黃豆打碎

④倒入布袋中過濾

⑤用力將布袋內的豆漿擠出

⑥將布放入豆漿泡 30 分鐘

⑦泡的時候要攪拌讓布均勻吸收豆漿

⑧將豆漿擰乾（不可以沖水）

⑨曬乾

5.皓皓媽媽熱情提供資料～石染與紅花

　　我們最近所談的植物或食物，在天然染料裡都稱為草染，除了草染之外，還有石染，這是屬於礦物染料，例如朱砂我們也可試試，讓孩子體驗草染及石染的異同。另外，草染～紅花也是很方便的一種材料，其染法也很簡單，中藥店就可以買到了。

▼ 老師的觀察 vs. 省思

　　在本次課程中，老師看到了興趣高昂的孩子，也看到了與孩子一起投入的家長，每當上學、放學時間，家長們也很有興趣的與老師討論植物染的相關話題，時常給老師很多建議，很感恩家長的用心。本次皓皓媽媽的建議非常好，但老師考量「礦物」對孩子而言較抽象，所以老師將皓皓媽媽的建議轉告給孩子知道，如果當孩子植物染的植物染完後，孩子有興趣，再由孩子決定是否進行石染的部分，至於紅花，我們可以安排於課程中。

6. 染前準備二：紮染布

　　在進行布泡豆漿的活動中，每位孩子都泡了兩條布，一條準備剪成四條做實驗，另一條老師請孩子自行決定選一種喜歡的植物染色，最後再進行創作。另外，為了讓孩子從染布實驗中了解、發現更多的事，所以老師為孩子們另外準備兩張小染布，這是未浸泡過豆漿的（沒有蛋白質）。這六張小染布都要進行「紮染布」的動作，老師請小朋友計畫這六張的折法，要有三角形、正方形、長方形……，綁橡皮筋時，可以分開也可以綁成同心圓，老師也提供了木夾子、冰棒棍讓孩子選擇使用，孩子們每一張布也設計不同折法，會有什麼驚喜出現呢？

▲ 用橡皮筋綁

▲ 運用木棒

▲ 孩子依自己的喜愛，將布用夾子、橡皮筋、木棒綁

7. 植物染二：洋蔥（染材：洋蔥皮）

由哪一種植物開始染呢？孩子們決定用洋蔥，老師帶著孩子們依網路上的步驟進行。其步驟如下：

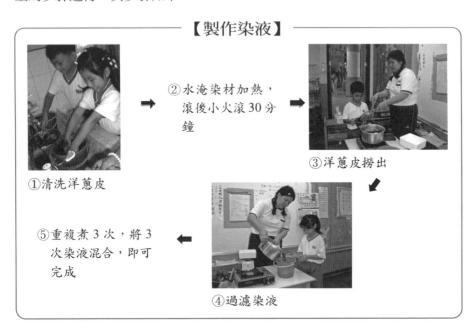

【製作染液】

①清洗洋蔥皮 → ②水淹染材加熱，滾後小火滾30分鐘 → ③洋蔥皮撈出 → ④過濾染液 → ⑤重複煮3次，將3次染液混合，即可完成

今天的課程非常緊湊，因想讓孩子完整的參與整個過程，所以老師已有計畫性的將煮染液的時間訂在早上八點十分，而以往孩子大部分都在八點半至九點入園，常常也有小朋友遲到，今天有 25 位孩子參與，可見老師事先公布，想參與的小孩自然會主動早一點到校。

8. 媒染劑介紹

媒染劑主要的功用是定色效果，書上介紹不同媒染劑所染出的顏色也不相同，因此，老師特別準備三種生活上較常接觸的媒染劑，分別為：小蘇打粉、明礬、石灰。

當老師介紹石灰時，小安說：「老師，我家有，我可以帶，因為我家賣檳榔要用到。」

【染布流程】

染布流程如下：文字流程看似簡單，而我們可忙了一個早上喔！

①紮好的布泡水擰　②布放入鍋　　③倒入煮好　　④煮30分鐘並
　乾備用　　　　　　中用　　　　　的染液　　　　定時攪拌

⑤放一陣子冷卻　　⑥放入幼兒指定的媒　⑦泡媒染劑30分鐘
　　　　　　　　　　染劑

⑧放回鍋中進行兩次染　⑨清洗染布　　⑩我的染布完成囉！

⬇️老師的觀察 vs. 省思

　　孩子每次在染布時，都要自行決定想使用何種媒染劑，老師也希望孩子能在實驗過程中，發現媒染劑是否真的會造成染布結果的影響，其影響又是如何呢？

隔天，小安用袋子裝了一些石灰帶到學校。每一次進行植物染時，孩子們都可以依自己的喜好，選擇一種媒染劑使用。

▲小蘇打　　▲明礬　　▲石灰

9. 棉紙渲染

在染布的過程中，老師也設計讓孩子用棉紙渲染的活動，老師說明折棉紙的方式，可以折成三角形、長方形、扇子的樣子，可以折成很小張，也可以隨自己的喜好折，老師告訴孩子，如果別人染出很漂亮的圖案時，也可以請教他如何折，這樣才會進步。

【棉紙渲染】

①自行設計～折棉紙並寫上姓名　　②棉紙沾染液

③棉紙攤開晾乾，就完成囉！

10. 介紹如何書寫學習單

(1) 每次染布，每一種染材，都需要完成一張學習單，上面要張貼一張染布作品及一張棉紙渲染作品。

(2) 說明記錄項目有：日期、染材、染出顏色。

　　勾選的選項有：布是否泡豆漿、媒染劑、布紙染出的效果。

(3) 心得的書寫方式，請家人代筆，但一定要是小朋友的心得。

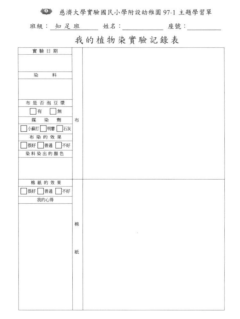

慈濟大學實驗國民小學附設幼稚園 97-1 主題學習單

班級：　知足班　　姓名：　　　　　座號：　　　　　

我的植物染實驗記錄表

11. 團討～書過期了，怎麼辦？

　　老師先前至慈濟大學借兩本書分別為《大地之華》、《臺灣染布記事及浪漫改造》。但因老師的疏忽，當老師發現時，書已過期一天了，老師將此問題，提出與孩子們討論，並問問孩子們的想法：

　　小悅：「下次再借。」

　　老師：「下次再借，那麼我們的染布已進行完，到時候就不需要參考

此書了。」

小翔：「等老闆忘記。」

老師：「我們不可以有此想法，如果你借東西給別人，別人故意不還你，你是否會不高興？並說明有借有還，再借不難的道理。」

小謙：「再去買一本這本書。」

老師：「這也許是個好辦法，但老師看一下出版社是臺中縣文化局出版，也許可以買到，但也有可能不容易買到，請問是否有更好的辦法。」

小庭：「去借其他圖書館的。」

老師：「這是個好辦法，老師已查過，全花蓮縣市，只有慈大與科技大學有此書。」

這一本書老師會還給慈濟大學圖書館，因老師借書逾期，暫時不能借書，但其他人仍可借這本書，老師取花蓮縣聯合圖書館借書證與慈濟識別證說明老師最近是如何向圖書館借書的。當老師拿出識別證時，很多小朋友都說爸爸、媽媽也有此證。小涵：「我媽媽在慈濟大學上班。」小詠：「我們去借，再帶來學校給你用，還有給小朋友用。可以請小涵媽媽去借，再帶來學校。」最後小涵也說：「我可以回家問媽媽，看可不可以去借回來。」

經過一個假期，媽媽帶小涵上慈大圖書館借回這兩本已過期的書，當小涵在借書的同時，小涵在課程外，多上了一堂如何上圖書館找書、借書的課。

老師的觀察 vs. 省思

書本過期，無法續借，其實只要回圖書館繳完罰款，確定沒有人預訂此書後，應該可以再借，但是遇到問題馬上為孩子們排除困難，

這有違背老師的教學理念，聽聽孩子的想法，給孩子機會，試著去解決問題，這可以培養孩子解決問題的能力。上圖書館找資料，雖不是幼兒園孩子會做的事，但只要給孩子經驗，讓孩子了解這個方法，也許孩子上小學若需要找資料時，就會想到這個好辦法。

12. 植物染三：柚子（染材：柚子皮）

(1) 先將柚子表皮綠色的部分取下。

(2) 水淹染材煮滾後，小火滾 30 至 40 分鐘取出染液。

(3) 再重複一次流程（柚子較不易煮，需煮較久）。

▲幼兒協助處理柚子皮

▲瞧！大家吃菱角吃得好開心

▲染柚子皮及菱角

▲我是染布小高手，ya！成功！

▲幫忙製作柚子染液

▲下雨天，只好請除濕機幫忙將布曬乾

13. 植物染四：菱角（染材：煮菱角的湯汁）

取生菱角水淹菱角煮 30 分鐘至菱角熟後，取湯汁即可。

因此兩種染液是老師事先準備，因此用分享、介紹的方式讓孩子了解，植物染書本介紹每一種植物可萃取染液三次，所以老師將吃完的菱角殼再丟回鍋中，煮出的染液顏色並不深，老師請孩子比較後，讓孩子了解菱角只能煮一次而已。

14. 染布實驗：第一次團體討論

染完了洋蔥、菱角、柚子之後，老師請孩子觀察每一張染布有什麼不同？並提出兩個問題問孩子，以下是孩子們的團討內容：

【問題】泡過豆漿的染布和沒泡豆漿的染布有什麼差別？

小安：「有泡豆漿顏色深一點，沒有泡豆漿顏色淺一點。」

小詠：「一個比較深，一個比較淺。」

小翔：「有泡的效果比較好。」

小悅：「有泡豆漿的比較漂亮。」

小茹：「沒有泡豆漿的也很漂亮。」

小量：「沒泡豆漿的就是不好。」

老師：「同意嗎？同意 4 票，不同意 26 票。」

小詠：「不同意，因為兩個都漂亮。」

小庭：「不同意，兩個都漂亮，只是顏色不同。」

瑄瑄：「同意，我覺得沒泡豆漿不漂亮。」

※結論：有泡豆漿和沒泡豆漿都可以染出顏色，只是效果不同，有泡豆漿效果好，顏色較深；沒泡豆漿效果不好，顏色較淺。

【問題】媒染劑不同，對染布顏色有什麼影響？

(1) 使用洋蔥皮染色：石灰、小蘇打染出顏色相同，顏色較深、較暗；明礬則顏色較黃、較亮。

(2) 使用柚子皮染色：三種媒染劑染出的顏色都一樣。

(3) 使用菱角染色：使用小蘇打染出的顏色最深；使用石灰染出的顏色最淺；有泡豆漿較深；沒泡顏色較淺，差異性大。

※結論：使用不同媒染劑染出的顏色沒有一定的規則性，哪一種顏色深、哪一種顏色淺，會因染料不同也會有所差異。

15. 植物染五：咸豐草（染材：莖、葉）

(1) 採咸豐草的莖、葉部分洗淨切段。

(2) 水淹咸豐草，煮滾後小火滾 30 分鐘取出染液。

(3) 再重複一次。

(4) 因咸豐草染液顏色不是很深，故煮兩次即可。

16. 植物染六：茶葉（染材：茶葉）

(1) 將茶葉放入鍋中。

(2) 水淹茶葉，煮滾後小火滾 30 分鐘取出染液。

(3) 再重複兩次，將三次染液混合即可。

拔草去囉！哪裡有咸豐草，我們就往哪去，老師先教孩子辨識咸豐草，因其特徵有開小白花及會黏人的草，沿路上陸續出現，孩子也特別興奮拿起剪刀趕緊剪下來。另外，我們還玩丟咸豐草的遊戲，玩得相當開心呢！

▶咸豐草　　　　　◀茶葉

▲煮茶葉囉！我們將自己帶來的茶葉放到鍋子裡煮

【問題】咸豐草與茶葉的染液顏色很相近，而染出來的布其顏色為何呢？

※結論：原來是顏色較深的是茶葉、顏色較為土黃色的為咸豐草。

老師的觀察 vs. 省思

今天是第三次染布，由於染布流程大致相同，所以孩子們對於此流程大都已熟悉了，所以在進行上，也愈來愈順利，前幾次在染宣紙時，會出現兩張宣紙染同一種染液，或是未寫名字等狀況出現，今天這些狀況已改善了，但是仍有一個問題，就是孩子已習慣寫完學習單後就放書包，因本次活動學習單寫完後，下午還要讓老師貼布才可以帶回家，但是班上的寶貝們總是不將學習單交出來，總是要老師提醒，真是傷腦筋呀！

學習單的書寫方面，老師只要簡單說明一下孩子即會書寫，真的進步很多，但老師也發現，班上有幾位孩子在仿寫的能力上較弱，老師請他們可以用畫圖的方式取代，另一方面也鼓勵他們練習書寫畫字。

17. 第二次布泡豆漿及紮染布

孩子先前紮的染布已使用完，所以今天再發四條染布給孩子。這一次，老師讓孩子自行決定，四條染布想要泡過豆漿的還是未泡豆漿的，所以老師依孩子的想法，為孩子準備接下來所需的材料，也因此，孩子們對於自己的事非常清楚。

在第二次紮染布時，老師教了幾種綁法，有：格子的綁法、三角形的綁法、花的綁法等，在本次的綁布教學，主要是希望藉由老師的引導，孩子在綁布上能有不同的方式或能自我創新，因為老師發現孩子用的方法都一樣，所以今天所教的方法，希望孩子能學會，只是較可惜的是，因孩子綁布需花很多時間，因此需要事先綁起來，也許讓孩子研究如何綁出最漂亮的花紋，應也是不錯的議題。

18. 植物染七：七里香（染材：葉）

(1) 採七里香的葉清洗乾淨並切段。

(2) 水淹七里香，加入碳酸鉀一小匙（溶解葉綠素）。

(3) 煮滾後小火滾 30 分鐘取出染液。

(4) 再重複一次。

(5) 因七里香染液顏色不是很深，故煮兩次即可。

▲我們為七里香「剪頭髮」，因為有些枝葉太長，我們只採枝葉太長的部
　分喔！

19. 植物染八：咖啡（染材：咖啡）

取咖啡粉煮成咖啡即可。

20. 植物染九：檳榔（染材：種子）

(1) 將撿拾的檳榔果去除外面的纖維。

(2) 剝開硬殼後取得檳榔的種子搗碎。

(3) 放入水中煮，煮沸後滾一個小時，即可取出染液。

(4) 可重複煮二至
　　三次。

(5) 檳榔的染液並
　　不容易煮，因
　　為其色素不易
　　釋放，所以其
　　他種類的染液

▲小安分享檳榔　　▲孩子參與去除檳榔的纖維

只需滾 30 分鐘，但檳榔足足滾了一個小時，而且在煮的過程中，不斷地聞到惡臭味，真是不易取得的染料呀！

孩子們從書中得知檳榔也是染材後，老師請教小安媽媽何處可以找到。感恩小安爸爸在下班後，騎著機車到檳榔樹下，撿拾掉落的檳榔果，回家後小安和爸爸一起清洗、曬乾後帶來學校。這一天，小安很高興地到臺前分享與爸爸清洗檳榔的過程。

知足班的孩子們參與將檳榔種子外包裹的纖維去除，取下種子，因檳榔種子的纖維又粗又硬，很不容易去除，在過程中，孩子直說：「老師，好難喔！」「老師，拔不出來。」「老師……」哇！這項染材，可是得來不易的喔！

21. 植物染十：紅花（染材：花）

紅花是較特殊的染材，紅花的取得可至中藥店購買，在製作紅花染液前，需要先將紅花泡清水一天以上，主要是讓紅花的黃色色素先清洗掉才不會影響紅色色素。由於高溫會破壞紅花的紅色色素所以製作紅花染液無需加熱，最特別的是紅花需泡在鹼性水內，才會釋放色素。

最後需要加醋中和，讓染液呈中性時才開始染，因此項染液的製作較特別，所以老師詳細介紹其步驟及所需工具，照片是老師介紹完食用醋後，再讓孩子聞聞看的活動。

▲ 幼兒聞聞看　▲ 介紹醋　　　　▲ 紅花　　　　　▲ 檳榔
醋的味道

📁 老師的觀察 vs. 省思

　　今天使用紅花染布，在染液的製作上雖然看似簡單，只需要泡清水或鹼性水，但是實際上卻不是，因為紅花要釋放紅色色素需在強鹼（酸鹼值 11）之下才會釋放，而目前並無準備檢測酸鹼質的工具，所以當使用碳酸鉀時，老師並不知道使用的量是否適當，最後染液還要酸鹼中和，回到中性水，這是本次實驗中無法掌握的一項變因。但在染紅花時，老師發現一項有趣的現象，就是當布丟到紅花中時，布的顏色呈橘黃色，但布丟到媒染劑時，會變成粉紅色，這是一個很特別的現象，但是今天因學校還有其他活動，所以提早結束課程，而造成今天的活動最後由老師代為操作，孩子並無體驗到它紅花的變色神奇，這是很可惜的一件事，另外，也無時間讓孩子染宣紙，而老師也忘記了將染液全部倒掉，下回真的要小心一點才是。

22. 愛護地球行動

　　染完顏色後，別忘了，將這些不要的茶葉、豆渣、咸豐草、七里香當有機肥，讓我們一同垃圾減量，愛護地球。

23. 染布實驗：第二次團體討論

　　全部九種植物染的實驗都進行完後，孩子們都很清楚，且從過程中得知泡豆漿顏色深、未泡豆漿顏色淡的道理，但上一次團討中問題二的結論是：不同媒染劑染出的顏色，沒有一定的規則性，為了讓孩子們更清楚其變化，因此我們用表格來呈現：

項目　　染材	染出顏色	媒染劑之比較		
		小蘇打	明礬	石灰
洋蔥皮	土黃色 咖啡色	較暗、較深	較黃、較亮	較暗、較深
菱角	灰色	最深		最淺
柚子皮	淡黃色	都一樣	都一樣	都一樣
七里香	咖啡色 （顏色較紅）		顏色最淺	顏色最深
茶葉	土黃色	都一樣	都一樣	都一樣
咸豐草	黃色	都一樣	都一樣	都一樣
咖啡	咖啡色 （顏色較深）	顏色淺	顏色最深	顏色淺

老師的觀察 vs. 省思

主題課程植物染布活動進行至今，已告一小段落，本次主題可以很精彩的進行，老師首先要感恩家長們的協助，因為有您們的支持與配合，孩子們才可以深入性地研究染布的相關議題。感恩婷婷、小安、浩浩、皓皓媽媽的協助，感恩所有配合孩子上網、上圖書館的家長，有家長陪伴，學習的孩子最幸福。

在本次活動中，老師採用開放教育中方案的教學模式帶領孩子學習，我們從主題衣服的課程中，尋找一個孩子們有興趣的議題，再深入此議題去研究，在本學期初的課程規劃時，老師計畫染布活動將會讓孩子進行較深入性的研究，「天然植物染」對老師而言，都是極陌生的領域，當時老師想，可能讓孩子們玩玩棉紙染或取材容易的染材，或孩子生活中可接觸的植物為主，在引導此課程時，老師堅守一個理念──課程要以孩子的興趣為主，老師不是知識的給予者，而知識要靠孩子們主動探索，所以老師鼓勵孩子上網找資料，再請孩子上臺分享，從分享的資料中引導孩子上臺發表不足之處，老師將學習權交給孩子，也因此本次主題活動課程的發展，也是讓老師意想不到的，孩子們踴躍的提供染布資料及素材，並自發性地自行研究書本上的知識，也因此，孩子們了解很深奧的理論，這是相當不容易的事。

在實驗活動開始前，老師一直強調告訴孩子，本次活動是一個實驗，實驗過程中，有可能會成功，也有可能會失敗，如果失敗了，我們要再研究原因，且我們染了那麼多種植物染，一定要找出一些問題的答案，所以我們在九種植物染中，安排了兩次團討時間，這是讓孩子練習歸納實驗的結果，對孩子而言，這也是一種學習喔！

幼兒園的課程，不是很簡單的知識給予嗎？為何要弄得如此「複雜」？染布的課程，這只是個小小的點，為什麼要花一個多月的時間

去進行？幼兒園的孩子，是做中學，學中覺，孩子最重要的學習是在主題的課程中，孩子的學習態度、面對問題的解決能力、孩子語言表達、團體討論的能力等。主題教學最大的特點就是課程有彈性，沒有進度，且依孩子的興趣發展，課程的發展、延伸的過程會比結果還重要，對孩子而言，有深度的點比廣泛的面來得有意義，這才是學習。

　　孩子們從中班已開始進行主題活動，今年與去年相較，老師可以明顯發現孩子們在團討的能力上已提升，孩子更有自己的想法，且已經較不會有雞同鴨講的情況發生。另外，孩子們主動探索的動機、問題解決能力也明顯進步，接下來，課程將進入下一階段，也期待孩子們會有更多的想法及更精彩的課程。

(三) 熟染的成果

1. 染布流程海報創作

　　如何將我們的染布教給爸爸媽媽或別人呢？孩子紛紛發表意見，有人說：「寫出來。」「寫在白板上。」「外面貼一張紙條，上面寫我們的電話。」「拿筆劃出來」（要畫字在上面）「用印出來的。」有的提案大家都贊成，也有的提案被否決，最後大家決定採用小安的提案：「先畫漂亮的圖案，再寫字。」小茹又說：「拿一張海報，貼上照片，再將內容畫出來。」

▲分工合作畫圖

▲幼兒畫字

▲大家一起組合海報

　　大家也覺得很棒，最後決定兩人的方法都採用→「拿一張海報，先畫漂亮的圖案，再寫字，最後再貼上照片」。

　　全班的孩子分成四組，每一組的小朋友必須先討論，大家達成一個共識後，再討論由誰畫圖？誰寫字？或要畫圖也要寫字？誰負責哪一個步驟？然後再依步驟輪流畫圖、寫字；也有組別分別畫在白紙上，再依步驟輪流貼上。由這個活動，老師發覺幼兒的討論合作能力進步很多，也比較能輪流等待，而不會凡事搶著要自己先做，當然幼兒的構圖能力，老師從不曾低估過，因為從中班每天畫心情日誌，每個幼兒的畫作都有一定的水準！讓老師比較訝異的是幼兒的仿寫能力，大部分幼兒都寫得又快又好，而且老師也發現孩子現階段對仿寫與認字有很大的興趣，未來可多設計這類的活動。

▲染前準備流程

▲染液製作～洋蔥

▲染棉紙流程

▲染布流程

2. 染布包包創作

　　之前染布時小朋友都曾染過一條大的約
B4大小的染布，我們現在預備要將這條染布
好好運用，讓幼兒自己決定想把這條染布做
成什麼。老師先展示各式用布做成的東西，
如各種不同形式、不同作用的提袋以及各種
不一樣的大包包、小包包等。然後讓幼兒去

▲各式各樣的包包

觸摸觀察這些包包的外觀、作法、縫法。再將這些包包分類：有底類、沒
底類、錢包類、環保袋類、手機袋類⋯⋯，讓幼兒知道有底和沒底部包包
的差別。不同用途的包包，大小和形狀也會有所不同，如裝手機的包包較
小，而且為了攜帶方便常有長帶子可用來斜背，而提袋的帶子較短，側背
袋的帶子較長等，再請孩子想想自己想做什麼用途的包包，帶子、大小、
形狀為何？把它畫在學習單上當成設計圖。

▲幼兒仔細觀察各種包包

▲幼兒畫的設計圖，還畫出
　要裝的東西呢！

　　接下來的縫包包活動，首先替包包做型版。老師先準備一個縫好的包
包，另一個則是一模一樣已裁好大小但尚未縫的布讓幼兒比較，布雖然比
較大，但縫好的作品卻會比較小，因為要留邊來縫。老師也將做好的袋子
翻過來，讓幼兒看縫線的痕跡，而且也看到有畫線，線就是縫在已畫好的
線上。讓幼兒比較了解如何開始縫包包的前置作業，接著就是讓幼兒在圖
畫紙上畫出想要的包包大小和形狀，老師看過幼兒的底稿覺得大小可以的，

就讓幼兒剪下來做型版，若大小不適合的，告訴幼兒原因，讓幼兒再做修正。

老師利用幼兒的型版幫幼兒剪布，並幫幼兒畫好縫線夾上別針固定布，接下來就是幼兒自己的縫線工作了。因為幼兒已有刺繡的經驗，所以對大部分幼兒來說，縫線並不是問題喔！當然每個幼兒的設計不同，想要的材料與作法也不同，老師就是負責蒐集與提供幼兒材料，並引導幼兒如何運用這些材料做成一個原先自己設計的包包。如小郡的包包兩側想用緞帶裝飾，老師請小郡選擇自己想要的緞帶，並引導小郡將緞帶縫進兩側；如小涵、小安、琳琳、小悅、小玉想在包包上縫可愛的圖案或不同的線條，老師請他們先將圖案畫出來，想要縫什麼顏色，先決定好，老師才能準備需要的色線，而這些小朋友就必須先縫好圖案才能進行縫包包的步驟，而其他決定用黏貼圖案的孩子就可以先縫包包再設計圖案。

因為這是自己設計的包包，又是自己染的布，所以幼兒從一開始就很投入這個活動，希望能做出一個獨一無二的包包來，工作時都很專注與認真。老師為了讓幼兒能夠專心工作，會盡量幫幼兒準備穿好的線，讓幼兒缺線時可隨時更換。有些孩子也讓老師很感動，碰到有同學不會打結時，都會主動幫忙，偶爾穿線穿不過去時，也會兩個人互相幫忙穿線。

這兩週我們主要延續之前的染布包包創作，繼續完成作品。因為從畫設計圖開始→剪布→縫包包→縫提帶或背帶→裝飾包包→作品完成，完全都是孩子們自己手工製作、一針一線完成的，且每天能工作的時間並不多，

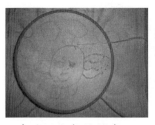
▲有些幼兒想縫圖案

▲好專注！

▲這是我縫的，很可愛

▲孩子們認真專注的模樣

有時二十分鐘，有時三十分鐘，最長的一次是一個小時完整利用，所以工作了約三星期，小朋友第一個完全自己手縫的染布包終於陸續完成了。在過程中，老師看到了每個幼兒的不同設計與創意，尤其是小朋友聚精會神認真縫包包的樣子真的令人很感動，這不僅需要耐心還需要細心更需要小心。因為不細心縫，線的縫隙太大，包包可是會破洞的。剛開始時，有些幼兒還抓不準縫的訣竅，常東落一針、西落一針，翻過來看，包包破了好幾個洞，小寶貝看到，可不是敷衍了事，有的告訴老師要拆掉重縫，有的再縫一次加強，漸漸的，小朋友捉到訣竅了，都愈縫愈好，縫線非常漂亮而且牢固，這種程度有些大人都還做不到呢！縫包包不是一件小工程，除了細心外，耐心更是不可或缺，沒有耐心，縫幾針就不想縫了，包包完成日可是遙遙無期。至於為什麼要小心呢？因為我們使用的可不是縫布袋的

粗針，而是縫衣服、縫布的細針，若不小心使用會不小心刺到別人或自己，但這也是老師最佩服小朋友的地方，這三星期來，孩子都專心縫包包，沒有危險使用針去刺到別人；但這可不代表小朋友在縫包包時都沒被自己的針刺到過，但老師都沒有聽到小朋友的抱怨，頂多在被刺到當時喊了一聲「啊！我被刺到了，好痛！」甩甩手又繼續縫，彷彿這是天經地義的事，本來就是會發生的一樣，沒什麼大不了的，看到這種情形，老師才知道小朋友認真、專注起來，那種意志力是很堅強的。

3. 染布包作品分享

　　這幾天陸續有小朋友的創作包完成了，找了個時間，讓這些小朋友先行分享展示自己的作品，並和其他幼兒分享自己的想法和心得，臺下的幼兒若有疑問或不懂的地方，也可以舉手提出問題。這不僅讓孩子有上臺發表的機會，同時也激發未完成幼兒更多對自己包包的不同看法或作法，我們也期待下次其他幼兒的分享。

　　　　小勻：「我做的是手機袋，先縫下面的袋子，再縫要提的袋子，再做
　　　　　　　裝飾就好了。」
　　　　小傑：「我做的是抱枕。」
　　　　小庭：「我做的是送爸爸的手機袋。」
　　　　瑄瑄：「很可愛。」
　　　　小軒：「很漂亮。」
　　　　小寬：「很可愛又很漂亮。」
　　　　小軒：「我做的是要送給弟弟裝錢的，我最喜歡它的線。」
　　　　小庭：「為什麼你是橢圓形的？」
　　　　小軒回答：「因為我想要下面圓圓的。」
　　　　小安：「為什麼帶子會脫線？」

老師：「因為這是很多細線綑成的粗線，
　　　　所以老師會幫你們打結，才不會散
　　　　掉。」

瑄瑄：「為什麼沒有圖案？」

小軒回答：「因為我喜歡染布的顏色。」

小郡：「我的是錢包，縫包包很好玩。」

小郡的包包很特別，大家一看到都說
　　　「哇！好漂亮。」

阿廷：「我覺得很可愛。」

小涵：「蝴蝶結很漂亮。」

小悅：「那是什麼動物？」

小郡：「小狗。」

婷婷：「我這個包包是用縫起來的，可是
　　　　還沒有做裝飾。我縫包包縫了好幾
　　　　天都沒有做完，後來才做完，手很
　　　　酸。」

小詠：「我的是鯉魚錢包，拿來裝我自己
　　　　存的錢，我縫得很密，所以錢不會
　　　　掉出來。」

皓皓：「我的袋子是從邊邊縫縫縫，縫成
　　　　袋子，然後這邊剪洞，把線穿進去
　　　　就好了。」

小豪：「我做的是大象包包，縫的時候刺到手，感覺很痛，可是我沒
　　　　有放棄，繼續縫，縫很久，可是我很快樂。我要送給妹妹裝錢。
　　　　它的尾巴會搖來搖去，眼睛會動，嘴巴歪歪的，因為它很高
　　　　興。」

▲抱枕

▲手機袋

▲手機袋

▲袋子

▲包包

▲錢包好大

小安：「你做的好可愛。」

小豪：「謝謝。」

瑄瑄：「尾巴怎麼這麼短？」

小豪：「因為太長會醜醜的。」

小則：「為什麼拉鍊在下面？」

小豪：「我喜歡啊！」

阿廷：「怎麼做的？」

小豪：「先縫包包再縫拉鍊再貼大象圖案。」

阿廷：「我做的是小熊變身袋。」然後示範如何將袋子摺好變身成小
　　　熊圖案。

小安：「我的是可以斜背的手機袋，圓形圖案是很厲害的筆劃出來的。
　　　做的時候曾經刺到指甲，還好沒流血，會痛，我還是繼續縫，
　　　我覺得很好玩。中間的圖案是用刺繡的方法縫的，因為刺繡很
　　　好玩。」

小揚：「為什麼包包那麼小？」

小安：「因為手機很小呀！」

瑄瑄：「皮包太小，手機會不會裝不下去？」

小安：「不會。」

小穎：「你的那個很漂亮。」

小安：「謝謝！」

三、主題發展期(二)生染

十月中旬，趁知足班進行植物染時，我們也參一腳，參觀、體驗柚子與菱角的植物染。很感恩他們的不吝分享，讓我們知道染布的步驟與訣竅。

參觀後，我們借了植物染的書回班上分享。發現綁布時，除了橡皮筋，還可以運用石頭、彈珠、木棒等工具，為了更進一步認識，我們馬上上網搜尋，更清楚看見布的綁染與夾染技巧。

當下老師準備了綁布的工具，邀孩子一起來綁布，讓大家有基本的概念，綁好後並送至知足班加入染布的行列。

(一) 課程發展初期

1. 布的聯想活動

說到染布，一定要先有布。因此從辦公室抱來一捲胚布，讓孩子真實比較：一塊布與一捲布。有了一捲布，光介紹就太可惜了，當然要讓孩子感受一下，到底一捲布有多大？因此請孩子們來拉布體驗，直到全班的孩子都拉到布了，也真實感受到一捲布有多大。

老師還示範剪布的樣子，並詢問孩子想不想玩「布」，大家興奮的直說要。有人提議玩捉迷藏，在老師數到 3 時，全部孩子都想盡辦法躲進布裡。老師也適時扮演起搗蛋鬼，故意掀布，孩子尖叫聲四起。我們還一起捲蛋糕，扮演木乃伊。但孩子們欲罷不能，捨不得讓老師收布。

▲拉一拉，一匹布有多大　　▲捲蛋糕

▲躲貓貓

　　反問孩子：「我們看過的染布影片，最後布要怎麼整理呢？」對啦！平整，在兩位老師協助下，將布整理完成，也答應孩子們接下來要介紹怎麼染布，大家都開心的說好。

👆 老師的觀察 vs. 省思

　　從參觀中，大家對「染」布產生更濃厚的興趣，也躍躍欲試。可是「煮」有些麻煩，孩子沒有辦法完全自己操控。找尋另類的染法？……就在書上找到新奇又簡易的敲拓染，當下老師如法炮製，敲敲打打間更吸引孩子。當試出作品，立即引起大家的好奇與讚嘆。

　　由於植物敲拓染的介紹有限，又思索著除了書上提到的七里香，校園裡的其他植物可以嗎？又想著是不是跟煮染一樣，加了明礬等媒染劑也可以不變色？好多的疑惑不時湧現。植物敲拓染讓我們覺得既新奇又好玩，因為這是全新的嘗試與體驗，老師也一時興起、好奇的想去探究植物敲染的種種，而這一切更引發孩子的興趣與學習動機。

2. 神祕箱：了解不同的植物染、尋找材料

　　大部分孩子是第一次玩神祕箱，指導說明後，老師就退居一旁。每次讓兩位孩子輪流來操作，只在一旁適時做口頭的提示：「摸起來是軟的？還是硬的？會動嗎？有聲音嗎？要不要聽聽看？它是什麼形狀？……」當孩子回答的很清楚時，就請他猜猜看是什麼東西？孩子愈來愈進入狀況，還會互相提醒，甚至能叮嚀臺上的同學，小宇、小珊、小旼等幾個大班的孩子很會提問。最後大家陸續猜出正確答案，將神祕箱裡的寶貝一一請出來了。

　　老師：「這些東西可以做什麼？」

　　小珊：「圓柱積木加牙刷可以做紅綠燈。」

　　小真：「城堡。」

　　老師提示：「不一定只是疊一疊，還可做什麼？」

　　小庭：「敲敲樂。」

　　小珊：「敲圖案。」

　　老師：「哪些東西可以用來敲一敲呢？」

　　小庭：「石頭。」

　　小珊：「牙刷（可以直敲，也可以平敲）。」

　　小誼：「彈珠。」

　　小愉：「方形積木。」

　　後來請發表的孩子，拿著自己說的東西試著敲敲看。

　　家瑩：「圓柱積木。」

　　小瑩：「長方體積木。」

　　小凡：「海綿積木。」

他才一說出，小朋友就告訴他：「不可以。」

老師問大家：「我們看知足班做什麼？」

孩子回想起，說：「染布。」

老師又問：「他們怎麼染呢？」

小宇：「火、瓦斯爐。」

「是啊！他們是用煮的染布方式，老師今天要跟大家介紹不一樣的染布方式，……。」立即秀出上週完成的染布。孩子驚喜的看著，猜說這塊布有什麼圖案，大家說有花花和葉子，小凡和小晨還正確的說出是七里香的葉子。這時，小珊還發現葉子有三瓣的，小庭發現有兩瓣的，孩子的目光全都轉向葉子了。孩子好奇的問：「怎麼做呢？」小旼：「把汁擠出來。」小真：「用敲的。」老師讓大家看實際的七里香，並請他們比一比，長得一樣嗎？老師提醒大家：「這就跟先前大家畫的紋路一樣，都是要經過『設計』的喔！」

我們一起到教室外、菜園區尋找材料，老師提示可採剪植物的區域，還有需要的數量，大家就開始去尋寶，小珊等幾個孩子馬上喊著鵝掌藤（茶道課的花材），一群小孩剪著翠蘆莉的紫花，還有非洲紅、七里香等，最後收藏在自己的封口袋裡。

◆ 老師的觀察 vs. 省思

　　第一次進行「神祕箱」，老師覺得孩子是可以主動玩遊戲的，因此說明戲規則後，退居一旁讓孩子自行操作，只做口頭提示、引領猜說，很棒的是孺子真的可教也，孩子彼此還能互相提醒，也能猜說，老師只要認真拍照、記錄就行了。孩子輪流上臺，當物品被一一猜出，又激發孩子的想像力，小庭說出了敲敲樂。相信植物染又將是孩子期待的新活動！

3. 敲敲樂～植物印染 vs. 分享

　　試著讓孩子準備工具，孩子一早就興奮的告訴老師他們帶來了報紙、石頭等材料。利用午餐後  的空檔，讓收拾好的孩子，坐一桌分批創作與指導。午休時老師將作品一一整理，再和孩子分享，期望藉由作品分享，欣賞他人，也調整自己的方式。發現孩子難以掌控葉片，因此無法完整敲出葉形，但也有另類的呈現，其中小葦的葉脈最清晰，小旼、小瑩和小誼的葉型最明顯，其他散狀的綠點或雙（多）重配色都各有其特色。

4. 孩子的感受

　　不外乎敲的樂趣、聲音、圖形、敲到手……等。

　　小誼：「敲這個很開心，因為可以用石頭
　　　　　把樹葉敲出來。」

小凡：「很快樂，因為它可以一直敲，因為它可以敲出圖案。」

小祺：「感覺很好玩。因為可以一直敲，我感覺葉子很漂亮。」

小瑩：「敲很好玩，敲敲敲有聲音，敲到手不會痛，不會哭。」

小芫：「很好玩，因為敲的太開心了。被敲到手很痛，我還是很喜歡敲。」

阿宏：「用敲的，扣、扣、扣，樹葉就扁下去就進去裡面了。」

小權：「覺得很漂亮，覺得綠色的很好看，顏色很美麗，敲葉子要用力，才敲得出葉子的形狀。」

5. 家長的貼心話

小宇媽媽：「不錯！可以讓小朋友認識植物的種類，及染布的方法，重要的是可以做得很開心。」

小凡媽媽：「凡凡這個作品叫作森林裡的春天，很有創意喔！」

小旼媽媽：「自己動手做，是個不錯的體驗。」

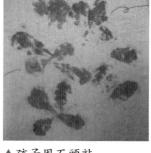

▲孩子用石頭敲

小安媽媽：「希望小安能開心的在快樂中學習成長。」

小真媽媽：「很美的圖案，還看得到紋路。」

小泰媽媽：「小泰第一次玩植物染，一定很有趣，色彩可以再豐富些。」

小諼媽媽：「沒想到利用樹葉與石頭就可染布，可讓你們發揮自己的想像力，盡情在布上揮灑。」

老師的觀察 vs. 省思

從孩子的分享中更發現，不只是敲好玩，敲出圖案也是吸引孩子的地方，另外敲敲敲、扣扣扣的聲音對某些孩子也有影響，更棒的是每個孩子都能真心的流露出最真、最純的感受。

做中學，學中覺，觀察孩子的創作歷程，讓孩子分享比較、汲取經驗是重要的。發現問題，適時調整也是必要的。就場地而言，在教室桌子上敲，雖然墊著報紙，但聲勢驚人（全園扣、扣、扣），因此改在走廊上進行。

邊做邊調整，也發現先前的考量是對的，孩子的力道小，無法掌控葉形。宣紙是可以省去，硬的葉子，孩子要敲出葉緣（鵝掌藤）實在不容易，倒是肉質、薄的葉子或花兒，則可以輕易敲扁（非洲紅、翠蘆莉）。孩子很喜歡「敲」，甚至覺得敲到手是很好玩的一件事，不禁聯想到遊戲治療、情緒宣洩，也可能是平時很少有機會可以這樣肆無忌憚的敲打，或許這正是敲敲樂吸引孩子的地方。

6. 故事時間

我們一起欣賞來自合心班的繪本《小貓咪穿花衣》，從故事中明白該如何欣賞別人的優點、與朋友相處的方式。接著分享朋友從肯亞帶回來的皮製錶套，讓孩子觸摸感受真實的皮革與仿製皮草的差異。

開心的欣賞著孩子交來的親子作業，欣喜的發現孩子們真的很不錯，能當個稱職的小老師。趁著孩子們記憶猶新，我們一起回顧、討論比較製作敲敲樂～植物染的事。

(二) 實際操作

1. 第一次操作：仿作→實作發現→調整→欣賞比較

[仿作] 第一次完全是照書上說的，在桌子上用石頭或木棒敲打放在宣紙、胚布上的植物，初體驗免不了會敲到手，但孩子一點也不在意，還樂在其中呢！甚至還央求要老師再做，因此我們討論當成假日親子作業。

[實作發現]

(1) 大家很愛這個活動，可以敲敲敲，還有扣扣扣的聲音，覺得很好玩。

(2) 孩子覺得自己力氣小，根本拓印不到宣紙上。

(3) 扣扣扣的聲音很驚人，可是響徹全園呢！

(4) 第一次玩敲敲樂大家使用的工具。

(5) 採集的植物中，最受孩子青睞的是七里香。

植物	七里香	非洲紅	鵝掌藤	翠蘆莉花
人數	16	7	4	2
顏色	嫩綠色	咖啡紅	綠色	紫色

工具	石頭	木頭積木
人數	21	6

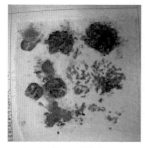 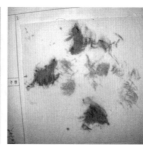 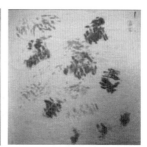

▲小真（石頭敲）　　▲小亞（木棒敲）　　▲小葦（石頭敲）

調整　下午，改在走廊的地板上敲敲敲，不再加宣紙，發現敲出的葉子更清楚了。

欣賞比較　期望孩子透過感官去觀察、探究實作中的植物染。老師拿出小亞和小真的作品讓大家欣賞。小凡馬上說出：「石頭敲得比較深。」孩子的觀

▲大家來摸一摸植物

察力不錯。老師又拿出小葦和小真的作品，小權和恩恩發現「用力」的不同，敲出的七里香顏色也不同。反問孩子：「什麼是用力？」小權：「力氣大小。」

「還有呢？」小珊：「選的植物。」也就是不同植物，敲出來也不同。老師及時從外面摘來一朵翠蘆莉的花和一片鵝掌藤的葉子，用嘴巴輕輕吹著。

　　小珊：「花脆弱。」

　　小誼：「花薄。」

　　小祺：「葉子硬。」

　　小權：「鵝掌藤粗粗的。」

讓孩子摸一摸，感受它們的不同，並印證大家的猜想。

　　小瑩：「鵝掌藤葉子硬，滑滑的。」

　　小宇：「翠蘆莉敲了會破、爛掉。」

　　小真、小珊、小昊：「翠蘆莉花薄的，不是脆，敲了會黏在上面。」

2. 第二次操作：工具選材更多元→擔任小老師→出現問題

工具選材更多元　我們分享假日親子作業，從創作中發現大家選用的工具更多樣。除了用過的石頭、木頭外，出現了新的工具，有磚頭、塑膠

槌等,而且選用的植物也更多元了,有玫瑰花、桑葉、馬櫻丹、地瓜葉、七里香、長春藤、日日春等多樣植物。

工具	石頭	磚頭	木頭	塑膠槌	貝殼	螺絲起子
人數	16人	1人	4人	2人	1人	1人

孩子們還躍躍欲試,大家贊成再繼續玩更多好玩的植物染,尋找校園裡更多不同的素材。

擔任小老師 從「家長回饋」中得知,孩子是個稱職的小老師。

小權媽媽:「看到小權帶著我跟爸爸一起做植物染的活動,他一邊教我們做,一邊講解,讓我們覺得他好棒喔!」

小羚奶奶:「小羚一看到這張做植物染就非常興奮,到院子去物色他喜歡的葉子,最後選中的是艾草、螃蟹蘭和左手香三種,在敲打時,小羚像位小老師的口吻說:『要放在布上,手按著,小心點不要敲到手……,在學校老師都是這樣教我們的。』」

小葦媽媽:「小葦找了好幾片葉子,真的很用心,結果沒那麼好,沒關係,參與的心比較重要。」

小宇媽媽:「這是姊妹倆一起完成的,看她們倆在一塊布上敲敲打打,玩得很開心,很棒!」

恩恩媽媽:「去山上爬山時順便採集,回來後自己就動手做,很認真!」

小凡媽媽:「我們一起找材料,一起創作,覺得這個植物染『可能』是全班最漂亮的作品。和凡凡一起創作植物染,真的很認真敲打,也會稱讚媽媽敲出來的圖案很漂亮。」

瑄瑄媽媽:「美麗的花,好好玩,又好幸運。敲到手很好玩,花花很

漂亮。」

小芫媽媽：「今天下午，一起到外公的菜園尋寶，都是外公自己種的
植物喔！」

小安媽媽：「很開心，葉子可以敲，我覺得葉子用石頭敲很漂亮。」

小旼媽媽：「原來植物染的製作是用石頭搥的，但效果不是很好，不
過真是個新的體驗。」

小亞媽媽：「很漂亮，要細心和有毅力才能做出漂亮的作品。」

小泰媽媽：「顏色有比較多了，還捨不得把摘來的花敲上去，不過家
裡的地磚快被敲破了，噓……別被爸爸知道。」

出現問題 從「家長回饋」中發現的問題，也是老師正在思索中的問
題……

小珊媽媽：「帶著小珊到美崙山上吃早餐，之後便開始邊走邊找尋材
料。我告訴小珊撿掉下來的葉子，因為樹上的都是有生命
的，看在大人眼中很平常的小草，但在小珊眼裡處處充滿
驚奇，我們很快的一起完成作品。」

小祺媽媽：「很有趣，也很漂亮，能和小朋友一同創作，感覺很不錯，
阿祺說植物被敲會痛……。」

 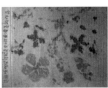  

▲小羚—艾草、 ▲小凡—日日春 ▲小芫—地瓜葉 ▲小家—幸運草
左手香

▼ 老師的觀察 vs. 省思

　　孩子興高采烈的分享著敲敲樂，且能發現敲染時的一些變因：石頭敲出的顏色比積木敲出的顏色深、用力～力氣大小，以及植物的粗硬、薄弱。再加上親子作業，大家選用了更多的工具與素材，吸引著孩子再做更多的嘗試，因此大家期待再去探訪更多的植物，使用不同的工具，所以決定再繼續玩敲敲樂喔！

　　小珊、小祺媽媽的分享，正是我們思索中的問題～尊重生命。小朋友提到花道課插花時要先感謝天地，所以進行植物染也要有感恩活動，活動後還要將它們掩埋，感謝它們的無私奉獻。

3. 分組活動：植物染海報製作

　　大家期待再次嘗試，為了讓下次活動進行得更好、更紮實，藉由分組活動討論有關植物染的事。

▲孩子認真的討論

　　活動一開始，老師先喚起記憶，讓他們學習小貓咪懂得幫助別人，並提醒大家要互相合作。由於是第一次以小組合作的方式來進行，先分享去年「製作信箱」的經驗，一來喚醒舊生的記憶，二來讓新生認識。接著調整新舊生的人數比，再從各組挑選出有意願當組長的幼生，賦予任務～協助每一個人說出、畫出關於敲敲樂的

事。

完成後，問孩子們做好的海報要跟誰分享，大家竟異口同聲的回答：「爸爸媽媽。」顯然孩子對於親子共做或當小老師很感興趣喔！

 老師的觀察 vs. 省思

既然已決定要再玩敲敲樂，當然要玩得更好、更美、更懂得掌握技巧，因此讓孩子先釐清敲敲樂的點點滴滴，藉由小組分享、合作學習，說出、畫出或仿寫出他所知道的事，在老師的引導、協助下製作成海報。

4. 合作學習：植物染分享與海報製作

各組分享他們合作的植物染海報。一來孩子可以練習發表，二來可以展現彼此合作的方式。他們決定由最後完成的先發表。

分享中，各組孩子述說他們討論、發表的方式、製作的過程以及合作的情形。

▲看！我們的植物染海報完成了（第四組共同創作的海報）

 老師的觀察 vs. 省思

合作學習讓大家一起完成共同的目標，促進自己學習，也教會別人。彼此合作也讓孩子以自己實際的經驗去演示操作，有正面的依靠，還可有效的使用人際技巧喔！

5. 兩種植物染的比較

　　孩子對染布一直保持著很高的興致，專業知識的再充實是必要的。分享知足班熱情借書給老師的喜悅，並讓他們猜借了什麼書？

▲工具直接敲

小珊、小家：「染布的書。」

恩恩：「草的書。」

小昊：「染色的書。」

小揚：「布放在鍋子裡的書。」

老師：「猜的真好！都是染布，作法一樣嗎？」

▲綁橡皮筋煮

小真：「我們是石頭（積木）敲，他們不一樣，是泡的。」

小庭：「他們是用橡皮筋綁。」

小珊：「他們用煮的，我們用敲的。」

小家：「他們是蔬菜染。」

老師：「怎麼說？」

小安：「洋蔥。」

小葦：「菱角。」

小祺：「柚子。」

　　拓印—鉛筆　分享著植物的書，無意間翻到一頁用鉛筆拓印的照片，眼尖的孩子嚷著也要做。小珊還清楚的說出作法：把葉子放在紙下，用鉛筆拓印。當下老師試做，並邀小珊來做。大家看著看著，小旼細心的發現小珊塗色時的手勢是「直的」；老師只是輕輕的、斜斜的塗。小權還發現小珊塗色「用力」。

　　孩子一時興起要先做拓印。我們到後花園採集去。有的孩子看中鵝掌藤，有的孩子則要樟樹，小靜還摘了一種不知名的植物呢！

　　至於做植物染當然要過關斬將，一來了解孩子是否清楚拓印的步驟，二來讓孩子學會表達。孩子期待獲獎，一一排隊在老師面前，準備過關，在師生答問間，闖關成功，即可獲得一張宣紙，就能進行創作了。大夥兒還忙著闖關，突然聽到小安的驚呼聲：「真的有葉子耶！」老師連忙拿取相機，即時捕捉孩子最真的畫面。

　　出現問題　巡視時發現，雖然孩子口頭說做過，但大部分的孩子，對於三角筆的使用不順手，他們習慣性的上下塗，因此左右塗的靈活度還不夠，而鉛筆稍一用力，就把葉子塗出汁液。

　　解決問題　拓印—蠟筆　思索著，到創作角找尋不同的素材，嘗試後和孩子討論，哪一種筆大家會更容易創作，孩子竟馬上說出蠟筆，真是太厲害了！大家試著用自己的蠟筆，嘗試成功了，就可以得到第二張宣紙。孩子的用色更豐富了，葉形也更美了，葉緣、葉脈更清楚了。

拓印到一半，老師才想起忘了學校的感恩活動，孩子也馬上停下手邊工作，大家手捧著葉子，恭敬的感謝天地，並提醒孩子拓印後將葉子放在廚餘桶裡，活動後再一起掩埋。

🔶 老師的觀察 vs. 省思

　　人生有二十難，不說感恩也難。更何況有情眾生，不能因我們的喜好，而傷害它們。因此，在活動中融入花道課的感恩儀式，同時學習感恩天地萬物，時時起一份感恩心。

6. 第三次操作：團討→採集實作→分享→植物染紀錄→討論→決議

　　團討　第二次操作後，小朋友發現工具不同或植物不同，會出現不同的效果。因此當大家一致贊同再玩敲敲樂，舉手表決後，大家決議先試不同工具，並選用馬櫻丹當素材。

▲大家合十感謝天地

　　採集實作　我們一起去妙善齋前探訪馬櫻丹，我們先恭敬的雙手合十：「感謝天地萬物、感謝佛恩、父母恩、師長恩，感謝馬櫻丹讓我們可以進行植物染的活動。」

　　採集原則：撿掉落在地上的花、葉子剪四至六片。

　　採集後，大家進教室找出想使用的工

▲撿地上的馬櫻丹

具，再領取胚布和報紙。我們一群人就在戶外的長椅子上敲打了起來。老師逐一觀察、捕捉孩子最真的鏡頭。發現孩子能掌控使用的工具，當他完成第一樣工具時，能明確告訴老師將使用的第二樣工具，即幫他在胚布上

做紀錄。實作中，小安和老師分享：「膠水不好敲。」馬上給予肯定，其他孩子聽了，也陸續來分享呢！

分享 第二天分享，先肯定大家敲得比上次更好，小昊首先舉手分享好幸福。為了讓孩子更清楚，拿出作品與大家分享。小家欣賞著自己的作品，說的更明確了。

小家：「敲出葉子的形狀、線條（葉脈）。」

小諼：「力氣很大。」

小真：「以前不可敲出圖案，現在可以敲出圖案。」

小珊：「敲的時候，可以敲出深淡。」

小庭：「反面、正面都可以敲。」

小瑩：「膠水上面、下面敲出來不同的圖案。膠水上面的蓋子好敲，敲出圓圓的形狀。」

小愉：「膠水蓋子圓圓的好敲。」

小珊：「敲出來像眼淚。」

小旼：「膠水蓋子敲比較硬。」

小泰：「不一樣。」

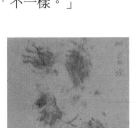

▲膠水底部敲出的作品

▲膠水蓋敲出圓圓的形狀

老師：「為什麼？」

小羚：「敲的力氣大小。」

小宇：「顏色。」

小家：「深色、淺色。」

小祺：「木頭敲出來的淺色。」

小珊：「石頭敲出來的深色。」

老師問：「這次用了哪些和以前不一樣的工具？」

小真：「筆（鉛筆、彩色筆）。」

小誼：「膠水（上面、下面）。」

小葦：「剪刀。」

老師又問：「這些工具有什麼不同？」

小真：「木頭力氣比較小，石頭力氣比較大。」

小安：「膠水不好敲，剪刀比較好敲。」

小庭：「膠水底部敲不出來，積木好敲。」

小晨：「木頭敲很大的力氣，彩色筆力氣小。」

小祺：「積木敲出來的顏色比較淺，剪刀敲得比較深。因為剪刀有一
　　　　邊大，一邊小，比較好拿。」

植物染紀錄　從提問中，孩子明白怎麼製作紀錄。

老師：「怎麼把自己的兩塊染布放在植物染紀錄上？」

孩子：「貼起來。」

老師：「用什麼貼？」

小凡：「雙面膠。」

老師：「雙面膠怎麼用？」

小旼：「撕。」

小權：「剪（剪刀）。」

老師：「要撕多長呢？」

小羚：「剛剛好。」

老師：「什麼是剛剛好？」

小誼：「跟布一樣長。」

當下請她來示範，大家照著製作「我的植物染紀錄」。

討論 大家分享哪一個工具比較好，敲出的東西比較好看，甚至清楚說出工具好的原因。但到底哪一種工具敲的作品最好看？什麼是最好呢？

工具	票數
木頭	16 票
彩色筆	2 票
剪刀	4 票
膠水（底）	0 票
石頭	5 票
膠水蓋子	3 票
鉛筆	3 票

小祺：「顏色敲的深。」

小真：「聲音。」

小珊：「敲出花（設計）的形狀。」

小羚：「敲出葉子的形狀。」

小真：「敲出植物的顏色。」

小珊：「葉脈和紋路。」

老師請小宇分享假日作品，是用石頭敲出葉子的形狀。

大家認同，能敲出葉子、花的形狀、葉脈和顏色才是好的植物染。

老師追問大家：「什麼才是好工具？」

請大家想一想什麼是好工具？並請他們先以自己的感覺來表決。

決議 表決後，小珊說了一句很棒的話：「不是照你的話。」

對啊！不是你們說的就是最好的。所以大家依票選結果，決定以最高票的工具：木頭和石頭，於下週操作比較，看看誰可敲出最好的植物染喔！

老師的觀察 vs. 省思

　　拋出問題，正向回應：孩子清楚植物染的過程與必備的材料。老師只是催化者，從旁協助、觀察記錄而已。發現孩子的敲打技巧更純熟了，敲出葉脈，葉形也更明顯了。實作中，小安即時分享，也引發其他孩子的分享，這真是好的效應。

　　孩子對敲敲樂愛不釋手，總是說，敲很好玩、敲很開心、會敲到手……。對敲敲樂的這份著迷，必須轉化成一種「成長」的動力。除了期盼藉由團討分享、分析比較……，當然還要適時拋出問題，讓孩子腦力激盪。而早在第一次團討時，小凡就曾提出：「石頭敲得比較深。」小權：「力氣大小。」只是沒再提醒，他們忘了，不過這樣也好，小珊的那句話：「不是照你的話。」正提醒了大家要有研究精神，從操作實驗中找出符合好的植物染條件的最佳工具。

7. 第四次操作：分組實作→分享→歸納整理→表決→植物染紀錄

　　分組實作　上週決定以「木頭和石頭」兩樣工具來做實驗，看誰是最好的工具？活動一開始，大家討論分成敲花和敲葉子兩組，並按

	花	葉子
特徵	薄	硬
敲的力氣	小	大
選組	20.29.28.21.24.18.3 11.26.4.17.15.23.27	7.5.30.6.10.1.8 9.16.12.19.2.13
植物	日日春、翠蘆莉	七里香、鵝掌藤

照自己的力氣來選組，還主動提出想敲染的植物。

　　操作前，大家互相提醒，期待人人掌握技巧、敲出好作品。老師問：「敲敲樂要怎樣敲，才能敲出好作品？」小朋友回答：「用力、用力敲、敲出葉子或花、葉脈、手要壓住、敲邊邊。」實作中，葉子組恩恩自動找

來一片翠蘆莉的葉子敲在胚布上，老師發現敲得真好，同組的孩子一看決定選用，才一敲，即聽見阿祺興奮的叫聲「哇～深綠色耶！」

　　分享　活動結束，從孩子的作品中各挑出兩組，進行猜工具的連一連活動。讓孩子從欣賞他人的作品，分享不同工具，敲打產生哪些不同的事與感受。小家：「人的力氣一樣，工具不一樣，顏色也會不一樣。」小凡：「工具一樣，形狀不一樣。」

　　大家疑惑著，老師即時找來積木、石頭、雙色印臺與白紙，分別蓋出圖案，這時有些孩子才恍然大悟……

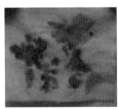 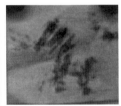

▲木頭→長形　　　▲石頭→點狀

 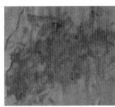 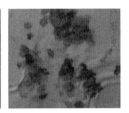

▲木頭敲的　　　▲石頭敲的

　　小旼：「圖案。」

　　小諼：「石頭敲出點點。」

　　小真：「積木敲出長長的。」

　　小珊：「力氣不同，敲出的顏色有深淺。」

　　小愉、小真：「石頭敲的顏色很深。」

　　小芫、小瑩、小家：「積木敲的顏色比較淺。」

小真、小亞：「日日春的花是紫紅色。」

小瑩、小宇：「翠蘆莉的花是紫色。」

[歸納整理] 老師問：「哪一組先完成呢？」小珊：「花。」「為什麼？」同時聽到小珊、小玟：「薄。力氣小，時間少。葉子硬，力氣要大，時間多。」最後獲得的結論：

	木頭	石頭
使用性	大、重、不好拿	小、輕、好拿
敲出顏色	顏色淺	顏色深
敲出形狀	柱子形的積木敲出長方形的形狀	圓形的石頭，敲出圓、點的形狀

[表決] 週四，考驗孩子的記憶，讓孩子分享創作的點點滴滴。老師問：「哪一種工具敲出的植物染最好？」大家不約而同的說：「石頭。」不光說說，我們舉手表決，如右表。

	敲花組	敲葉子組
木頭	3人	5人
石頭	10人	9人

[植物染紀錄] 像接力賽一樣，孩子一棒接一棒的述說出有關植物染的事，老師將他們的發表一一書寫在白板上。分享完，按著大家說的，開始進行植物染紀錄。孩子自己操作，老師僅觀察、協助需要幫助的人，最後傾聽每個孩子的心情感受，並幫他記錄下來。

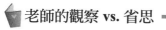

老師的觀察 vs. 省思

製作植物染紀錄，是孩子第二次自己動手操作，他們可以自主、自立或互相協助，老師只是一個促進者、輔助者，這種感覺真棒！孩子們進步囉！

　　孩子的敲敲樂已可以自己掌控了，而這次的實作也證實了「石頭」是最好的工具，還可探究什麼呢？最好敲的？最難敲的？其實只要從經驗中是可以猜說得出來。什麼是值得再進一步創新挑戰的？不同的植物染或染布可以做什麼？抑或結合孩子喜愛的縫工、珠珠等素材，再發展他們有興趣的活動。

8. 第五次操作：新發現→新作法→我們就這麼做→兩人合作→分享比較→孩子的心得

　　新發現

(1) 我的新發現

　　星期一，小朋友就發現教室布置不一樣了。問他們哪裡不一樣？

小羚：「教室的大染布上面多了葉子。」

小權：「是翠蘆莉的葉子。」

小祺：「葉子是一起敲的。」

老師：「花和葉子怎麼了？」

小珊：「新的是壓的。以前的葉子本來是綠色，變成枯掉的顏色。」

小宇、小羚：「以前石頭敲的，圓圓、點點，有洞。」

老師：「壓的是怎麼樣的形狀？」

小珊、小凡：「平平的，沒有洞洞。花的形狀更清楚。」

老師：「你們猜是用什麼方法？」

小權：「壓。」

小珊：「滾過去。」

恩恩：「跟擀麵棍一樣。」

老師：「想一想，教室裡還有哪些東西？」

孩子：「圓形積木、滾輪、廣告原料的罐子等。」

老師：「還有什麼發現嗎？」

小祺：「有線。」

老師：「線是怎麼摺的？」

大家：「角對角。」

　　大家想試做看看，請孩子一起數到10，好讓老師即時準備工具和材料。老師當場示範：先將胚布對摺，花放在其中的一邊，再用圓柱積木、球壓（推）一次。讓孩子們猜為什麼？小庭：「會黏住。」老師：「對！再用力滾或壓過去。」孩子還期待的舉手想要試一試呢！完成後，大家一起數1、2、3，打開作品。頓時，全班發出哇～的驚呼聲。這也就是「對稱畫」，可以先用水彩來玩一玩，孩子急於嘗試，只好請他們在角落進行，老師也馬上去準備素材，以滿足他們。

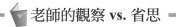

老師的觀察 vs. 省思

孩子對於周遭環境事物的認知與學習會愈來愈敏銳，適當的誘導有助於孩子細微的觀察力，更能激發其深層的思考。除了敏銳的觀察力，再加上好奇心，孩子願意嘗試更多新鮮好玩的事

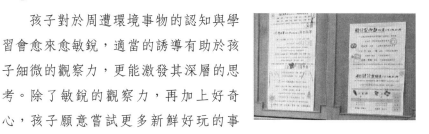

物，對稱畫就是讓老師即時為孩子們準備素材，也馬上滿足其學習欲。

(2) 生葉拓染

孩子又有新發現，有的指著大字報（先前的討論），有的說白板前的資料（網路下載的生染拓印）……，問他們看見什麼呢？

新作法

小珊：「滾的，滾花和葉子。」

小愉：「拿東西敲。」

小宇：「他拿的是塑膠槌。」

小凡：「木頭的球。」

小羚：「壓。」

小瑩：「用得很漂亮。」

老師問：「跟我們原來的敲敲樂有什麼不一樣？」

小旼：「之前是用敲，新的是用滾的。」

小芫：「塑膠槌搗。」

小諼：「石頭是圓形，積木是長條形。」

老師問：「對啊！這次是什麼形狀？」

小珊：「整片。以前石頭（敲的）顏色很深，一點點，有洞洞。這個沒有洞洞。」

小宇：「葉子和花，壓出來整片都會出來。」

老師：「小晨那天告訴我這叫壓壓樂。它和敲敲樂不同，它真正的名字叫『生葉拓染』。」

大家第一次聽到，有些不解，老師問大家：「知足班是怎麼做植物染？」大家：「煮的。」

老師：「對阿！東西煮過就是『熟』的，沒煮就是『生』的。所以叫它什麼？」

孩子：「生葉拓染。」

老師：「當你有問題可以找誰幫忙？」

小珊：「找爸爸媽媽。」

小愉：「找阿公。」

小亞：「找老師。」

老師：「除了人之外，還可以找誰？」

小凡：「電腦。」

小宇、小羚：「上網查。」

老師分享：「我也是上網查的喔！我還發現一種讓我們的生葉拓染保持顏色的東西，它就是硫酸亞鐵。還有，我發現一本書呢！」

老師：「你們想做這種新的方法嗎？」

孩子們大聲的回應著：「想。」

老師：「那要準備什麼呢？」

小愉：「塑膠槌。」

小凡、小泰：「鐵罐。」

小庭：「球。」

恩恩：「玻璃罐。」

小家：「擀麵棍。」

小亞：「鐵槌。」

小昊：「鋁罐。」

小安馬上回他：「不行。」

小靜接著說：「會被壓扁。」

小晨：「硬的球。」

小揚：「罐頭。」

	敲敲樂	生葉拓染（壓壓樂）
工具	石頭、積木	圓形（柱）積木、塑膠槌
作法	敲	滾、壓、捶
敲出形狀	石頭→圓形，積木→長條形，有洞洞	整片平平的、沒有洞

📖 老師的觀察 vs. 省思

　　關於植物染，孩子真的幾乎都可以自導自演了，老師只是穿針引線而已。為了喚起、加深他們的印象，決定將每次討論的重點張貼出來，由孩子來幫忙畫，他們看見大字報不但有似曾相識的感覺，識字的孩子還指著唸呢！為了讓植物染更好，再次尋求資源，可是相關書籍僅有一本，卻未提到不褪色的方法，至於網路上也僅發現了寥寥幾篇，真是不容易，因此將它張貼在白板上，果真引起孩子的好奇與發現。

　　我們就這麼做　壓壓樂是孩子期待的，又決議在成果發表會與家人一起進行，就先來製作加了「亞鐵」的布。先在胚布上貼上姓名貼，再放入稀釋過的硫酸亞鐵中浸泡，水涼了再拿出來晾乾。

　　小芫知道塑膠槌的妙用，真的從家裡帶了一把來當工具。第二天，讓孩子觀察比較「布」有什麼不同。小安：「原來的白白的，加了亞鐵的咖啡色。」小旼：「原來的平，加了亞鐵的皺。」老師問：「還有其他不一樣的嗎？」大家回應：「沒有。」老師：「你們真的很厲害喔！布皺皺的，怎麼辦？」小旼、小宇、小珊：「用熨斗燙。」

　　兩人合作　活動進行前，先認識花兒與分享其由來，恩恩就說運動會，他在校門口有看到。接著請大家說一說壓壓樂。老師拿著兩種胚布讓大家來猜說。

　　小珊：「皺皺的，沒有用熨斗燙過。」

　　小凡：「燙過才會平。」

　　老師：「為什麼會皺皺的？」

　　小葦、小宇：「泡水。」

　　小旼、恩恩：「泡硫酸亞鐵的水。」

　　老師：「為什麼要泡？」

　　小珊：「顏色更深。」

　　老師：「亞鐵主要是做什麼？」

　　瑄瑄、恩恩：「顏色才不會枯掉。」（不會變淡）

　　老師：「壓壓樂要怎麼做？」

　　小旼：「滾。」

　　小羚接說：「黏起來。」

　　老師：「兩塊布和花兒怎麼放？」

　　大家清楚的說：「包起來。」

　　有的說像：「三明治。」

有的說：「像漢堡。」

老師把花瓣一片一片摘下擺放，孩子即說好像一朵花喔！也藉機提醒大家要設計一下。再拿出工具圓柱積木、塑膠槌，詢問大家要怎麼用？在孩子的提示下，先用圓柱積木滾動，還聽見孩子說要用力，接著提醒大家用塑膠槌搥邊邊，花型乍現，就聽到孩子驚叫：「花出來了。」試著讓孩子來輪流搥幾下，感受製作的方式。

由於是新的嘗試，大家期待壓出更美的花型，因此建議採兩人合作的方式一起進行。

老師的觀察 vs. 省思

玫瑰花是孩子一直想要嘗試的花材，這次剛好利用校慶運動會大家送來的花籃讓大家使用，不但可有效運用資源且不花費，還可滿足孩子的欲望。

▲ 兩人小組一起選花

壓壓樂，上週已探討出製作方式，也請幾個孩子來試作，也許是看見花兒太興奮了，擺放很多的花瓣，甚至習慣性的拿起木頭就敲敲敲，一時改不了習慣，因此操作前再次示範新作法。

▲ 一起設計、擺放

▲ 設計圖

▲ 合力用圓柱積木滾動

▲ 再用塑膠槌搥一搥

第二天一早，孩子就將發現告訴老師，請他們猜猜那是什麼？木瓜、地瓜葉……就從孩子口中猜說出來，不給正確答案，暗示……待會你們也可以一起做做看！

發現昨天孩子們的創作，雖然是他們想要的漂亮花材，但效果並不佳，操作不出美美的花型，因此今天開放讓孩子到後花園去現場採集。

在感謝天地三恩後，孩子採集他們想要的花和葉，選擇性更多元，有翠蘆莉、地瓜葉、黃鵪菜、非洲紅、木瓜葉等。有了昨天的合作經驗，今天進行得更好，技巧也更好，連昨天作法不對的孩子，也央求再做一次，真是知錯能改啊！

分享比較 一開始，老師先利用壓壓樂的作品，請孩子說說有什麼不同？小庭：「顏色不一樣，小的布是咖啡色，大的布是淡黃色。」小珊：「小的有亞鐵，大的沒有。」小羚、瑄瑄：「小的比較深，大的比較淺。」（花的顏色）小誼：「花的顏色不一樣，有亞鐵的深。」

小宇：「大的布，花淡淡的。」小真：「有分深淺。」小羚、小珊：「淺淺的有葉脈，深的沒有。」

	沒泡過硫酸亞鐵的胚布	泡過硫酸亞鐵的胚布
胚布顏色	淡黃色	咖啡色
敲出花的顏色	淺，有分深淺	深
出現的紋路	有葉脈	沒有葉脈

老師再請孩子看這兩塊布裡的花或葉子有什麼不同？小芫、小羚：「不同邊。」小珊：「相反的。」小靜：「不一樣。」（方向）小庭：「相反。」

▲拋好了！打開胚布看，我的作品成功了真美！

老師拋出問題：「你們覺得除了做壓壓樂，還可以做什麼？」小權：「用大塊布做。」老師：「像你們以前說的，布置教室窗簾或門的嗎？」大家：「對！」於是孩子們決定要做更大的作品來布置教室，休息時間，小宇還跟老師說：「樓上的門也要做。」老師接著又分別秀出孩子的作品（不同材料）請大家欣賞。首先秀出小庭的作品，小宇、小祺馬上猜出是地瓜葉，且有 17 個小朋友覺得漂亮。第二個秀出恩恩的作品，恩恩、小珊、小旼說木瓜葉，而且有 21 個小朋友說好看。第三個是小瑩的作品，突然出現玫瑰不好看，不美的聲音。小葦說出非洲紅，倒是有 14 個小朋友覺得好看。同時也有 14 個小朋友覺得翠蘆莉

 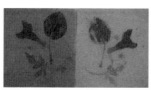 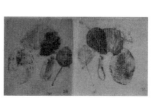

▲小庭的作品　　　▲恩恩的作品　　　▲小瑩的作品

好看。當下老師就問：「昨天壓玫瑰花、菊花、劍蘭……怎麼樣？」孩子異口同聲的說：「不好，不美。」老師追問：「還有人要買花嗎？」小珊、小瑩：「買花花錢，不好。」小真還接說：「消福。」

孩子的心得

小晨：「我覺得壓壓樂很好玩，因為壓的時候很特別，有出現形狀，還有壓得很美。」

小葦：「很漂亮（葉子），亞鐵敲出來的葉子沒有黏上去，比較黑，比較咖啡色，沒有泡過亞鐵的比較白色，方向不一樣。」

小宇：「這樣用滾的需要用到力氣，有點難。用敲的，我覺得滿輕鬆的。作品花紋很清楚。」

小庭：「敲出來很好玩，可以敲出它的圖案，也可以把邊邊敲出來，葉脈也可以敲出來，顏色不一樣，方向不一樣。」

小旼：「我敲的比較漂亮，一個是淺的，一個是深的，加了亞鐵，所以才會比較深。這次顏色效果比較好，用滾的比較好玩。」

小安：「用敲和用滾不一樣的地方，是用敲的會出現點點，用滾的葉脈比較清楚。」

小羚：「我覺得滾的時候也可以用出它的顏色，用邊邊敲也可以敲出它的顏色，還有滾的時候就滾出它的顏色，加了亞鐵才會比較暗，方向不同邊。」

瑄瑄：「玫瑰花比較不好敲，翠蘆莉比較好敲。一個是紫色，一個是粉紅色，加了亞鐵變紫色，加了亞鐵的翠蘆莉有一點點綠色，敲很好玩。」

小泰：「加了亞鐵布很深，花很深，葉子也很深。沒加亞鐵的比較淺。在敲的時候很開心，下次想敲翠蘆莉，因為比較薄。」

老師的觀察 vs. 省思

作品分享時，孩子能互相評比，還能分辨出操作正確與否，他們還主動提出獎賞，老師當然呼應囉！很棒的是，這次孩子更懂得去讚美他人，當看見好作品時，會主動讚賞「好美喔！」更棒的是孩子有惜福的觀念，他們竟能這麼分享：買花，花錢，不好，消福。他們還明白後花園的花，不需花費，而且能敲出好作品呢！

孩子的心得分享，更見孩子對植物染的用心，他們明白加了亞鐵的影響，也清楚壓壓樂與敲敲樂在使用工具、技巧和顏色、效果等的不同。還發現敲打在泡過硫酸亞鐵的胚布上，花的顏色很深，看不見葉脈，並不是最好的作品，而且硫酸亞鐵是化學藥品一點也不環保。

🌱 四、成果豐收期

(一) 第六次操作：集體創作大染布

早在討論「布」的時候，孩子就想要用布來布置教室，上週經過老師介紹壓壓樂的活動，看到老師介紹自己的作品，孩子就躍躍欲試。上週小權又提出，並獲得大家的認同，孩子又提到教室裡要布置的地方有四個，因此我們就依小組，各組一起集體創作。

▲感謝天地三恩後採集

小組合作 製作大染布，老師做了重點式的提醒後，讓孩子分組先試著在紙上設計圖案，由於先前的經驗都是各做各的，當他們試著畫設計圖時，仍是習慣各畫各的，只是共畫在同一張白紙上。因此再次請他們回到討論區，並提醒大家是要一起創作，要共同設計圖案。試著改變方式，請各組先討論出要選用的材料。並反問他們要先採集材料還是畫設計圖，孩子選擇先採集，順著孩子的意思，讓先討論好選材的小組先到後院採集。

組別	選材
第一組	木瓜葉、地瓜葉、翠蘆莉葉、七里香
第二組	非洲紅、翠蘆莉花和葉
第三組	地瓜葉、翠蘆莉花和葉
第四組	木瓜葉、地瓜葉、翠蘆莉花和葉

在提示下，大家搬來大地墊，並鋪上報紙，再鋪上大胚布，接著同組的孩子開始以採集好的素材直接設計、排好圖案，孩子愉悅的拿出工具輪流操作。再次讓小朋友集體創作，有了具體素材，孩子能直接且真實的擺設，每一組都更棒了，能夠互相討論、搭配，創作出來的作品也更令人驚豔！

▲鋪好報紙，再鋪上大胚布想一想怎麼設計

▲大家動手做

▲我們的圖案設計好了

▲我們一起把布蓋上　▲小心！要鋪平喔！　▲壓好，大家輪流搥一搥

▲看！各組孩子輪流的　▲其他人合力將布拉著、　▲做好了，一起把布打開
　敲打　　　　　　　　攤平認真的模樣

▲這是我們各小組的集體創作　▲我們做得很開心，作品很棒
　　　　　　　　　　　　　　　吧！

> ### 老師的觀察 vs. 省思
>
> 　　用布來布置教室是孩子的期待，和他們討論出布置的地方，剛好每一小組可以製作一塊大染布，就採分組合作的方式來進行。嘗試敲大塊布，也試著將更多更大的花或葉子呈現，考驗著大家的默契與互動。而真實素材，直接設計、擺放，孩子比較有概念。執行時，發現塑膠槌磅數影響著敲染的效果，先前的太重，孩子敲不動，但敲出的效果比較好。
>
> 　　敲大塊布，是新的嘗試，也給孩子另一種新的學習經驗。雖然難度相對加高加深，但創作歷程與合作效果卻是讓人驚豔！

(二) 我們的植物染紀錄

　　這次創作是大染布，無法收錄於紀錄中。因此我們為每個孩子列印彩色的合照於紀錄上，但仿寫或描寫記錄時間、選用植物、工具仍是孩子們不可少的任務，其中最大的特色就是組員這一欄，大家必須試著幫每個組員簽寫上自己的名字或貼姓名貼。這是新的嘗試，讓孩子圍坐在小組上，互相簽名。另外也請每個孩子在各組的大染布創作上簽名，再布置教室。

老師的觀察 vs. 省思

　　大塊染布是大家合作的結晶，不能像以往張貼在自己的紀錄上，因此以輸出彩色照片作為佐證，如此也讓紀錄有一種新的呈現風貌，也可讓家人看見孩子們的小組合作與創作。另外，讓孩子如同一位小小設計師，為自己的創作簽名。

1. 我的植物染：大書與設計封面

　　分享日前集體創作的大染布，從照片中，我們一起回顧創作歷程，同時獲得孩子的認同，製作成大海報，最後集結成大書，且有些孩子主動幫忙仿寫文字、介紹，並於成果發表時展示給大家。

　　設計我的植物染封面，和孩子分享著植物染紀錄的事，老師述說著心中計畫，了解他們是否想將這些日子以來的紀錄集結成一本小書，馬上獲得他們的認同，且紛紛的舉出小手贊成，小芫更可愛的告訴老師大家都贊成，這時只見小宇迅速的將手也舉起來，表示他也願意加入大家的行列。

2. 集體創作紀錄：心得與家人的分享

小葦：「這次敲得比上次還要順手了，所以弄得很漂亮，很有成就感，顏色也鮮豔。」

媽媽：「小葦在學校的心情一定很好，因為回家都會分享他的喜悅給我及哥哥，希望這樣學習的欲望都一直持續著。」

小凡：「一開始不開心，因為要敲得很用力，才能敲出來。敲完後很漂亮，覺得很開心。」

媽媽：「看到小孩們可以一起合作、討論、完成作品，覺得大家都太棒了！」

小祺：「布是大家一起做的，很好玩的地方是，敲完以後剝葉子很開心，我覺得很漂亮。」

媽媽：「很棒！大抵都能說出製作植物染的過程，相信經過這一連串有關植物染的課程，以後到野外會對植物更感興趣。」

小權：「原來地瓜葉、木瓜葉，它可以用工具染出這麼漂亮的形狀，真的很好玩，很有趣。」

爸媽：「每次看到小朋友拿回他們在學校做的作品，就覺得他們好厲害，一次比一次棒。」

小羚：「我覺得植物染可以用很多工具來做，這次我們用圓柱積木和塑膠槌來做，一樣很漂亮。」

小旼：「很好玩，敲了很多植物，有地瓜葉、木瓜葉、翠蘆莉的葉子。」

媽媽：「自己動手做特別有趣，小朋友都很棒，尤其是木瓜葉子很完整，忍不住要拍掌鼓勵喔！」

小晨：「很好玩，因為是一直敲敲敲，和朋友合作我覺得很開心，大家合作敲敲敲很好玩。」

小瑩：「敲得很漂亮，樹葉會跑出來，還有花花，用塑膠槌敲起來很厲害。」

爸媽：「從各種不同的教學方式中，以有趣的教學方式刺激小朋友的學習意願。多采多姿的教學方式，讓小朋友更有意願學習，我們家長也應該好好學習，與小朋友一起成長。」

小誼：「這麼大的布，要放這麼久，敲的時候要很大力，不然敲不出

來，有些花本來很漂亮，為什麼敲出來變黑了呢？也變得爛爛
的，我要珍惜這塊布。」

媽媽：「小朋友做得很棒，能體悟更多大自然的奧祕，也藉此培養自
己動手。」

小揚：「我喜歡壓壓樂，因為壓出來的作品比較完整、清楚、漂亮。」

瑄瑄：「敲染（植物染）真好玩，互相合作真有趣。植物有木瓜葉、
地瓜葉、七里香。」

阿宏姑姑：「藉由植物染操作，了解到葉子敲出綠色，花朵紫色，讓
他對色彩有進一步的了解。」

小真：「拿墊子、布、把葉子或花放在布上。快樂、開心，敲要重點，
我喜歡敲敲，因為會變成漂亮圖案，還要有力氣才行，還要有
方法（先滾滾，而且要壓著布），最後把葉子拔掉，喜歡和同
學合作，才會敲很漂亮。」

媽媽：「很有創意。」

小珊：「像畫出來的，因為有綠色和彩色，可以讓大家合作，完成時
需要槌子和力氣，好辛苦！」

媽媽：「遠遠看過去，像一件漂亮的花布，顏色柔和，看了很舒服
呢！」

小安：「壓壓樂很快樂，和同學一起敲很快樂，可以把葉子壓出來圖
案。敲的時候，很好敲。大塊布可以放很多葉子，敲出來很漂
亮，很開心。」

老師的觀察 vs. 省思

　　試想：如何將班上的植物染介紹給大家知道，而且是由孩子自己
來說明創作歷程。邀請孩子來說是一定要的，但如何協助他們說得有
條不紊呢？對了！就將照片依創作歷程呈現出來，先讓孩子們看圖說

一說，再請他們自己仿寫出來，何況孩子已有很多實務經驗，而今有照片相輔，相信孩子可以自己做好介紹工作。很開心孩子認同這樣的想法，且勇於承擔仿寫與介紹工作。

孩子的心得更反映出一些值得深究的好問題，像小誼：「敲出來變黑了？也變得爛爛的……」等。

家人的分享，除了讓他們了解孩子在學校的活動，更有一分參與感，他們的貼心話，更是一份肯定與鼓舞。

(三) 學習活動回顧及成果發表活動討論

我們利用 PPT 帶領孩子回顧開學至今所進行的活動。在提問互動中，再次喚起孩子學習的點點滴滴，並請他們想想成果發表會當天要和家人一起進行什麼活動。

孩子們發表得很踴躍，提出很多項目，因此我們先投票表決要幾種，再針對提出的項目一一表決。票選方式：只要喜歡即可投他一票。

提議人	小瑩	小芫	小榆
提議	3 種	1 種	2 種
得票數	24 票	0 票	1 票

提議人	9、25、19	13	17	15、28	23、29
活動	晴天娃娃	纏線	繞毛線	細針刺繡	小小設計師
得票數	10 票	9 票	9 票	時間太久	13 票
提議人	4、7、18	15	17、16	7	10
活動	串珠珠	對稱畫	粗針縫工	榨果汁	敲敲樂
得票數	19 票	14 票	11 票	活動後	10 票
提議人	16	15	4	15	
活動	壓壓樂	剪紙	染色	走線	
得票數	16 票	13 票	6 票	1 票	

　　獲得高票當選的前三名分別是：串珠珠、壓壓樂、對稱畫。討論時發現細針刺繡需要較久的時間，大家還決定要走線一次，如果時間來得及，榨果汁請家人喝，像奉茶一樣敬親喔！

　　由於對稱畫是壓壓樂的前製方式，因此大家就對稱畫和粗針縫工再次進行投票，最後粗針縫工獲勝。我們成果發表會親子活動就敲定為串珠珠、壓壓樂和粗針縫工等三種。我們還商議：粗針縫工由小朋友自己設計縫工的圖案、畫點，再和家人同樂。

1. 活動分配

　　和孩子約定討論成果發表會活動，時間一到，即聽到小凡告訴大家討論時間到了。

　　　　老師：「請問這三個活動大家要怎麼分呢？」
　　　　小宇：「平均。」
　　　　老師：「是每個活動都是九個人嗎？」
　　　　小宇：「對！」
　　　　老師同時有聽到孩子的附和聲音。
　　　　小珊反問：「為什麼不能選兩個？」
　　　　馬上有人回應：「時間不夠啊！」

　　真是太棒的回應了，老師問贊成平均每個活動九個人的請舉手，結果有 18 票。

2. 命名活動

　　期末成果發表雖然已想好了三個活動，為了更吸引人，我們一起來動動腦為活動命名，孩子分別提出了想法：

小庭：「快樂的活動。」

小羚：「快樂的縫工。」

小瑩：「快樂敲敲樂。」

小家：「快樂的串珠。」

恩恩：「好玩的縫工。」

小珊：「開心的、有趣的壓壓樂。」

投票後，以快樂的串珠、好玩的縫工、開心的壓壓樂，分別獲得大家的青睞。孩子自認為我們是「感恩班快樂世界」。

老師的觀察 vs. 省思

畢竟孩子才是教室中的主角，因此期末的成果發表會想怎麼呈現？想安排哪些活動？當然要聽聽孩子們的想法，且由他們自己來設定活動、命名，老師則是引領他們回顧、配合、協助準備所需要的器材。

很感恩，每每要和孩子討論事情，班上總有孩子在一開始就做出最好的提議，讓整個討論進行得很順暢。更棒的是，當有不同想法出現時，他們還會主動回應，讓大家更清楚不適合的原因。身為老師的我們，很歡喜孩子彼此的互動，且能這麼的明理、講理。

3. 重新選組

自從小庭自己拿著竹筷子學繞線，老師指導她如何繞，孩子們開始對繞線產生興趣，就這樣每天都有孩子找老師繞線，尤其是恩恩，雖然一開始不是那麼順利，也幾遭挫敗，但他能克服困難，衝破難關，不到一週的時間他已創作了四件作品。大家發現繞線是一個好玩的活動，全班已有大半的孩子都喜歡上它。

◀孩子上台填寫參與的
活動項目

　　試問他們是否想將較簡易的串珠活動變成繞線，這樣也可以有別於包
容班，馬上獲得全班的認同，並舉手贊成，我們就將活動改成孩子的新喜
好。而為了讓孩子對繞線更清楚，也能掌握基本技巧，老師編了一個口訣
送給孩子們，就是「繞到下面轉一圈」。有些孩子還邊繞邊唸呢！

　　另外，發現孩子的親子設計圖，有部分改變了參與的項目，因此藉機
詢問大家的意願，是否要重新選擇？大班的孩子肚量大，也願意讓中班的
弟弟妹妹先選擇，真是太好了。

(四) 成果發表會親子活動

　　由孩子們向親愛的家人介紹感恩班
快樂世界的三項活動。

　　我們是運用平日進行活動時所拍攝
到的鏡頭列印出來，以大海報的方式將
活動的製作歷程呈現。

▲ 準備了好多素材邀家人一起來創作

　　小朋友自己認養工作，從述說活動進行的內容、仿寫文字、插圖到最後的介紹，全由小朋友來擔任喔！

1. 家長的回饋

　　小揚媽媽：「參加本次活動，在各班體驗兒女平日上課所做的活動，
　　　　　　　非常好玩，大人比小孩還熱衷，希望下次的成果展和班親
　　　　　　　會都可以加入這些 idea。」

　　小誼媽媽：「室內的體驗活動很棒，且透過小朋友來教導家長是很棒
　　　　　　　的點子，讓家長了解到我們家寶貝這麼棒，要完成那些作
　　　　　　　品可是不容易喔！」

2. 我印象最深刻的學習活動

　　學期即將結束，我們一起回顧學習的點點滴滴，並分享每個人印象最深刻的學習活動。

▲壓壓樂

3.榨果汁、聖誕帽
4.染色
21.11.扣釦子、串珠
21.敲敲樂
9.洗標、穿襪子　23.穿線　3.串珠+布
12.晴天娃娃　　　　　　　27.穿衣服
15.對稱畫　　衣服　　16.小小設計師
　　　　　　　　　5.靜思語
8.11.壓壓樂　6.繞線　　15.唱歌、穿鞋子、錢
7.縫工　9.看書
16.拓印畫、練習綁辮子　29.表演、毛毛王國
17.細針

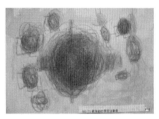

▲好玩的繞線

 老師的觀察 vs. 省思

　　和孩子一起回顧這學期進行的活動，藉以了解孩子學習的興致與印象，也作為學期的一個完美結局。歡喜的是孩子的記憶不錯，雖然從去年九月至今已大半年，但他們對從事過的活動仍印象深刻，因此他們的分享幾乎涵蓋了所有的活動，從開學的生活自理、平日的音樂律動、主題活動，到最後的繞線活動，孩子幾乎全都分享了。

3. 給家長的一封信

　　讓我們可以針對這學期的主題教學再次的省思與檢討，同時藉由親師生三方面的看法來回顧這學期的學習點滴，有了家長和孩子的想法，老師可以再省思、調整改善教學，並作為下次教學之參考與指標。

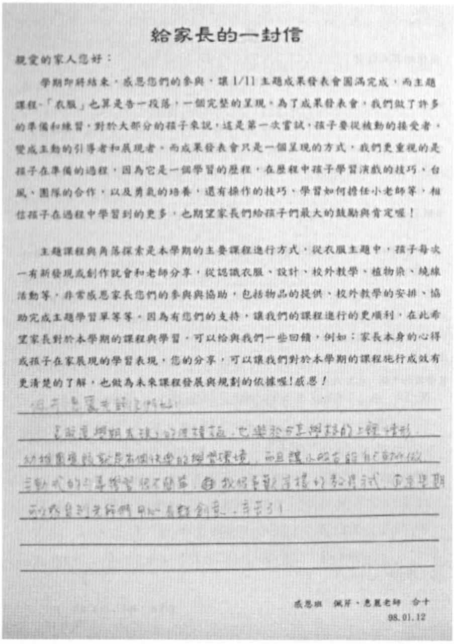

給家長的一封信

親愛的家人您好：

（手寫信件內容，字跡不清）

感恩班 佩芬・惠萬老師 合十
98.01.12

4. 分享 vs. 回饋

小亞媽媽：「感恩老師對小亞的教導和包容！成果展的表現真的很棒，
無論是小朋友的大方還是配樂的部分。主題教學也是很好
的主意，「直觀教學」是我們認為很重要的方式，希望下
學期能夠維持對生活教育和紀律的重視（我發現本班秩序
較佳……）。很期待下學期，不知會是怎樣的主題？」

小凡媽媽：「或許是課程的設計，凡凡這學期的表達能力的確好很多，
和媽媽一起編故事。自己發揮想像力的能力也好很多，感
謝老師們的用心。希望剩下不多在幼稚園的生活，凡凡能
過得更充實愉快，也希望老師們能夠透過學習觀察找出孩
子的個別差異，加強孩子在各項生活技能或學習上較不足
的地方。感恩老師們的付出！」

小靜媽媽：「『衣服』是每一個人每天都會接觸到的物品，因此小朋友對衣服的布料、製作的過程都有更深入的了解。例如小靜在穿衣服時就會和我分享衣服的材質（毛線、布等）。此外，她還會說明洗標的意思等，而在角落探索中，小靜最喜歡的就是縫工，平常在家中怕危險，所以一般都不會讓小朋友拿針，經過老師的教導，能正確又安全的使用針線完成作品，是小靜最喜歡和大家分享的事情喔！」

恩恩媽媽：「孩子可以從中以完成的作品為成就，建立肯定孩子的自信，發掘自己的長處與興趣。若能增加些發表自己的作品，說話表達能力的訓練會更好。這學期，每天恩恩都會要大人說故事，從中發現孩子喜歡的事物，有興趣時會想了解更多，一次的說繪本故事，我相信他可以講得很好，只是欠缺更多的機會，我相信他可以發展為愛說故事的小幫手，讓他有專注的事做，他就比較不會有心思與機會鑽漏洞。」

小珊媽媽：「這學期每週的輕鬆夾內容，透過學習觀察紀錄，可以知道課程內容很豐富，小朋友也達到腦力激盪的目的。每週的學習單常有需要小朋友自己『設計』圖案。小珊對於『設計』可以很快理解主題及要表現的圖案。這方面比上學期有很大的進步，現在每隔一段時間，媽媽會請小珊自己反省在學校是否有需要進步的地方，她自己也能思考並說出喔！感恩老師們的用心。」

小葦媽媽：「我們家小葦在學校的表現也許不太出色，但回來懂得分享，也非常快樂的上學，這是老師教得好，學校活動也多，可以讓她學習參與，謝謝老師！」

小安媽媽：「小安這學期進步非常多，常常在家與弟弟妹妹互動，擔任小老師，也會主動幫忙媽媽曬衣服、整理衣服，也常有

一些創意的設計，利用回收瓶或紙盒等作創意。而這次成果發表會，小安表演的膠帶魔王很棒，雖然有一點緊張，還是圓滿的表演完，這也是小安成長的表現，勇於承擔。期待下學期小安能更有自信心的表達及學習，感謝老師！」

小愉爸爸：「主題課及角落探索，讓小朋友化被動為主動，是一種很好的教學方式。更讓小朋友從中發展良好的觀念，任何事物都有從零至有，一步一步都不能缺。小朋友在這學期的教導，成長很多。她們學習分享與感恩，真是感謝老師們的辛勞，及慈幼的認真，期待下一個單元，謝謝！」

小祺媽媽：「祺祺回家後會與弟弟進行衣服方面的討論，也會教弟弟一些植物染的步驟，很棒！從生活常接觸的事物當作主題很好，也夠生活化，讓小朋友能在生活中更能用不同的角度去看事物。建議未來的主題也能以生活中的東西當主題，小朋友比較會有興趣，像東西如何產生、製作過程這類的，如麵包、自來水如何到家中……。」

小旼媽媽：「小旼這學期表現得很積極，也樂於分享學校的上課情形，幼稚園應該就是有個快樂的學習環境，而且讓小朋友能自己動手做，主動式的引導學習很不簡單，我很喜歡這樣的教學方式，這學期可以感受到老師的用心及創意。辛苦了！」

小誼媽媽：「小誼是個喜歡學習的小孩，求知欲強，且聯想力、理解力也好，只是情緒控制稍不足！上學之後學習了更多，她很快樂，主動學習是個很重要的動力，希望他們透過老師的引導啟發他們的動力，感受到學習的快樂！非常感謝老師，這次成果展的道具是自己 DIY 完成的，老師與小朋友合力完成，而不是用採買現成的，這是很棒的作法。」

小庭媽媽：「謝謝老師的用心與耐心，成果很棒。小庭在家會快樂的
　　　　　分享他所學的，只是在家會丟三落四，用完的東西或玩過
　　　　　的玩具不馬上物歸原位，希望在學校會做好的事，在家也
　　　　　能做好。請老師再幫忙叮嚀囉！謝謝，辛苦了！」

小芫媽媽：「聽完顧問的分享才了解主題活動的意義，原來這學期的
　　　　　課程，都是學期前的活動未參與，不過也還好有下學期，
　　　　　期待下學期新活動、新主題。這學期的主題也讓我們學習
　　　　　很多，有很多衣服，不過我們也不曾仔細去看或了解洗標
　　　　　的意思，跟小孩一起成長，任何時候都在學習，真的很棒
　　　　　喔！期待妹妹也能早點到幼稚園。」

小瑩爸爸：「在主題的設計上，讓小朋友能夠從生活中去學習到各種
　　　　　多重變化的學習方式，真是很不錯的方式。而且讓小朋友
　　　　　化被動為主動，更是一種很好的教學方法。讓我們做家長
　　　　　的也能互相學習。現在我在家中也要讓小朋友變成主控者，
　　　　　讓他們成為自動自發的小朋友，謝謝老師、慈幼，讓我也
　　　　　成長了。」

老師的觀察 vs. 省思

　　給家長的一封信，是針對這學期的教學與省思，搭配實際的學習
主題網，一方面讓家長清楚我們和孩子進行了哪些活動，一方面讓他
們傾聽、分享孩子在這學期的心得或家人對孩子成長的回應，並給予
我們教學上的回饋與指教。很感恩家長的用心，寫下孩子的心得感想、
分享孩子的成長，甚至提出建議，讓我們明白他們對孩子學習成長的
感受與期望。

 ## 肆、主題相關教具之一

(一) 語文角：穿著打扮我最行

　　藉由配合場合、功能的打扮引導幼兒認識語詞，並利用遊戲的方式，讓幼兒自然而然學習。遊戲方法：請小朋友依照老師所說故事的情境，選擇正確克漏字卡，再依字卡上所指示的帽子顏色、衣服種類及用品，幫娃娃打扮打扮。

　　藉由遊戲的方式，讓幼兒知道我們要視不同的場合或功能穿不同的衣服，如下雨天要穿雨衣、游泳要穿泳衣、運動要穿運動服……，並說明為何這樣穿著。再將此教具放置語文角，讓幼兒可以隨時操作學習。

▲小朋友挑選適當的字卡，並依字卡指示幫娃娃打扮

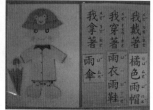

▲完成打扮的娃娃

(二) 語文角：換裝娃娃

由語詞提示幫娃娃換裝衣服，還可透過觸摸感覺不同布料的不同觸感，認識各種布料及不同的顏色與語詞。

(三) 美勞角：娃娃變裝秀

先請幼兒設計一個娃娃，老師將衣服部分挖空當首頁，接著讓幼兒嘗試用不同的素材及方法去設計衣服的圖案，將娃娃放置在這些圖案上，在一角打洞穿上雙腳釘，隨著不同頁數的抽換，娃娃會好像變魔術般變換不同的穿著喔！當老師分享幼兒的作品時，小朋友看到自己的作品竟然可以

▲幼兒設計的衣服底圖1　　▲幼兒設計的衣服底圖2　　▲套上底圖後的衣服

▲小朋友示範如何變裝

▲小朋友玩得不亦樂乎，還互
相觀看別人不同的創作

這麼神奇，創作欲望都源源不絕喔！這個作品可以一直延伸下去，老師在美勞角放置多種素材讓幼兒去創作發揮，因此每個人都可以嘗試變出多種不同的衣服來。

(四) 美勞角：毛線縫紙袋

幼兒必須先選好自己想要的顏色紙，然後墊著厚墊，利用長圖釘戳出自己預備縫線的洞來。接著拿塑膠毛線針穿毛線開始縫背包，縫好後再黏上適當長度的毛線當背帶，並在圖畫紙上畫可愛圖案剪下黏在包包上當裝飾，可愛的紙背包就大功告成了。

▲小朋友認真工作的樣子　　▲看我做的包包

(五) 美勞角：刺繡

　　班上一些對縫線比較有興趣的幼兒已進入用真針穿線（用穿線器）刺繡的階段，這階段不但要縫工好，更重要的是一定要有細心、耐心和恆心，缺一不可。

▲幼兒認真刺繡

▲幼兒美麗的刺繡作品

(六) 美勞角：編織

　　孩子利用彩色紙條做穿上穿下的編織，編織後的紙版，小朋友還發揮創意利用美勞角的材料做成各種物品。

▲小朋友發揮創意用編織版做的包包

(七) 益智角：衣夾

衣夾除了夾衣服，還有什麼作用呢？看小朋友發揮創意，利用衣夾創作各種東西。

▲衣夾做的飛碟　　　　▲衣夾創作飛機

(八) 益智角：衣服接龍

任選一張牌放在桌面，看看牌上是哪兩種衣服或配件，並從其餘的紙牌中找出相同的衣服來和它相接。例如所選的是有領帶和帽子的牌，那麼領帶的一端必須接領帶，帽子的這一端必須接帽子，如此類推一張張接續排列下去，直到無牌可接為止。可個人玩，也可兩人互相比賽。

| 絲巾 | 領帶 | 領帶 | 帽子 | 帽子 | 短褲 |

▲衣服接龍遊戲

(九) 益智角：這樣穿對嗎？

　　不同的季節有不同的穿著，不同場合也要有適當的打扮，你知道怎麼幫娃娃打扮嗎？藉由三段式自我糾正功能讓幼兒知道什麼時候該換什麼衣服。

伍、主題相關教具之二

▲穿線：小小設計師

▲串珠活動

▲衣夾子

▲芭比娃娃換穿組

▲靜電貼：寶貝家族

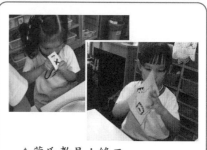

▲蒙氏教具：縫工

▲蒙氏教具：編織

▲織布機

▲花片組

▲服飾雜誌

▲量詞配對組

▲衣服相關繪本

扣釦子

增進幼兒手眼協調，提升幼兒生活自理能力。

影子配對卡

激發幼兒的注意力，培養幼兒觀察及視覺的辨識能力。

接龍遊戲

透過相同的衣服圖案，培養幼兒的辨識力。

拼圖遊戲

練習孩子的手眼協調、觀察力和組合能力，藉此操作讓幼兒知道不同場合的穿著。

變裝秀三截書

藉由三截書翻頁的動作，學習服裝的搭配組合。

衣服怎麼來

將圖畫與語言結合，讓孩子有機會看圖說故事，進而達到學習語文的目的。

娃娃變裝秀

透過服裝搭配，培養幼兒的審美觀。

服飾語彙配對卡

透過圖卡配對，增進幼兒認識衣服相關語彙的認字能力。

不織布粗針串珠

透過不同材質、針線的穿線活動，增強孩子手眼協調和小肌肉的發展。

衣服編織

訓練幼兒的手眼協調、專注力，還有上下層疊的次序概念。

髮飾 DIY

藉由串珠子的動作，訓練幼兒的手眼協調，達到精細動作的養成。

細針刺繡

利用穿針引線的動作，訓練手眼協調和專注力。

服裝圖形蓋章組

提升幼兒視覺反應力、認識多種衣服的形狀。

對對碰

藉由形狀配對的方式,提升幼兒視覺反應力,增進字彙與圖案的認識。

排大小

運用圖卡增進分辨物品由大到小的排序觀念。

大小配

視覺辨識力,找出同樣事物並具備大小的觀念。

洗標轉轉樂

藉由轉轉轉操作對應,增進幼兒認識洗標與分類的能力。

毛線組

提供毛線、釦子、吸管、針線等各式素材,激發幼兒的藝術創造力。

陸、具體成果及學習成效

(一) 具體成果

1. 孩子快樂參與合作學習
   (1) 表達想法，接納不同意見：在團體討論中，孩子更懂得表達自己的想法，並接納他人的意見。
   (2) 共同合作，敲拓炫麗色彩：在敲拓生葉植物染過程中學習與同儕一起設計圖案，共同創作出一面面美麗的染布。
   (3) 樂於分享，個人學習興趣：孩子更能夠與同學、家人分享學習樂趣，還能將所學的敲、拓、煮染等技術指導家人完成植物染親子裝、植物敲拓染。
   (4) 勇於嘗試，不怕一再失敗：能勇敢多方嘗試，並從中獲得經驗，再將精神延續至下一個活動。
   (5) 大膽假設，並能小心求證：經由反覆的操作，幼兒間彼此分享討論，印證實作中所發現的問題。
   (6) 小小設計，發揮大大創意：孩子將自己染的布，經由觀察、討論、設計，創作出屬於自己獨一無二的成品，孩子學習完成植物染紀錄，並集結成「我的植物染紀錄」小書。
2. 教師團隊更能培養默契
   (1) 回歸孩子，成為學習主角：「拈花惹草」的方案課程，教師對於「開放教育」的精神更能掌握，且能依孩子的想法和腳步調整學習活動的進行，讓孩子成為學習的主角；主題取材於生活中，符合幼兒課程設計的原理原則。

(2) 班群合作，互相腦力激盪：在班群合作、團隊的腦力激盪下，讓教學變得更創新、學生的作品更具創意，透過教學團隊間彼此觀摩學習，激盪出多元的教學型態，提升專業知能，累積班級經營的經驗及技巧，拉近親師之間的距離。

(3) 主題創新，教學更具信心：「本園初探」以新的模式做主題教學成果發表，從國小同仁們的肯定、家長的溫馨回應、教授的鼓勵、學生的熱烈表現下，我們更有信心踏出穩健的每一步。

(4) 發揮創意，分享教學樂趣：教學會議上老師彼此間分享教學的樂趣與技巧、幼兒的學習互動、教室如何進行情境布置、教室角落的教具製作，更彼此互相打氣、互相鼓勵，教學團隊愈來愈有默契。

(5) 善用家長，資源成為助力：一開始的染材蒐集最讓老師頭痛，孩子是主題的主導者，老師不能先提供染材讓孩子直接去做，是讓孩子先尋找資料、認識染材，而孩子所找尋的植物是老師所陌生的且不易採集的，對老師而言是最大的挑戰，專業的家長資源也是老師詢問和成長的最大助力。

(6) 教學座談，發揮實質獲益：經由隔週二與淑娟老師的教學座談，老師團隊獲得很多專業成長，尤其幫助老師團隊在突破關鍵難題，發揮非常大的助益，對教師團隊的實質幫助及鼓勵非常大。

3. 家長熱心參與溫馨回饋

(1) 主動參與孩子學習歷程：透過親師分享，家長了解孩子學習歷程，並主動提供資源，透過孩子的分享，家長看到小寶貝學習的快樂與興趣，主動帶領孩子到圖書館看書、借書，還主動提供或協助蒐集染材，陪同幼兒完成親子植物染學習單，一起體驗植物染的新奇與美麗，並將幼兒心得寫下與老師及全班同學分享。

(2) 積極參加教學成果發表：熱情參與班親會及成果發表會活動，和小寶貝們一起製作親子服裝植物染 DIY 及植物敲拓染，體驗小朋友的學習樂趣。

(3) 支持主題教學創新模式：家長認同與支持，於班親會活動前主動到校幫忙將班親會要染的白色棉 T 先做浸泡豆漿的處理。

(4) 以愛的分享做溫馨回饋：從回饋單中，家長們覺得在這次主題教學當中，孩子們從生活中常接觸的事物為出發點學習，充滿生活化的課程，也讓小朋友用不同的角度去看事物，而在學習方面也更積極主動，孩子的表達能力也進步了，本來比較沒有自信的孩子，也在小組互動中，彼此分享而變得更大方。活動當中也引導了他們發揮更多的想像力，每次孩子都很開心且仔細的向家人分享學校的所學，爸爸媽媽們也感受到孩子的成長與喜悅。婷婷媽媽更向老師分享：「讓小朋友主動去探索得來的知識，才能深深記在腦海裡，過程比結果更重要，失敗也不要緊，再接再厲，這真是很好的學習經驗，做爸爸媽媽的也很幸運能一起學習，一起成長。」

(二) 學習成效

1. 創新性：學習不斷創新，更能引發學習興趣

(1) 依幼兒興趣發展出有特色的教學主題。

(2) 由「熟染」的複雜作法，創新出「生染」的不同技巧。

(3) 只要加點巧思，就可將生染創意製作成手帕、杯墊、頭巾、窗簾等。

(4) 「主題教學」以幼兒興趣為主，讓師生快樂的「做中玩、玩中學」，學生不再被動學習，老師不再主導教學。

2. 普及性：從生活中取材，更能拓展學習視野

(1) 生活中唾手可得的植物，就可以輕鬆敲印出「生染」的作品。

(2) 善用周遭的事物、敲拓出各式各樣圖案的植物染。

(3) 嘗試各種花花草草，敲拓出繽紛的色彩。

3. 延續性：延續主題課程，更能有利幼小課程銜接

(1) 簡單易做的「生染」課程教學中，讓園內其他老師也想帶著孩子嘗試，讓這樣的教學可以延續至小學低年級的生活課程。

(2) 因實施植物染課程，建議校園能闢建「植物教學園區」，以利未來幼小課程能永續發展。

柒、省思與展望

1. 主題的進行中，老師須聚精會神的傾聽和觀察，隨時掌握孩子的興趣，適時的提出問題，為了不主導孩子的思考，老師要如何拋問題給孩子變成一門大學問，這也是老師須努力學習的地方。

2. 小朋友主題尋找資料的能力增加了，因為有了學習興趣，就能主動探索新知，並且大方和同學分享，孩子不再只是扮演「聽」的角色。

3. 幼兒實作與驗證的能力豐富了，由書中得知植物染的方式，能動手去操作，並於操作後能比較分析，提升統整歸納能力，孩子不再只是扮演「看」的角色。

4. 教師更應具良好學習態度，和孩子一起學習一起成長，時代潮流一直在演進，變是常態，不變會被淘汰，老師更要不斷吸取新觀念、新知識，才能提升更好的專業知能。

5. 在引導此課程時，老師堅守一個理念「課程要以孩子的興趣為主」，老師不是知識的給予者，而知識要靠孩子們主動探索，所以老師鼓勵孩子主動去找資料，再請孩子上臺分享，從分享的資料中引導孩子上臺發表不足之處，老師將學習權交給孩子，也因此本次主題活動課程的發展，也是讓老師意想不到的，孩子們踴躍的提供染布資料及素材，並主動翻書來看，不懂的就問老師，也因此孩子們了解很多植物染的材料及方法，這是相當不容易的事。

6. 幼兒園的課程，不是「很簡單的知識給予」嗎？為何要弄得如此「複雜」的染布的課程，這只是個小小的點，為什麼要花那麼多的時間去進行？幼兒園的孩子，是做中學，學中覺，孩子最重要的學習，是在主題的課程中，孩子的學習態度、面對問題的解決能力、孩子語言表

達、團體討論的能力等。主題教學最大的特點就是課程有彈性，沒有
進度，且依孩子的興趣發展，課程的發展、延伸的過程會比結果還重
要。對孩子而言，有深度的點比廣泛的面來得有意義，這才是學習。

捌、主題評量表

評量表1

班級：＿＿＿＿　幼兒姓名：＿＿＿＿＿＿＿

領域	項目	優	良好	尚可	加油
知識	1. 會唸唱兒歌「花花布」、「打醋買布」、「衣服」、「曬衣竿上」、「動物的衣裳」。				
	2. 能辨識出三種用「布」做的東西。				
	3. 知道衣服的功用（為什麼要穿衣服）。				
	4. 知道衣服要如何收藏。				
	5. 知道洗衣服的方式及保存。				
	6. 能依衣服的外觀做分類。				
	7. 知道什麼天氣、場合穿什麼衣服。				
技能	1. 能畫出四個自己認識的洗標。				
	2. 會自己穿脫衣服鞋襪、摺衣服、扣釦子。				
	3. 能利用線條設計布的花紋。				
	4. 會進行「布」的扮演、模仿、肢體律動。				
	5. 能唱出「鈕釦」歌曲，並配合節奏做動作。				
	6. 能設計「我的衣服」並說出自己的主題。				
	7. 會剪貼服裝，並利用漂白水特性使用棉花棒沾漂白水設計服裝樣式。				
	8. 會運用塑膠針做簡單的縫紉工作。				
	9. 能完成「娃娃變裝秀」作品（至少設計三件不同風格、樣式的衣服）。				
	10. 知道動物的紋路，並正確配對。				
氣質	1. 能安靜聆聽故事。				
	2. 能遵守遊戲規則。				
	3. 能主動舉手，並大方分享自己的想法。				
	4. 對於自己的作品有自信、成就感。				
感覺	1. 能辨別天氣的變化、更換衣服。				
	2. 能說出「自己最喜歡的一件衣服」的特色。				
	3. 能夠真心讚美別人的優點。				
	4. 能與同學和睦相處。				

評量表2

班級：＿＿＿＿＿　幼兒姓名：＿＿＿＿＿＿＿＿＿＿

領域	項目	優	良好	尚可	加油
知識	1. 會說出五種以上植物染的染材名稱。				
	2. 會主動閱讀有關植物染的書籍。				
	3. 能正確說出染布的過程步驟。				
	4. 能說出在染布前，布因沒有「蛋白質」所以需要泡豆漿處理。				
	5. 能說出兩種以上媒染劑的名稱。				
技能	1. 會利用橡皮筋進行紮布的活動。				
	2. 會使用針線進行縫工。				
	3. 會將棉紙摺成三角形、正方形等進行棉紙渲染活動。				
	4. 能配合音樂、口號、樂器，做音樂律動或演奏。				
	5. 能小組合作完成「植物染活動」海報。				
	6. 會畫染布包包設計圖。				
	7. 能正確的採集「咸豐草」、「七里香」進行染布活動。				
	8. 可以染出特定的圖形。				
	9. 會依老師的節奏打拍子。				
氣質	1. 會主動提出自己的想法。				
	2. 樂於參與染布活動。				
	3. 能參與植物採集的活動。				
	4. 對學習新事物能專心聆聽並依循規則進行。				
感覺	1. 樂於和他人分享。				
	2. 會說出染布完後的心得。				
	3. 能安靜聆聽他人的分享（感想、創作）。				
	4. 能以正向語言與他人溝通。				

評量表 3

班級：＿＿＿＿＿　幼兒姓名：＿＿＿＿＿＿＿＿

領域	項目	優	良好	尚可	加油
知識	1. 會唸唱「鼓上的布虎」、「鉤圍巾」、「小小毛巾」兒歌。				
	2. 能觸摸、比較、辨識物品正反面的差異。				
	3. 能比較不同工具敲出植物染的特性。				
	4. 能辨別植物葉子、花的軟硬與厚薄。				
	5. 能說出進行植物染所需的工作。				
技能	1. 能使用不同素材進行創作（髮夾、針、毛線、毛根、吸管）。				
	2. 會使用不同工具進行植物敲染。				
	3. 能自己使用鉛筆或蠟筆進行拓印活動。				
	4. 能小組合作完成「植物染活動」海報。				
	5. 知道如何使用染布工具。				
氣質	1. 會尊重萬物（植物）並表達感恩的心。				
	2. 能分享「植物染」的心情感受。				
	3. 分組活動能遵守規則、輪流進行。				
	4. 能夠遵守遊戲規則及安全。				
	5. 對於新事物能有學習欲望。				
感覺	1. 樂於和他人分享。				
	2. 能安靜聆聽他人分享。				
	3. 能跟隨活動調整情緒與態度。				
	4. 能用語言表達自己的情緒或感覺。				

 ## 玖、參考資料

竹門國小：http://www.jmes.tnc.edu.tw/~paint/

簡單生活藍染工作室：http://www.woaded.com

陳千惠（2006）。**臺灣植物染圖鑑**。臺北市：天下遠見。

陳姍姍（2005）。**植物 in 染家飾布**。臺北市：福地。

陳景林、馬毓秀（1990）。**大地之華──臺灣天然染色事典**。臺中縣：臺
　　中縣立文化中心。

鄧惠敏（2007）。**浪漫改造 T 恤、襯衫、針織衫時尚新風貌**。新北市：八
　　方。

主題二
觀光

●幼兒年齡：中大班

●班級老師：陳佩珠、張珮嘉、陳美如、顏桂玲、鄒怡娟、梁佩芹、莊惠麗

緣起

　　鄉土對幼兒來說是生活中最密切也最熟悉的部分，「認識花蓮」更是生長在這片土地上的幼兒非常重要的課題，其一鄉一鎮、一景一物、一山一水都有其特色。「愛鄉愛土」之情緣於「認識與了解」，我們從幼兒的觀點出發，以花蓮的地理、歷史、人文三面向作為課程規劃的主軸，教學上我們以幼兒生理、心理發展為經，以幼兒日常生活經驗為緯（如假日的旅遊經驗），以幼兒的興趣為原點，架構出「認識花蓮——觀光」的學習主體，提供幼兒探索、操作及觀察的機會，期望讓幼兒經歷一連串發現、協商、解決問題、合作、創作……的學習歷程。

教學目標

【在地化之課程】透過觀光旅遊啟發愛鄉愛土之情緣，認識與了解我們的家鄉。

【親近自然之心】熱愛親近大自然，並觀察大自然環境的多變。

【自信互愛之情】建立分工合作互愛互敬，自發學習快樂成長。

班群的成立

老師們因對主題的共同興趣，組織了班群，透過不斷的教學研討，激出許多的教學火花，不但讓老師對教學更有信心，孩子們的學習也更有方向性，且教師之間的資源分享，更是將教學提升到另一境界。

幼兒的興趣點延伸的主題

三個班級的教學起點皆是由幼兒的旅遊分享、資料收集開始，接著進行了第一次戶外教學，建立孩子們的先備知識經驗，而後師生以花蓮最有名的景點～太魯閣之美、鯉魚潭、山水風景玻璃彩繪、光復糖廠，完成了布置創作，為整個主題帶入新的氣象。

壹、課程準備與教學資源

(一) 幼兒寒假出遊分享

　　在上學期末，我們發了一封給家長的信，預告我們這學期將進行花蓮觀光的主題活動，因此學期一開始，我們和孩子分享大家在寒假中出遊的紀錄，有照片、有圖畫和觀光 DM 等，談到了出遊玩樂，大家都非常有興趣，上臺分享時也都侃侃而談。

(二) 教學資源

1. 臺灣地圖。
2. 花蓮旅遊網。
3. 花蓮縣旅遊地圖、DM 蒐集。
4. 花蓮名產和美食 DM。
5. 地球儀。
6. 小朋友與家人出遊的照片。
7. 太魯閣相關書籍。
8. 康樂國小網站。
9. 動畫：春神跳舞的森林。
10. 繪本：《我要去遠足》、《色彩的翅膀》、《海上小精靈》、《猜猜我是誰》、《獨自去旅行》。
11. 書籍：《麻糬打打樂》。

(三) 戶外教學地點

1. 七星潭、曼波草原、七星柴魚博物館。

2. 曾記麻糬、豐興餅舖、花蓮縣餅。

3. 海洋公園。

貳、主題預設網

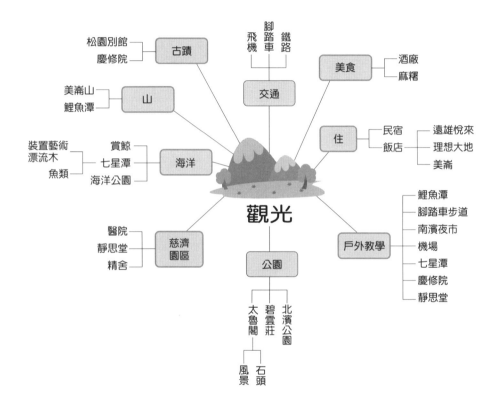

參、主題事後網

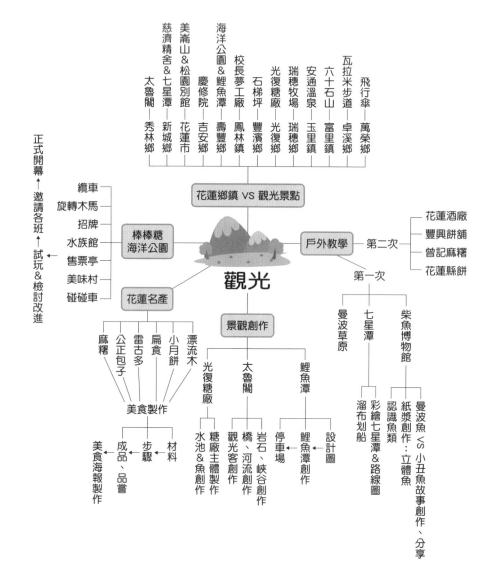

肆、主題發展歷程

(一) 從分享旅遊經驗開始

▲孩子分享多處花蓮的旅遊景點

「玩」是幼兒生活中最密切也最喜歡的事情，因此我們決定透過幼兒的「旅遊經驗」作為主題的引起動機。

因為上學期末有預告請家長蒐集花蓮相關旅遊景點的宣傳單、照片等，這學期一開學，就有幼兒帶旅遊照片來分享，藉由這些幼兒的分享，引發小朋友的討論興趣，幾乎每天都有幼兒帶新的景點照片或景點介紹的 DM 來分享，甚至帶實物（如珊瑚石、玉石、貝殼、梅子等）來讓幼兒透過五官去觀察與認識，更引發幼兒對珊瑚、各種玉石及脆梅的興趣。

▲介紹「慶修院」

▲分享「牛山呼庭」的照片

▲分享「香草花田」和馬及各種小動物的照片

◀介紹「柴魚博物館」，引起幼兒對地圖的興趣

▲介紹吉安的「花海」

(二) 主題參觀活動

1.「七星潭之旅」預告

談到了觀光，當然不能忘記我們身處的花蓮縣市，它的資源是多麼的豐富啊！

因此老師們也開始著手安排花蓮主題參觀的地點，經各班討論後，七星潭是最多小朋友去過的地方，幾乎每個人都曾和家人去過。

我們藉由繪本《色彩的翅膀》引發動機，並預告我們即將進行的花蓮觀光之旅，也讓孩子多一分期待，從故事中隨著夢想遊歷各地，並感受色彩的美與多彩的大自然景象。

一預告七星潭校外教學，孩子就七嘴八舌的說著，因此讓孩子來分享到七星潭可以做什麼事，還有校外教學要注意的事，同時讓孩子回家搜尋有關七星潭的介紹再和大家分享，並提醒可以到語文角閱讀相關的旅遊資訊。

從師生對話中，知道孩子認真的蒐集了有關七星潭的資料，且樂意與大家分享。

小旼：「可以看風景、撿石頭、泡茶、玩沙子。」

小誼：「看漂亮的海、大海上的船、石頭、飛機。」

小凡：「撿石頭、打水漂。」

小香：「堆城堡。」

家家、小旼：「玩水。」

看孩子有這麼多的新發現，詢問大家是否想把看到的畫下來，大家歡喜的應好，老師趕緊提供圖畫紙讓孩子畫出所見。

▲孩子非常認真的在觀察　▲直接到地圖前面　▲孩子們參考著地圖，畫下心
　地圖　　　　　　　　　　畫　　　　　　　　中的美景

　　結合網路資源，我們一起欣賞、認識七星潭，並讓孩子點選想知道的事，除了孩子先前分享可從事的活動，我們還進一步知道，七星潭是觀星和欣賞日出的好地方呢！

2. 七星潭和柴魚博物館之旅

　　趁著校外教學之際，讓孩子再次欣賞昨天介紹的七星潭簡報，並請孩子好好看，等會兒當導遊帶老師去玩。

　　在風景優美的七星潭寫生，大家都畫得好漂亮，孩子們開心的在海邊玩沙、玩石頭，在柴魚博物館看見定置網漁業，孩子還好奇的問是什麼意思？剛好利用他們製作的模型說明，還認識了柴魚的生態，並在走廊上玩著翻翻樂（魚類圖卡），小葦開心的分享：「鬼頭魚。」小安：「飛魚。」還有河豚等。最後我們下樓去欣賞水族館裡的魚，還有一隻鯊魚。

▲大家排隊蓋紀念印章　▲館內有許多介紹柴魚製　▲發現好多魚類圖卡
　　　　　　　　　　　　作的圖片與影片

(三) 認識花蓮

　　自從孩子分享完自己的旅遊經驗後，老師將位於花蓮的這些地點進行統整活動，先介紹花蓮各鄉鎮的名稱及地理位置，再將花蓮各景點的照片貼在各鄉鎮上，孩子可以更清楚了解這些地方的地理位置，接著我們進行兩張相關學習單製作。

1. 剪工練習

　　主要訓練孩子使用剪刀的能力，孩子需延著彎彎曲曲的地圖剪下，完成這張學習單需經歷許多步驟，從練習使用釘書機、剪下、貼上、並做分類回收，這個手續需重複 13 次，因此這張學習單，可是相當考驗孩子的耐心喔！

1. 剪下印好的地圖　2. 使用釘書機將色紙釘在一起　3. 剪下　4. 貼在學習單上　5. 分類（拆釘書針）　6. 連連看

2. 旅遊景點介紹

　　孩子將旅遊簡介上的景點剪下，貼在正確的位置上，這張學習單主要是考驗孩子是否能互助合作，孩子自行選擇合作夥伴，兩人一組並共用一份旅遊簡介，這個活動中，從孩子身上，老師發現了三種類型的孩子：

1. 互相合作型：兩人懂得合作，也會協調想張貼哪一張照片，互動相當良好。

2. 自己做自己的：因老師先請孩子剪一半，這一組的孩子很用心將自己的剪好，當張貼時發現自己所需的照片在夥伴那裡時再交換。這一組的孩子很認真，雖和夥伴的互動較少，但整個過程氣氛都是愉快的。

3. 吵吵鬧鬧型：這只有少數幾組，從頭到尾，都可發現他們的爭吵聲。活動後，老師也針對此問題與孩子分享老師的看法。

(四) 校園情境布置～如何開始？

1. 彩繪我的校園～花蓮風景

　　全園主題的進行因考量各班孩子的興趣延伸，大班三個班一同進行在地文化「暢遊花蓮」，包容班則延伸成為石頭，合心班為車子。在校園的環境布置上為了要達到每個班的主題都有切入，著實有些傷腦筋。經過老師們的協商後大約規劃出要布置的點，而我們認為班級孩子成熟度夠了，所以認養了幼兒園進門的落地窗，請幾個孩子用彩繪玻璃的顏料，在老師稍微打的草稿上開始揮灑。孩子第一次接觸玻璃顏料，因作品是直立的，在顏料的控制上特別困難，過程中雖有喊累、手酸的情形，最後都因覺得好玩有趣而堅持到底。在幼兒園的環境布置上，我們希望多一些孩子的純真色彩，這次做到了。

2. 鯉魚潭創作

　　本學期的主題是觀光，三個班級知足、善解、感恩班都走同樣的主題，也一起資源共享，一同舉辦戶外教學，在舉辦完戶外教學之後，決定要把觀光的景點搬到學校內，所以大家分工合作，一個班級布置一個景點。善解班分配到的是鯉魚潭，經過班上小朋友的討論後，大家提供自己在鯉魚潭看過的物品和景色，討論出一個網絡圖，接著我們分組進行鯉魚潭的設計圖，小朋友經過討論繪畫出鯉魚潭，最後經過班上兩次的票選活動，選出了前三名，並請得獎的小朋友分享討論的過程，雖然不是人人有獎，但是分組創作的過程對大家來說都是很特別的經驗。接著我們把平面的設計圖變成實體，大家分組創作，有的人負責外面的山和潭的製作，有的人負責魚和樹的繪畫，大家都盡到一份心力，當鯉魚潭完成時，一些小朋友更帶來自己的玩具車停在停車場，美麗的鯉魚潭就完成了。

3. 走進太魯閣

　　想創作出太魯閣的感覺，就需對太魯閣有所認識，老師先以圖片介紹太魯閣的美及壯觀的岩石後，進行分組創作，第一組的小朋友利用批土，塗抹在老師事先剪下的紙板上，孩子可以自己思考如何塗抹創作出岩石的感覺，小熊和小茹用整個手掌畫、琳琳和小安用拍的方式，睿睿、小彥用手指畫出石頭的紋路。

　　隔天這幾個孩子分享前一天角落活動創作岩石的心得及方式，老師也藉此介紹批土這項材料，孩子認識這是蓋房子時會使用的材料，而我們利用它的特性創作出岩石的感覺，孩子很好奇的摸一摸，研究起這項新材料。

▲第一組幼兒用手塗抹批土創作出岩石紋路

▲認識批土　　　　　　　▲第一組幼兒介紹如何以批土
　　　　　　　　　　　　　　做出石頭紋路

　　第二組孩子的任務是將這些石頭塗上顏色，等作品乾了後，再用海綿洗色，石頭的紋路就出現了。

▲塗上石頭顏色　　　　　　　▲海棉洗色

　　延續上週的活動，這次我們要製作更大的石頭，我們利用報紙塑形製作出岩石的紋路，再貼上報紙讓塑形的造形更加牢固。另外貼上紙絲當成石頭上的青苔，增加岩石不同的效果。

▲利用報紙塑形

▲貼上報紙條讓造型更加牢固

▲岩石壁上色

▲畫上青苔的顏色

3-1 太魯閣知多少

小茹分享太魯閣步道書籍，書中介紹了許多步道。

老師提問：「有誰走過或知道太魯閣有什麼步道？」

小量：「有小鳥在叫的步道。」

小熊：「有燕子的步道。」

小紹：「砂卡礑步道，這是我最喜歡的步道，水很藍很漂亮，以及曾經玩水的時候掉了一個玩具，爸爸回頭尋找，找很久，我們很擔心，差一點去叫警察。」

沛沛：「白楊步道有白楊瀑布，有很多山洞，還有吊橋和涼亭。」

桂玲老師也分享：「曾在白楊步道上看到猴子在樹上吃果實。」

因許多孩子無法具體的說出步道的名字或是特色，因此老師請孩子回家問家人或尋找相關資料。再陸續進行分享。

3-2 河流創作

當我們完成了雄偉的高山，美麗的岩石後，問孩子：「在太魯閣欣賞風景時，除了看到石頭外，還會看到什麼呢？」

小紹說：「砂卡礑步道有溪水可以玩。」因此，我們決定製作可以玩的河流。

▲河流畫上流水　　　▲撕一片紙揉成小石頭　　▲小石頭黏貼在河流旁

3-3 開心橋

大家分工合作，完成了太魯閣大峽谷。孩子說：「好棒喔！我們每天都可以在太魯閣上課！」製作「橋」的這一組小朋友，還將橋命名為「開心橋」，因為走過橋後，就會很開心喔！

▲貼上橋墩　　　　　　▲將合作剪下的紙板塗上顏色

▲太魯閣完成了

4.花蓮景點光復糖廠

　　這次園內主題布置,有知足班的太魯閣之美、善解班的鯉魚潭,還有合心班的火車。尤其是知足班製作的太魯閣,大家都說好漂亮。

　　這時,佩珠園長走過來問大家:「我們已經有山、有鯉魚潭了,也有火車,那你們班想要做些什麼呢?」大家七嘴八舌的討論著,小恩就說:「我們可以來做光復糖廠。」小珊接著說:「光復糖廠可以吃冰喔!」

　　得到大家的贊成後,老師接著問:「那光復糖廠要怎麼做呢?」大家太多想法了,所以我們決定回教室將提議一個一個記錄下來。

　　孩子提到魚、火車。由於合心班已經做了一部白強號,小恩又提出:「做鐵軌。」因此我們需再確認,以免重複。

小芫提出：「要不要做魚？」

小凡接說：「住池塘裡。」大家也舉手贊成。

老師拋出問題：「要用什麼做魚？」

小香：「紙。」

小瑩：「布。」

其他孩子呼應：「要用縫的。」

小珊還提到：「要塞棉花。」

小權：「箱子。」

小珊接著說：「畫下來再剪。」

小權還說：「剪好後要上水彩。」

小諼則提出：「石頭。」

最後孩子們舉手表決要參加哪一組，光復糖廠製作或魚？至於製作魚的小朋友，又依素材分成：布（縫工）、石頭、紙魚三組。

光復糖廠	布魚	石頭魚	紙魚
5人	8人	8人	4人

▲製作石頭魚　　　　▲製作布魚　　　　▲用紙箱繪製魚

▲利用報紙捲成棒狀、接著用牛皮紙包起來，就成　　▲彩繪水池
了光復糖廠的甘蔗屋頂

　　延續光復糖廠的的創作，今天至展示區觀看，孩子發現少了老闆（小芫）、沒有櫃檯（小羚）、沒有錢（小真）。孩子又有一些新的想法，大家也樂意幫忙畫。

　　小晨：「想玩。」

　　小宇：「用畫的。」

　　小珊：「做真的冰棒。」

　　小祺：「買的。」

　　小羚：「融化。」

　　小權：「冰淇淋。」

　　小凡：「要有人工作。用果汁做。」

　　小誼：「餅乾。」

　　小晨：「杯子。」

　　小真：「碗。冷凍庫。」

　　孩子又發現池塘裡的需要。

　　小真：「石頭。」

　　小凡：「放入石頭魚。」

　　小旼：「圍牆。」

　　小珊：「要有海草。」

　　小香：「石頭包紙。」

　　小珊：「用布包棉花。」

　　小真：「用報紙。」

　　討論後，就請自願的小朋友來協助製作圍牆的石頭。

▲大家幫忙製作石頭

▲用塑膠袋當作池水

▲光復糖廠大致完成囉！

老師的觀察 vs.省思

　　透過參觀、觀察，孩子更清楚我們製作的光復糖廠少了什麼？從孩子的提議中，引發更多學習的欲望，也讓大家有更多參與的機會。

　　欣見孩子的成長，不只能運用舊經驗，還可再創新，像他們想要做魚，想運用的素材不但有自己的想法，也更多樣化了，而布的使用，更見他們的技巧，不只具備上下縫的技能，還進階到塞棉花，讓縫工創作成了立體的魚兒，真棒！

(五) 戶外教學

1. 豐興餅舖

　　豐興餅舖創立於 1928 年，至今已經七、八十年，是歷經祖孫三代的餅店。最大的特色，就在於對餅的堅持與創新。老師傅創意「雷古多」的靈感，來自果醬與麵包的結合，創造出糕餅業界前所未有的創舉。在老闆細心的解說下，孩子不僅認識了豐興的歷史，也知道許多美食的製作方式，老闆還大方的邀請小朋友到豐興餅舖的工廠體驗製作美食的樂趣。

回學校後的團討與心得分享：
豐興餅舖賣了哪些東西？

小傑：「賣鳳梨酥。」
小彥：「麻糬。」
小翰：「小月餅。」
小涵：「唱片餅。」
小傑：「綠豆凸。」

哪些是印象最深刻的事呢？小熊：「老闆有介紹鳳梨酥、麻糬的製作
方式。」小傑：「工作前洗手、戴手套。」小安：「目前是第三代經營。」
小翔：「產品要自己敢吃、乾淨，才能賣出去。」

2. 曾記麻糬

　　曾記的開始是在 1992 年，曾記的創辦人董先生從妻子及岳父曾老先生
的手中繼承手藝，自行製作麻糬到市場以流動方式販售來貼補家用，剛開
始每天都只睡四個小時、凌晨兩點就得起床做麻糬，無論颱風下雨都得推
車到市場叫賣，直到 1994 年在花蓮市民國路租下店面，才有第一家店面，
取名「曾記」乃是為了感念岳父的手藝傳承，而將功勞全部回向給妻子與
丈人。而現今秉持董先生的堅持與不放防腐劑打響名號。

回學校後的團討與心得分享：

麻糬的口味有哪些？

小翔：「草莓。」

小瑄：「黑豆。」

小翰：「芝麻。」

小郡：「花生。」

小穎：「綠豆。」

小軒：「椰子。」

小悅：「紅豆。」

哪些是印象最深刻的事呢？

小彥：「花蓮有 11 家門市。」

小傑：「中華店是第 2 家。」

浩浩：「是純手工製作而成的麻糬。」

小紹：「原本是路邊攤。」

小松：「又有騎腳踏車沿街叫賣。」

睿睿：「門口展示，腳踏車、做麻糬的工具。」

(六) 花蓮名產介紹

1. 最佳美食排行榜

花蓮除了麻糬外，還有什麼名產及美食呢？自從戶外教學參觀完名產店後，孩子對這些店印象太深刻了，為了增加孩子的認知，因此老師出了學習單，請孩子回家與爸爸媽媽討論完學習單的內容後，老師再進行統整課程，我們較多孩子寫到的名產進行統計，最多人推薦的名產及美食，分別是：麻糬 23 票、扁食 18 票、公正包子店 10 票、花蓮薯 9 票、唱片餅 8 票等。

▲ 統計孩子推薦的美食

2. 孩子想要做哪些名產呢？

為了了解孩子想要製作哪種名產？於是我們進行票選活動，孩子們提出了五種名產進行表決，其投票結果：麻糬 21 票、花蓮薯 6 票、唱片餅 19 票、鳳梨酥 19 票、小月餅 22 票，老師調查鳳梨酥和小月餅的製作過程不適合在教室進行，因此以麻糬和唱片餅作為之後活動的安排。

▲ 每人投三票，張貼於海報上

3. 製作「唱片餅～雷古多」與「漂流木」

製作唱片餅或漂流木是依孩子的興趣製作，孩子不只利用果醬畫線條或轉圈圈，還可以設計不同的圖形。

▲畫上雷古多的造形

▲烤好了嗎？我快等不及了

▲看出來了嗎？孩子做雷古
多及漂流木

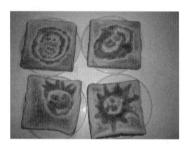

▲其他的造形

4. 第一次的「麻糬」試作

繼漂流木、唱片餅的製作後，我們繼續向花蓮美食挑戰，這次我們嘗試製作花蓮最有名的名產～麻糬，製作方式是先將材料中的糯米糰捏碎並放入電鍋蒸熟（約需 30 至 60 分鐘）備用，因此在點心前我們先進行此步驟。

點心後在等待糯米糰蒸熟的時間，老師先告訴幼兒客家麻糬「齊粑」（另有「粢粑」一說）由來，因為以前的客家人較窮且克勤克儉的習性，當客人來時，就將剩餘的米飯搗爛並沾上花生糖粉來招待客人，沒想到客人大讚好吃，打響了「麻糬」的名號；而原住民的「麻糬」叫做「杜侖」，跟客家麻糬最大的不同在於是用「小米」而不是用「糯米」製作。

糯米糰蒸熟後，幼兒利用擀麵棍開始搗麵糰，大家輪流貢獻自己的力氣，終於把麵糰敲打成 QQ 的麻糬了，此時幼兒早已迫不及待想嚐嚐自己

的手藝。這次我們嘗試傳統客家吃法，麻糬沾花生糖粉食用，香香甜甜的味道很好吃。因為麻糬一下子吃太大塊很容易噎到，因此老師特別叮嚀幼兒要注意安全，一定要小口小口慢慢品嚐，絕不能因為好吃就一次吃好大一口。

▲糯米

▲放入電鍋蒸熟

▲第一次蒸好的糯米糰

👆老師的觀察 vs.省思

　　這次的麻糬製作雖然小朋友說很好吃，但其實就麻糬本身而言不算成功。因為糯米糰蒸出來後，本身還帶有一些顆粒，在搗麻糬的過程中，這些顆粒並沒有不見，有些比較細心的幼兒也發現這個問題了。針對這個問題，下午放學回家時請教了非常有經驗的家長大高媽咪，大高媽咪說我們的製作過程少了一個步驟，就是糯米糰捏碎後必須加水和勻並揉成麵糰才能放進電鍋中加熱，且必須趁麵糰剛蒸熟還熱熱時就趕緊用擀麵棍搗麵糰才行。雖然第一次做不算很成功，但我們不氣餒，還會繼續嘗試。

5. 第二次製作麻糬

　　有了第一次的經驗，小朋友大致都知道麻糬的製作過程，我們決定開始向花蓮的麻糬作法挑戰。但要包什麼內餡呢？又要怎麼做才能使麻糬不黏手呢？剛好善解班做點心有紅豆餡分享，和小朋友討論後大家決定就包紅豆餡，而前一天的客家吃法也讓幼兒感受到麻糬沾花生粉就不會黏了，但因裡面已經包甜的紅豆餡了，所以這次我們決定使用無糖的花生粉。也和幼兒分享大高媽咪的叮嚀，這次我們先將糯米糰捏碎後加水和勻並揉成麵糰再放進電鍋蒸，果然實驗結果出來，這次蒸好的糯米糰一點顆粒也沒有，再經小朋友賣力敲搗，做好的麻糬真是又軟又 Q 又好吃，這次的嘗試非常成功。

▲ 第二次蒸好的糯米糰

▲ 包麻糬

▲ 好認真的孩子

▲ 這是我們做的麻糬

🔍 **幼兒分享**

小豪：「做麻糬超級好玩，因為麻糬黏黏的。」

小悅：「做麻糬要敲，感覺有點害怕。」

皓皓：「做麻糬敲一敲會彈起來，嚇一跳，很好笑。」

小涵：「麻糬甜甜的，很好吃。」

小軒：「麻糬很好吃，可以做不同的口味。」

小量：「做麻糬很好玩。」

婷婷：「第二次做的麻糬比較好吃，因為比較軟。」

小郡：「麻糬很好玩，因為很 Q。」

小茹：「麻糬在包的時候很好玩，因為QQ軟軟的，很像天上的雲。」

睿睿：「敲麻糬的時候很大力，很像快敲到頭，很好玩。」

小謙：「吃麻糬會黏到牙齒。」

小穎：「因為麻糬很黏，所以敲的時候要很大力。」

小翔：「包餡的麻糬比沒包的好吃。」

小安：「第二次做的麻糬比較好吃，QQ的；第一次的有一點顆粒。」

小悅：「我覺得第一次做的麻糬比較好吃，甜甜的。」

小楊：「我也覺得第一次做的麻糬比較好吃，第二次沒糖的花生粉有
　　　　點苦。」

小寬：「好想再做麻糬來吃喔！」

小軒：「第二次做的麻糬比較好吃，甜甜的。」

小則：「第二次做的麻糬很難包，因為我紅豆放太多，包不起來。」

小詠：「把麻糬壓扁的時候，麻糬會再縮回來。」

6. 美味甜甜桑椹汁

　　沛沛媽媽做了桑椹果汁請全班的幼兒一起分享，每個幼兒都先裝一湯匙的量到自己茶杯中，先嚐一下原汁的感覺，然後再裝開水稀釋到自己喜歡的甜度品嚐。孩子紛紛表示好甜好好喝喔，裡面的桑椹果粒也吃得好開心，連不小心掉一滴到桌子上，都趕緊用

手指擦起來吮乾淨，一滴也捨不得浪費。

品嚐完後，幼兒紛紛表示也想自己來做桑椹果汁，於是我們請沛沛回家問媽媽怎麼做桑椹果汁，然後來學校當小老師教我們做，到時候我們就有好多好多的桑椹果汁可以喝。

就在我們想做桑椹汁的時候，一切因緣就是那麼具足，有熱心家長提供大大一袋約四斤重的新鮮桑椹，沛沛也上臺發表製作方法，告訴小朋友製作步驟，每個小朋友都聽得好仔細，深怕漏聽重要步驟，不清楚的地方還會舉手請教沛沛。以下就是我們製作桑椹汁的步驟：

(1) 新鮮桑椹洗淨瀝乾，放入鍋中。

(2) 開小火熬煮，邊煮需邊用大湯匙將桑椹壓出汁。

(3) 待汁液差不多淹過桑椹即可加入紅砂糖（1：1 的比例）。

(4) 汁滾沸後差不多再熬煮 10 分鐘即可熄火。

(5) 放涼約 7 至 8 小時後裝瓶保存。

(6) 品嚐好香好甜好好喝的桑椹汁（加開水稀釋至個人喜好的甜度）。

🔍 **幼兒分享**

小則：「在壓桑椹的時候要很大力，汁才會出來。」

小翰：「桑椹汁很甜很好喝。」

小絜：「桑椹汁很香，一點一點的很好玩，桑椹很好吃。」

小揚：「倒桑椹汁很好玩。」

小傑：「桑椹汁加水很甜、顏色很紅。」

沛沛：「做桑椹汁很好玩，因為邊壓汁會跑出來。喝起來甜甜的，很好喝。」

小安：「做桑椹汁很好玩，但是另外一組的汁比較多，我們這組的汁比較少，我覺得桑椹汁很好喝，甜甜的，不像沒煮過的桑椹，酸酸的。」

小華：「桑椹汁很甜很好喝，我喜歡喝，很開心。」

小軒：「桑椹汁很甜很好吃，沒煮過很酸，我不敢吃。」

7. 美食海報製作

知足班的孩子們曾於上學期經由老師的帶領下，完成染布流程的海報製作，當時是由老師帶領，教孩子如何製作出流程海報，而本學期呢？該是老師放手，讓孩子學習、成長的時刻。這次希望孩子在沒有老師的指導下，學會合作的道理，這回老師採隨機分組，三至四人一組，孩子們需自行討論、分配工作，完成海報，海報上需包括：美食名稱、材料、作法及製作者，而老師的角色是觀察者，觀察孩子們的互動情況，並適時給予建議。

▲ 麻糬組

▲ 雷古多組

在幾次分組製作海報的過程中，老師發現了：

(1) 剛開始有許多孩子不知如何分工合作：有些負責的孩子很努力製作海報，但隊友們卻向老師抱怨：「老師，×××都不給我畫」，另一組

認真製作的孩子發出求救的訊號說：「老師，男生都在玩，都不畫」，類似這種組別，老師則依各組狀況教他們如何分配工作。老師發現孩子都有心想做好海報，只是不懂得方法，老師只告訴他們方法，如何分配工作，則看孩子的智慧了。

(2) 吵吵鬧鬧的合作方式：其中有一組從一開始到結束都在吵鬧聲度過，當然這一組的作品也遲遲未完成，在分享時老師也讓孩子了解團結的重要，當然愉快的氣氛，製作出來的海報也會更美麗、更有趣。

(3) 除了吵鬧型，也有合作型，原以為麻糬組應是吵鬧聲最多的，但卻跌破老師眼鏡是全部組別中合作最好的，同學間分工合作，有人負責寫字，有人負責畫圖，有人負責說明，很快完成海報製作，這組也是老師一直表揚的組別。

此外，老師也發現了孩子無限的創意，每一張海報都要仔細欣賞，才會發現孩子們的巧思與用心，但過程比結果更為重要。

伍、主題回顧與討論

(一)「棒棒糖海洋公園」誕生了

老師帶孩子回顧這學期所進行過的主題課程後，再問孩子想玩什麼，教室可以變成什麼花蓮景點？小安想在教室做成砂卡礑步道。小詠說：「那就可以在教室做河流，就可以玩水（假的水）。」而小寬想在教室做成夜市，可以弄彈珠、套圈圈、射箭。小詠又說：「做蝙蝠洞，蝙蝠洞可以划船。」在大家七嘴八舌討論了很久後，小傑提議：「玩海洋公園。」最後經表決後，有一半以上的孩子想將教室變成海洋公園。

隔天，繼續此話題：如何將教室變成海洋公園？琳琳：「做碰碰船。」小翔：「用游泳圈放在身上，就可以互相撞來撞去。」小絜：「海豚表演。」（用紙做海豚，用手拿著表演）琳琳：「做纜車，用一條線在上面，做一個纜車拉一條線，就可以跳上去。」老師：「如果要跳上去，可能沒有辦法，因為我們是在教室進行扮演遊戲。」最後大家決議纜車下面拉一條線，用手拉纜車。婷婷：「做旋轉木馬。用紙箱做一個圓形，吊在天花板上，再做幾隻馬，用手拉著玩。」老師問：「去海洋公園都只去一下下，還是玩很久？」大家：「玩一整天。」老師問：「到了中午怎麼辦？」小軒：「開一家可以吃的店。」小謙：「用我們會做的東西開一家店。」大家開始討論有人想開雷古多（22 票）、扁食（1 票）、麻糬（2 票），最後投票表決，決定開雷古多店。老師：「肚子餓了，可以吃雷古多，這樣夠了嗎？」小安：「不夠，要有賣飲料。」孩子們提議賣蘋果汁（6 票）、桑椹汁（22 票），最後決定用桑椹汁進行開果汁店。老師再提出問題：「我們的海洋公園有吃的又有玩的，但是卻沒有海洋公園的感覺，怎麼辦？」小則：「可以畫很多魚，吊起來。」小翔：「可以用水族箱養魚。」

(二) 介紹各種不同的魚 vs. 美勞～魚兒創作

什麼魚是海中的變色龍？什麼魚像風箏的軟骨魚？海裡的花蝴蝶、泥灘上的彈跳高手、海裡體型最大的魚又分別是什麼呢？……等，老師取各種特別的魚介紹，並讓孩子玩配對的遊戲。讓孩子對於這些魚有較深刻的印象。最後老師請孩子們設計一條魚，並剪下吊在教室中。

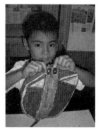

▲像風箏的軟骨魚是魟

▲每位孩子都設計一條魚　▲海中的變色龍是比目魚　▲教室中的魚兒布置

(三) 海洋公園有新名字囉！

　　談到海洋公園，大家都知道「遠雄」是海洋公園的名字，而我們的海洋公園，要叫什麼呢？孩子提議「知足海洋公園」、「愛心海洋公園」，當小松提議「棒棒糖海洋公園」時，大家哄堂大笑，此名稱經表決過半數之下，成為班上海洋公園的新名稱。我們也票選代表動物，孩子們提議「海獅」、「海豚」、「鯊魚」及「章魚」，最後「章魚」以 17 票成為班上的吉祥代表性的動物。而我們將要開設的餐廳店名為「美味村」賣雷古多，另外賣飲料的店為「桑椹汁專賣店」，主要賣桑椹汁。

▲製作彩花　　　　　　▲將招牌上的字，黏上
　　　　　　　　　　　　金膠帶

▲最後在周圍貼上彩花　▲完成囉，歡迎大家來
　　　　　　　　　　　　參觀

(四) 歡迎新成員的加入！

　　感恩小茹、小熊、浩浩的分享，將自己的寶貝魚帶來學校，讓更多的孩子能認識牠們，我們的棒棒糖海洋館也正式成立囉！

▲孔雀魚

▲鬥魚

▲寶貝鬥魚

(五) 分組活動～共同打造海洋公園

　　孩子在主題討論後，大家有了共識，因此採用分組的方式，共同製作海洋公園內所需的各項海報及各項遊樂器材，以下是孩子的成果。

1. 招牌創作

▲「桑椹汁專賣店」有好喝的
　桑椹汁

▲「美味村」餐廳，專賣雷古
　多

2. 製作纜車

▲合作製作纜車

▲用尺畫出需要的線條

3. 製作售票亭

▲合力製作售票亭

▲繪製票根

　　大家分組合作，陸續完成海洋公園的每一部分，為了讓大家都能體驗各種不同工作的樂趣，小朋友每天可以選擇不同的工作來進行（前提是自己前一天的工作已完成），我們接著又做了旋轉木馬、售票亭、車票、碰碰車遊樂區的牌子、水中泡泡、水中生物，小朋友發揮想像力，一步一步將我們的棒棒糖海洋公園布置起來。

> ### 老師的觀察 vs. 省思
>
> 　　在工作中老師發現雖然有很多工作是可以個別進行的，但像旋轉木馬、售票亭、碰碰車招牌等則必須團體合作。老師觀察到孩子愈來愈知道如何和別人分工及合作，像負責售票亭工作的小茹、小安、小

絜、小庭，他們會輪流畫線、剪紙、黏紙……，就算發現有些地方不是很完美，也會想辦法彌補，而不是去責怪誰做得不好，大家的默契愈來愈好。

4. 製作旋轉木馬

▲利用壞掉的雨傘進行裝飾

▲創作紙木馬

▲好玩的木馬完成了

▲瞧！我們玩得多麼開心

5. 水族館招牌製作

6. 碰碰車遊戲規則團討

　　小朋友很期待玩碰碰車，但若沒有討論出規則並定案，到時一定會有很多紛爭，因此老師和孩子團討玩碰碰車時要遵守哪些規則？

　　老師：「要怎樣才可以玩碰碰車？直接說我要玩嗎？還是怎樣？要錢嗎？還是免費的？」

　　孩子：「要買票，一次 10 元。」

　　老師：「那要在哪裡買票？」

　　孩子：「售票亭。」

　　老師：「但我們沒有售票亭呀？」

　　小紹：「我們可以利用紙箱來做售票亭。」

　　小則：「我們也可以來做票。」

　　接著大家又針對以安全為前提，討論出以下幾點碰碰車的遊戲規則：(1) 請先購票並排隊；(2) 一次最多三個人玩；(3) 只能以游泳圈的部分相碰，不能用頭、肩膀、手、腳碰觸他人；(4) 遊戲時請戴安全帽。

▲招牌海報製作

▲遊戲規則海報製作

7. 好喝的桑椹汁

　　孩子想要運用學期中所學到的桑椹汁開「桑椹汁專賣店」，但是當時孩子是依個人的喜好，加入適當的水，若未來孩子想開店，一定要有固定的比例，品質才會固定，因此老師請孩子試調最佳桑椹汁比例時，有人負責倒水，有人負責倒桑椹汁，還必須有人記錄每次

▲孩子正在試調的過程

所調比例，當然更必須有人試喝，經由大家的努力，試調桑椹汁組的幼兒報告他們實驗出最佳的比例為兩個小量杯（各約15c.c.）的桑椹原汁要加一個大杯子（約100c.c.）的開水調出來的桑椹汁最好喝。

8. 棒棒糖海洋公園試玩

　　為了讓海洋公園安全設施能夠設備完善並且順利開幕，我們進行了試玩活動，試玩前老師先和小朋友討論，為了讓海洋公園順利運作，我們需要哪些工作人員？因為我們這次主要試玩的項目有桑椹汁專賣店、美味村（雷古多）、碰碰車及旋轉木馬，小朋友們討論、投

▲要先買門票才能入園！

票後決定桑椹汁專賣店、美味村（雷古多）各需要三位廚師及一位櫃檯收銀；而碰碰車則需要一位計時員、一位管秩序及一位收銀員；旋轉木馬也需要一位管秩序及一位收銀員，但因乘玩時間為兩首兒歌，因此不需要計時人員。討論中小朋友也決定將售票亭當作海洋公園入口的售票亭，幼兒之前所做的「票」則是海洋公園的門票，因此還需要一位售票員。小朋友猜拳決定工作人員名單後，其他孩子則當顧客，我們的海洋公園試玩活動於焉展開囉！

▲碰碰車試玩很刺激

▲桑椹汁的服務很不錯

▲小吃部人山人海

▲旋轉木馬很浪漫

▲開心的店長

9. 棒棒糖海洋公園試玩檢討會

　　試玩「棒棒糖海洋公園」過程中老師和小朋友都發現了一些問題，我們就針對這些問題來想辦法解決。首先老師請孩子發表有無發現哪些問題需要提出來討論？

小安：「售票亭的人賣完票要做什麼事？收錢的人收完錢，要做什
　　　麼？」

小軒：「如果顧客的錢用完了，要做什麼事？」

浩浩：「如果沒錢了，想當工作人員，可是工作人員都有人當了，怎
　　　麼辦？」

小豪：「上次有人在賣雷古多那裡搞怪，怎麼辦？」

小則：「如果我要當桑椹汁的工作人員，可是我忘記怎麼調了，怎麼
　　　辦？」

　　另外，老師也提出自己觀察到的問題：「入園票什麼時候回收，這樣
下次才能再用？」「怎麼知道誰是工作人員？誰是顧客？」「為什麼試玩
旋轉木馬時會有人受傷，而且玩具受損？」

　　針對這些問題，小朋友也紛紛提出意見來解決。首先針對小安所提：
「售票亭的人賣完票、收錢的人收完錢，要做什麼？」大家一致覺得工作
人員應該幫忙管制序，所以在哪個攤位收錢，就幫那個攤位管秩序；而售
票亭因離碰碰車最近，所以幫碰碰車管秩序。針對小軒的問題：「顧客的
錢用完了，要做什麼事？」小熊：「去水族館猜題，猜對有免費券可以
玩。」小翔：「在旁邊休息。」小安：「可以去逛街。」瑄瑄：「開一間
賣東西的店，大家可以去逛。」

　　結果小熊和小瑄的提議最多人贊成，所以大家決定開一家專賣店，小
朋友可以從家裡帶不要的玩具來賣，但要事先得到爸爸媽媽的同意。

　　針對小豪的問題，老師問：「上次有人在賣雷古多那裡搞怪，怎麼
　　　辦？」

小安：「加一個人管秩序。」

小庭：「請他離開。」

瑄瑄：「從此不能進這家店。」

小翔：「罰錢 40 元。」

大家表決的結果為加人管秩序（收錢的人），若不聽則罰錢 40 元。針對小則的問題，大家也提出自己的建議。婷婷：「問別人。」瑄瑄：「請老闆教。」小紹：「先看別人怎麼做。」針對老師的問題，大家決定在海洋公園門口新增一個收票員收票，收票員收完票一樣去幫碰碰車管秩序或幫忙。而小安提出工作人員可以戴牌子，獲得大家一致的同意。

老師：「為什麼試玩旋轉木馬時會有人受傷、而且玩具受損？」

睿睿：「手拉木馬時太大力。」

小絜：「小朋友跑太快，有人踢到櫃子跌倒。」

老師：「那我們要怎麼改進呢？」

瑄瑄：「把櫃子移開。」

小紹：「牌子寫規則。」

小則：「若是違規，就重新排隊。」

小寬：「亂玩就取消玩的資格。」

小安：「違規就罰錢。」（最後幼兒表決決定罰 40 元）

小浩：「鐵門擋排隊的人。」

小涵：「利用繩子拉線，排隊的人不能超過線。」

最後，大家決定玩旋轉木馬時要先把櫃子移開，並利用繩子拉線，排隊的人不能超過線。管秩序的工作人員若發現有人違規，就可以要求他重新排隊，若不聽，就罰 40 元。

10.邀請各班來玩

　　開幕前最重要的就是宣傳，孩子們帶著活動當天的宣傳單到各班去介紹，並歡迎大家一同來玩。

▲全班幼兒一起去別班宣傳

▲邀請園長

▲哥哥、姊姊介紹得很清楚

▲這是宣傳單，也是紙幣

11.棒棒糖海洋公園開幕了！

　　孩子們期待這一刻的到來，雖然我們仍有許多不足之處需要改善，但是仍抱著一顆學習的心，歡迎弟弟妹妹們到棒棒糖海洋公園玩。在過程中，老師看見孩子真的長大了，像大哥哥、大姊姊一樣，懂得照顧弟弟、妹妹，懂得為弟弟、妹妹服務。

　　孩子也表現很棒，每一組的孩子都可以勝任自己的工作，不需要老師擔心與協助，而且還會招呼客人，這真是一場很棒的成果發表會。結束後，看見孩子們專注地數著自己賺的錢，高興地說：「老師，我們賺大錢了。」這真是孩子最棒的學習。

▲進場要先買票

▲這是入場券

▲快來玩旋轉木馬

▲還可以指定歌曲

▲哇！想玩的人可真不少

▲老師玩得很開心

▲要先付 10 元紙幣

▲裝備要穿好才安全

▲服務員整理物品

▲準備開始

▲老師也忍不住一起玩

▲雷古多的工作人員正準備好吃的餐點

▲請用雷古多

▲耶！今天賺很多錢喔

▲這是我烤的雷古多

▲老闆，我想要一杯桑椹汁

▲請慢用

▲真好喝，好想再來一杯

▲讚！真是悠閒的上午茶

12. 數錢囉！

▲我們到底賺了多少

▲老師，賺太多，數都數不完

🔰 老師的觀察 vs.省思

　　精彩好玩的「棒棒糖海洋公園」持續經營著，透過一次又一次的扮演遊戲，孩子從中不斷成長進步，如此以孩子的興趣為教學主軸，不只孩子玩得開心玩得有創意，老師更是在教學中不斷學習，如此的教學相長，為師生的學習畫下了完滿的句點！

陸、孩子的學習成長

1. **勇敢自信上臺分享**：孩子大方上臺分享自己的旅遊經驗及介紹作品，培養出勇敢自信心。

2. **認識花蓮愛鄉愛土**：藉由主題課程的進行，孩子不僅更認識花蓮的歷史、地理、人文，再加上幼兒的日常生活經驗（假日的旅遊經驗），更進而喜愛認同自己的鄉土與家園。

3. **從做中學真正獲益**：孩子真正動手創作出太魯閣、各式各樣的花蓮美食、海洋公園、光復糖廠、花蓮夜市、七星潭等從無到有，從毫無經驗到作品呈現，孩子自己去觀察、探索、發現、操作及創作，真正從做中學，這些能力都將成為孩子的優勢，是孩子終身都能帶著走的能力。

4. **分工合作互愛互敬**：藉由小組分工合作，孩子學會如何與組員協商、解決問題、分工合作與創作，知道唯有互愛互敬才能成功，各持己見、吵吵鬧鬧無法做出完整的作品來。

5. **發現問題嘗試解決**：工作、試玩中，孩子會自動去觀察、發現問題並提出問題，大家共同協商如何解決問題，並一一去嘗試這些解決方法，從中找出最佳的解決方案。

6. **平面構圖立體呈現**：孩子原先只有平面畫畫的能力，但這次工作中，孩子合作創作出大型立體作品，使自己更有空間創作的概念與能力。

7. **自發學習快樂成長**：主題教學中，老師依照孩子的興趣與要求進行教學，更能引發孩子的自動學習。美食製作、棒棒糖海洋公園、花蓮夜市、石頭城堡、曼波魚 & 小丑魚的合作書創作……都是幼兒自己提出並分組合作創作，創作中與營業中只見孩子的快樂笑聲與滿足的成就感，孩子獲得心靈的滿足，更能快樂健康成長。

 柒、教師的成長與省思

1. **增進老師專業知能**：因為要引領孩子進入教學，老師自己參考更多的網頁資源與書本資料（花蓮的歷史、地理與人文、曼波魚相關知識等），讓老師獲得更多的專業成長。

2. **嘗試放手幼兒導向**：不再是課程的主導者，而是嘗試當個引導者，雖然學期前會先設計主題架構與內容，但當發現幼兒的興趣所在，即放手跟著幼兒的興趣前進，當幼兒的輔導者與觀察者，孩子才是真正課程中的主角。

3. **給予時間充分探索**：不以課程導向，而是幼兒興趣導向，因此沒有時間限制與壓力，等待、停留，會給幼兒很多思考的機會、創意的想像與動手做的實驗、嘗試，讓孩子親自參與、探索、體驗，累積「做中學」的經驗，培養孩子積極、樂觀的性格，將來孩子的天空是無限的廣大。

4. **積極帶動家長參與**：透過蒐集幼兒的觀察紀錄、每兩週的班級教學、活動花絮、幼兒討論對話、平面、立體作品等方式，以及幼兒對每日在園生活的分享，親子對談、班親會的舉辦（豐興餅舖小月餅製作、西寶國小參觀）並尋求家長資源（孩子的旅遊照片與經驗），親師互動機會增加，主動出擊，將家長當作朋友，分享幼兒成長中的點點滴滴。

捌、主題歷程脈絡圖

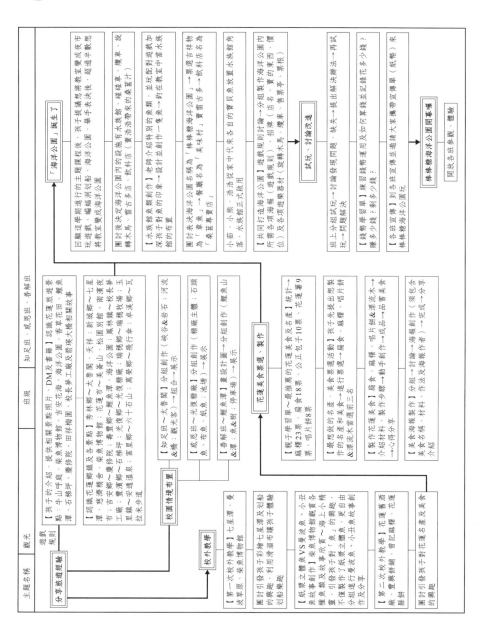

主題三 恐龍

●幼兒年齡：中大班　　●班級老師：顏如玉、簡月蓉

緣起

　　對於「恐龍」的了解，孩子多半從電視媒體中獲得資訊，再者，市面上現正流行的「恐龍卡」，讓孩子對恐龍的探索更感興趣，因此，在合心班接近期末時，老師和大家討論到新學期要進行哪些主題，請孩子提出自己的想法時，小男生們熱衷的這個主題——恐龍，也因此雀屏中選，但也由於需探討這個現在已經滅亡的動物，進行起來的確有較費時的地方，再加上恐龍卡的遊戲中許多名詞可能是虛擬的，所以在資料蒐集上，我們希望獲得家長的協助，讓孩子更了解恐龍的世界。

教學目標

【科學探究之奧妙】透過挖掘體驗與書本知識，開啟探索恐龍世界之心。

【閱讀創作之樂趣】熱愛於繪本閱讀，並啟發創意創作小書。

【成果分享之自信】建立主動學習並勇於分享的自信態度。

壹、課程準備資源

1. 故事繪本：《如果恐龍回來了》、《石頭爺爺》、《我的恐龍》。

2. 恐龍知識書：《恐龍》、《100種恐龍》、《恐龍救地球》。

3. 專家：慈濟大學考古學胡教授、恐龍小博士～宣宣哥哥（小學一年級）、美術製作～俊銘叔叔。

4. 角落教具：恐龍模型、恐龍認知圖卡、恐龍圖鑑、恐龍遊戲手工書、恐龍數與量配對遊戲、恐龍化石片組裝、恐龍拼圖、恐龍板畫、恐龍拼貼創作、恐龍大頭貼……。

5. 可參觀的地方：臺北世界恐龍大展、十三行博物館。

貳、主題概念網

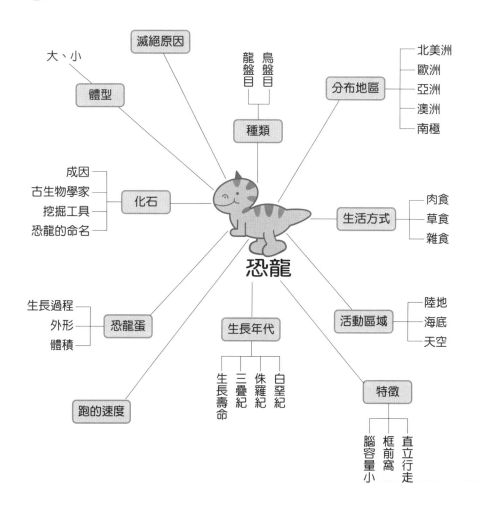

參、主題事後網

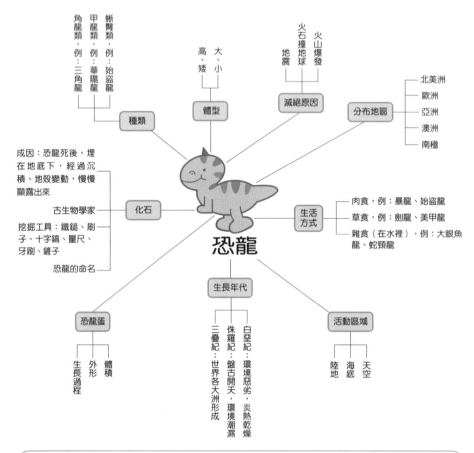

種類
- 角龍類，例：三角龍
- 甲龍類，例：華陽龍
- 蜥臀類，例：始盜龍

體型
- 大、小
- 高、矮

滅絕原因
- 火山爆發
- 火石撞地球
- 地震

分布地區
- 北美洲
- 歐洲
- 亞洲
- 澳洲
- 南極

化石
- 成因：恐龍死後，埋在地底下，經過沉積、地殼變動，慢慢顯露出來
- 古生物學家
- 挖掘工具：鐵鎚、刷子、十字鎬、量尺、牙刷、鏟子
- 恐龍的命名

生活方式
- 肉食，例：暴龍、始盜龍
- 草食，例：劍龍、美甲龍
- 雜食（在水裡），例：大眼魚龍、蛇頸龍

恐龍

恐龍蛋
- 體積
- 外形
- 生長過程

生長年代
- 白堊紀：環境惡劣，炎熱乾燥
- 侏羅紀：盤古開天，環境潮濕
- 三疊紀：世界各大洲形成

活動區域
- 天空
- 海底
- 陸地

學習區創作：
1. 繪本《如果恐龍回來了》、「如果恐龍回來了」集體創作、恐龍小書錢幣遊戲、善解班恐龍書店。
2. 蒐集恐龍相關資料、認識恐龍種類、認識化石、了解挖掘化石的工具、挖掘恐龍化石、拼裝恐龍化石、製作恐龍模型。

肆、主題發展歷程

一、主題引發階段

(一) 著手探索恐龍

　　今天老師與孩子們討論本學期恐龍的主題，想要認識什麼或者做什麼有關恐龍的事情？孩子積極地發表意見，小軒：「認識恐龍骨頭。」小瑋：「還有恐龍蛋。」小穎：「哪裡有恐龍？」皓皓：「可以自己做恐龍。」慈慈：「『十三行博物館』有恐龍。」

 老師的觀察 vs. 省思

　　關於認識恐龍的資訊，孩子們紛紛說出自己的想法，但引起最熱烈討論的則是大家想要去找恐龍一事，只是，想要到孩子口中的臺北去，我們可能需要坐火車，但在校外教學的路程考量上可能不允許，因此老師將困難點告訴孩子，也得到大家的認同。

(二) 恐龍的種類

　　今天的討論一開始，小岱提出一個意見，想要在學校挖恐龍化石。老師說：「我們學校挖的到化石嗎？」靈靈說：「不行，恐龍沒有住過我們學校？」阿哲：「臺北才有恐龍化石。挖起來的化石，被送到十三行博物館。」老師：「那請問誰都會挖恐龍化石嗎？」孩子說：「都被科學家挖

走了。」老師：「為什麼科學家知道什麼是恐龍化石？也會挖恐龍化石？」阿珩：「因為他們有學過？」靈靈又將話題轉向恐龍絕種的原因？孩子說：「火山爆發」、「隕石撞地球」，可見孩子已經有些基本的知識，接著，老師將話題轉為討論「恐龍」的名稱，想從中知道孩子對於恐龍的認識。小恩：「三角龍。」慈慈：「地震龍。」、皓皓：「角鼻龍。」小岱：「劍龍。」小瑋：「齒盜龍。」小安：「噴火龍、鴨嘴龍。」阿珩：「巨獸龍。」培培：「暴龍。」阿哲：「恐爪龍。」

老師的觀察 vs. 省思

團討的進行，因為題目很開放，所以孩子的回答也會有很多出乎意料外的答案，老師如何面對孩子的想法，給予適時的支持、回應或引導，真的不是件容易的事，而且孩子的討論有時也會有離題的情形，這時老師是該順著孩子離題的話題繼續討論？或者是將話題拉回原本的話題上，什麼樣的討論是有意義的討論，什麼樣的討論又該適時的中斷，真的都需要經驗的累積。老師也仍在摸索中，希望一次次的討論會有一次次的進步，也可以省思出更有品質的團討方法。

(三) 蒐集「恐龍」資料分享

在開學以來，除了教導孩子的生活常規重新回到軌道上外，在主題活動的課程上，進行了關於「恐龍」的討論，繼上週許多孩子分享了生活中認識的恐龍種類後，孩子們今天也分享了偷蛋龍、鴨嘴獸（龍）、雙冠龍、猶他盜龍等。另外，阿珩提到了中華盜龍這個名詞，是從恐龍卡上獲得，老師拋了個問題，請孩子們回家搜尋關於哪些地方或影片可以幫助我們更深入地了解恐龍，並且，老師們預計會設計一張學習單，讓孩子及家長能更有方向及系統地協助教學。

二、主題發展階段

(一) 噴火龍的討論（一）

　　老師將前幾週孩子們討論、分享的恐龍種類，統整在一張海報上，由於很多名詞，如中華盜龍、猶他盜龍等，是孩子們從「恐龍卡」或影片、遊戲中獲得，因此在今天的討論中，由於有孩子提到「噴火龍」這個名詞，針對它是否存在，老師詢問了孩子的意見，小安說：「因為它的身體裡有火，所以可以噴出來攻擊別人！」「可是如果它的身體裡面都是火，那會覺得不舒服嗎？」「對啊，那是神奇寶貝裡面才有的啦！」……大家紛紛表示出自己的意見後，如玉老師提議，雖然我們還沒有得到正確的解答，但大家可以回去幫忙找答案，包括之前分享的那些恐龍，如果家裡有相關的圖片或書籍，都可以帶來提供我們進一步了解這個幾世紀前曾經出現的動物。

老師的觀察 vs. 省思

　　對於恐龍的了解，孩子多半從電視媒體中獲得資訊，但也由於需探討這個現在已經滅亡的動物，進行起來的確有較費時的地方，再加上因為許多遊戲的產生，讓孩子對恐龍更感興趣，雖然許多名詞可能經由虛擬出來，但希望透過家長的協助，能讓孩子更了解恐龍的世界。

(二) 噴火龍的討論（二）

在上週五老師拋回了一個「噴火龍是否存在？」的問題，今天尚未透過孩子帶來的資料獲得解答，不過感謝小恕帶來了一本恐龍的新知識，其中的內容包括有恐龍的緣起、種類以及化石等，老師先將這本書放置在語文角，這兩天讓孩子探索

後，再針對大家認識的部分來做討論。並且，培培的媽媽轉送來暴龍及王牌龍的繪畫，讓培培向大家介紹了關於這兩隻「肉食性」的動物，培培說：「牠們都是吃肉長大的，暴龍比較兇，會用牙齒來保護自己；如果敵人來攻擊王牌龍的時候，王牌龍會用有刺的尾巴把牠甩走……」，有了今天的分享後，期待有更多的人也帶家中介紹恐龍的書籍一同來共襄盛舉。

▲繼培培帶來媽媽幫忙畫的恐龍作品後，小蓁和瑄瑄也請爸爸和哥哥分別畫鴨嘴龍和翼龍，換個角度思考：這是也家長提供的協助之一，但接下來希望孩子也能透過更多的認識及學習後，練習自己畫下恐龍的作品。

👈 老師的觀察 vs. 省思

今天獲得孩子從家中帶來的資源並不多，這讓主題的進行有些緩慢，對於與恐龍相關的書籍，可能不是每個人的家中均有，但現今網際網路也很發達，排除家中沒有電腦的家庭之外，希望透過不斷的宣導，讓更多的孩子願意帶家中的書籍、資料到校來分享。

【噴火龍影片欣賞】

　　昨天的主題時間分享了很多孩子帶來關於「恐龍」的資料，但對於玲玲媽媽協助搜尋到的噴火龍文字說明，老師仍有些不解，雖然孩子在聽完那篇科學家找到完整的噴火龍化石和人的骨骸的文章，進而確定牠曾經存在過，但動物的身體裡若真的能容忍這麼高的溫度，這點才令人不解，因此老師再到網路去搜尋其正確性，結果發現，當時動物頻道播放的影片及文字註解，都是科學家為了滿足人們對噴火龍的好奇、疑惑而虛擬出來的。因此科學家利用其他恐龍的化石做參考，模擬出噴

火龍的樣子，然後使用電腦動畫，將人為的製造火光拍攝下來，加入電腦裡頭，再製作成影片……，將每個步驟剖析之後，的確印證了人為的控制因素占最大的部分，孩子也的確看到了是「人」做出來的，再者，恐龍真的不會飛，牠只會滑翔，因為兩棲動物不同於鳥類，鳥可以自行從陸地起飛，自在地遨翔，但恐龍可能只能爬到高高的山上，然後一躍而下，順著氣流滑翔，今天老師向孩子澄清的這兩個疑點，算是為大家心目中所崇拜的恐龍，畫了新的註解。

👆 老師的觀察 vs. 省思

　　噴火龍的形成，是因為科學家在想是什麼可以製造出火及火光，就像打火機為何可以點火的原理一樣，再者，雖然沒有找到噴火龍的化石，但傳說牠還會飛、有翅膀，所以虛擬來的影片，雖然仍帶給孩子崇拜的意味，但畢竟現今的世代，無法真實地呈現恐龍的世界，因

此只能靠一些線索及人為的電腦動畫，去創造出許多探究恐龍的影片，因此，其真實性有多少，也會是接下來課程在進行時，需要再去討論的。

(三) 恐龍書籍與創作分享

　　教室裡的恐龍活動持續進行著，孩子們在進角落的時間裡，會使用老師提供與主題相關的教具外，有的也會主動畫起恐龍來，像今天定定上臺分享自己畫的「角鼻龍」和「迅猛龍」的作品，雖然因為色彩的關係，沒有圖書上的真實，但他抓到幾個重點，例如他用綠色的筆劃迅猛龍，因為「迅猛龍的身體是綠色的、牠是肉食性動物，還會去偷別的蛋蛋……」還有「角鼻龍的頭上有一個尖尖的角，那是用來攻擊敵人，保護自己的……」。

　　孩子們帶來恐龍的相關書籍以及嘗試自己畫出恐龍的圖畫後，這幾天分享的人數更多了，不論是書籍的介紹、恐龍的習性或種類，老師發現孩子了解恐龍的 point 更多了，如丞丞畫了一隻「甲龍」，他說：「牠身上的殼很硬，像石頭一樣，所以暴龍來攻擊的時候，牠會馬上躲進殼裡面，還會用尾巴甩走暴龍……」，在討論的最後，老師也分享玲玲提供的「噴火龍」文章，從文章中得知真的有噴火龍的存在，而且因為生存的地方寒冷，挖掘到的那隻小恐龍，竟保有皮膚的光澤並且知道牠的性別……，這無疑為孩子們提的噴火龍問題找到答案，但是有相關報導也指出，探索頻道的恐龍系列報導，摻雜許多人為的動畫效果，所以正確度有多少，不禁又令人擔心了。

老師的觀察 vs. 省思

　　透過孩子的說明與分享，讓孩子本身及其他人也正在學習，老師希望孩子能透過圖書區繪本的閱讀及觀察，去發現關於恐龍的二三事，並且在參與活動後，願意提出來與大家分享。

　　今天孩子們帶來分享的「恐龍」書籍又增加了不少，除了有很多關於介紹恐龍的知識書外，其中引起我們熱烈討論的是：婷婷帶的恐龍繪畫書，書中包括了許多種恐龍的分解圖畫，讓孩子可以試著依照頭部、手、腳及尾巴的分解畫法，也可以嘗試自己仿畫恐龍，因此在經過婷婷同意，願意將這本書放入美勞角後，我們便進行「怎麼決定先後、一次可以畫多久的」的討論，最後統整出來的方法就是：剪刀石頭布和輪流，可是阿哲說：「那下一個如果等太久了，他有點生氣了要怎麼辦？」因此對於時間概念尚未建立完全的孩子們，老師提供一個個意見，讓孩子以看時鐘長針到的時間來交換順序，所以選項有長針指到 1（5 分鐘）、長針指到 2（10 分鐘）、長針指到 3（15 分鐘），結果票選出來 15 分鐘的人數居多，我們也可以按照這樣的方法施行，並且老師向孩子說明，若當天決定了順序之後，角落時間收拾了，則還沒輪到人，便會記錄在白板上，可以在下一次角落時間優先。

老師的觀察 vs. 省思

　　介紹恐龍的書籍當中，以現代的觀點而言，可以說都是一部分的事實加大部分的杜撰，所以當這些孩子們「崇拜」的恐龍圖片，活靈活現地吸引其注意力的同時，我們並不限制孩子只能相信那些既定的內容，畢竟充滿幻想的天馬行空，也正是小孩的寫照之一，只是，關於事實的傳達，老師會持續進行，但孩子能接受多少，則因人而異，而我們也不會刻意去要求。

(四) 班級共讀～《如果恐龍回來了》（一）

　　老師在閱讀故事之前，先拋出一個問題請孩子想想，如果恐龍回來了，會發生什麼事？

靈靈：「會被吃掉。」

阿佑：「被肉食性的恐龍吃掉。」

皓皓：「會被草食性恐龍打死。」

丞丞：「草食性恐龍可以幫忙除草。」

培培：「角鼻龍會喜歡看電視。」

阿佑：「可以養恐龍。」

阿哲：「可以當成海上的路，河上的橋。」

皓皓：「爪子會把人抓傷。」

小蓁：「草食性和肉食性恐龍會打架。」

👇老師的觀察 vs. 省思

　　不希望孩子的想法被故事的情節影響，所以在班級共讀前，先和孩子進行恐龍如果回來了的話題討論，想聽聽看孩子的想法，透過孩子的分享發現孩子的想法又變得很實際，不像故事中的畫面，想像力較豐富，在慢慢的引導下，孩子才漸漸有較有趣的想法，所以觀察到孩子對於恐龍的認識，多數仍是意識到恐龍是危險、巨大會傷害人的動物，再看看隨著故事的進行，孩子可否有不一樣的想法激發出來，而從閱讀這本繪本中，孩子可以練習分辨現實和想像的世界。

(五) 班級共讀～《如果恐龍回來了》（二）

　　「如果恐龍回來了，牠可以載爸爸去上班，牠可以幫農夫犁田，牠可以幫小朋友將掉在樹上的風箏拿下來，牠可以當成高高的樓梯或雲梯車，可以趕走小偷，可以幫伐木工人砍樹，可以幫忙蓋摩天大樓，可以變成最棒的滑雪坡道，可以幫圖書館阿姨將放在很高櫃子上的書拿下來」……。孩子聽到故事的內容時，不斷的產生問題，「恐龍牙齒那麼尖？會把風箏咬破。」「恐龍怎麼知道要拿哪一本書，牠又聽不看不懂字。」「一直砍樹，地球媽媽不是會生病嗎？」孩子提出的問題，老師試著讓孩子自己來互相討論，交換意見和想法，牙齒太尖怕風箏被弄壞，孩子說：「可以將線卡在牙齒和牙齒之間的牙縫。」「可以用嘴唇咬。」「可以用拉的將風箏拉下來。」恐龍怎麼知道該拿哪一本書？孩子說：「可以請牠們認數字。」「可以教牠們認識字。」「人類可以學恐龍的話。」砍樹的問題，老師則是與孩子溝通我們使用的衛生紙和紙張，仍需要砍樹來製作，可是我們更要學習珍惜這些用樹製造出來的資源，如此一來就不需要砍那麼多的樹，除了砍樹，我們也可以種樹來愛護地球媽媽。透過故事，孩子也提

出疑問：「什麼是犁田。」老師：「就是將泥土弄鬆，讓種子種在土裡之後，有充足的空間、空氣、水分，可以成長。」

(六) 班級共讀～如果恐龍回來了（三）

完整閱讀過一次《如果恐龍回來了》的故事後，老師引導出故事中的恐龍，都是幫助人類做一些好事，請孩子想想看，如果恐龍回來了，還可以幫忙我們做什麼事呢？此活動強調不能與故事內容重複喔！阿佑說：「可以代替爸爸去上班。」靈靈：「可以把大魚趕走。」阿哲：「腫頭龍可以當橋。」宸宸：「恐龍可以幫忙拖船。」

丞丞：「幫忙遮雨。」小穎：「幫忙買菜。」阿珩：「載媽媽去買菜。」宸宸：「幫小朋友推盪鞦韆。」培培：「小恐龍可以陪小朋友玩。」阿哲：「可以跟恐龍當好朋友。」阿宏：「可以載小朋友去恐龍博物館。」宸宸：「可以載小朋友去上學。」皓皓：「帶小朋友去海邊玩。」銘銘：「帶小朋友去公園盪鞦韆。」阿佑：「跟工程師合作做一個變形金剛。」

老師的觀察 vs.省思

　　「如果恐龍回來了」的話題討論，孩子的想法一開始，其實變化性不大，孩子會一直延續某些分享過的想法去做延伸，想像力有進步的空間，老師藉由分享幾個創意想法，希望激發孩子可以試著多從不同面向去思考，而省思這類的活動孩子進行的次數不多，所以引導初期，成效無法立即呈現，但仍該鼓勵孩子激發創意，對於分享的孩子給予高度的肯定，對於沒有分享的孩子，多激發他們主動分享的欲望。因此可以請孩子將想法以圖畫的方式呈現，方式有二種可以考慮：每人畫一張，製成班書，或選擇幾張畫的較好的構圖，再製作成大型成品。

(七) 「如果恐龍回來了」延伸活動～恐龍小書

　　搭配班級共讀《如果恐龍回來了》一書，老師引導孩子發揮想像，去畫下當恐龍回來時，可以做哪些事情，最後孩子們的成品有：可以幫忙倒垃圾，還可以陪我玩車車……，老師提供的圖畫紙，將孩子對於恐龍的圖像及創意作連結，透過圖畫的呈現，一張張整理好後，並且裝訂成一本恐龍小書，繪圖和作者是善解班的孩子們，放在角落裡讓大家欣賞，開始了另一個學習層次。

▲如果恐龍回來了，牠的尾巴可以當釣竿釣魚！

▲如果恐龍回來了，可以在牠的尾巴放床，還可以躲雨！

▲如果恐龍回來了，可以幫忙母雞拿到蛋！

(八) 請教恐龍小博士的問題

聽聞小學的一位宣宣哥哥，對於恐龍非常有研究以及喜愛，所以邀請他來分享恐龍相關知識，在邀請專家來班前，老師與孩子討論：「希望聽到小博士與我們說什麼？或想要問他什麼問題？」小瑋：「介紹齒盜龍。」阿珩：「介紹翼特龍。」小岱：「介紹暴龍。」恩恩：「介紹翼手龍。」婷婷：「介紹三角龍。」阿宏：「介紹劍龍、梁龍、巨獸龍。」皓皓：「介紹角鼻龍。」老師：「可以請問哥哥有沒有噴火龍？」皓皓：「有沒有噴水龍？」靈靈：「劍龍為什麼會有劍？」培培：「為什麼風神翼龍會飛？」阿哲：「為什麼山猛龍不會飛？劍龍的劍可以做什麼？可以趕風嗎？」慈慈：「蛇頸龍、魚龍吃什麼？」皓皓：「雙脊龍吃什麼？」小瑋：「美甲龍為什麼尾巴有槌子。」阿佑：「巨獸龍為什麼那麼巨大？」丞丞：「三角龍為什麼頭上有三隻角？」

老師的觀察 vs. 省思

老師將孩子的問題記錄下來後，會再和宣宣哥哥討論。在孩子們分享了一堆恐龍的名稱，都是屬於比較大範圍的部分，靈靈的問題提出後，孩子才將問題轉移到恐龍的長相特徵、飲食等問題……，或許

在題目的分享上孩子的想法還無法太深入，與他們對於恐龍的了解不深有關係，但是孩子都很踴躍的發問問題。

(九) 恐龍小博士分享恐龍知識（一）

　　下午三點，小學的宣宣哥哥來到班上與我們分享恐龍的相關知識，宣宣哥哥準備了他畫好的圖畫，介紹他畫的恐龍名稱，老師依序點名請先前有提過問題的小朋友，將自己的題目說出來，再請宣宣哥哥回答。皓皓：「有沒有噴水龍？」宣宣哥哥：「沒有。」老師：「有沒有噴火龍？」宣宣哥哥：「沒有。」老師補充：「這些都是只有在故事中才會出現的假恐龍嗎？」宣宣哥哥點點頭。阿哲：「劍龍為什麼會有劍？可以做什麼用？」宣宣哥哥：「遇到肉食性恐龍可以保護自己，可以阻擋太陽。」培培：「風神翼龍為什麼會飛？」宣宣哥哥：「牠原本是爬蟲類，後來進化成翼龍，長出翅膀，遇到敵人就可以滑翔飛走。」慈慈：「蛇頸龍、魚龍吃什麼？」宣宣哥哥：「海螺和烏賊。」皓皓：「雙脊龍吃什麼？」宣宣哥哥：「吃肉，可以跑很快，而且會把別的恐龍吃剩的肉吃乾淨。」阿珩：「那他很惜福喔！」「美甲龍為什麼尾巴上有槌了？」宣宣哥哥：「可以保護自己。」阿佑：「巨獸龍為什麼那麼巨大？」宣宣哥哥：「這樣才不會被大恐龍吃掉。」丞丞：「三角龍為什麼頭上有三隻角？」宣宣哥哥：「遇到肉食性恐龍可以用角去刺他。」宣宣哥哥介紹始盜龍，又名伶盜龍，屬於迅猛龍家族，猛禽類恐龍，牙齒尖，肚子很

餓的時候會吃自己的小寶寶，爪子會倒鉤。暴龍的牙齒最厲害，是主要的攻擊武器，而且堅硬到可以將骨頭咬斷。從書本中展示巨獸龍的長度是一臺公車長，地震龍的長度則是四臺公車長，地震龍是最長的恐龍，屬於草食性恐龍，孩子問說：「地震龍被攻擊的時候會怎麼辦？」宣宣哥哥說：「肉食性恐龍不敢咬牠，因為牠太大了。」老師問：「宣宣哥哥都是從哪裡獲得關於恐龍的知識呢？」宣宣哥哥：「恐龍書、化石書。」我們與宣宣哥哥約定下星期三再來與我們分享恐龍的知識。過程中，阿佑會提出一些不一樣的想法，老師請其可以回去查資料再來與我們分享，鼓勵他可以主動蒐集相關的知識或解答疑問，再來與我們分享恐龍的相關知識，或許他就是下一位恐龍小博士。

老師的觀察 vs. 省思

宣宣哥哥的到訪，孩子都顯得很期待，對於自己的問題，也都記得很清楚，而因為宣宣哥哥並沒有這樣的經驗，所以老師需要適時的控制一下活動的進行方式，請孩子針對自己提出的問題詢問。孩子可以完整的將問題發表出來，再由宣宣哥哥進行回答，透過書本，介紹了始盜龍、暴龍和地震龍，孩子也不時的提出問題詢問宣宣哥哥，在這樣的互動下，看見多數孩子的高度興趣，相信這樣的活動，對於孩子在獲得恐龍的知識上會很有幫助。

(十) 恐龍小博士分享恐龍知識（二）

宣宣哥哥帶來了豐富的恐龍知識，藉由《有羽毛的恐龍世界》、《恐龍的世界》兩本書，介紹了有羽毛的恐龍：始祖鳥、北票龍、小盜龍、中國鳥龍、中華龍鳥、中國獵龍。書中說到始祖鳥是有羽毛恐龍的祖先，以前有羽毛的恐龍與現代鳥類的差別點是：現代鳥類的羽毛可以幫助飛行，

而且其胸骨比恐龍強壯，也可以幫助飛行。《恐龍的世界》，介紹的爬行類是恐龍之前出現的動物，依照恐龍世代三疊紀、侏儸紀早期、侏儸紀晚期、白堊紀早期、中期、晚期分別會出現的恐龍，宣宣哥哥也介紹了化石是如何形成的，以及如何挖掘恐龍化石。

> ### 老師的觀察 vs. 省思
>
> 　　第二次的恐龍小博士分享，孩子還是聽得很認真，老師也從這次專家分享中，更加認識到恐龍的知識，像是鳥類與恐龍的關係，恐龍的世界、生長年代、化石的形成等，透過宣宣哥哥的分享，可以引發出更多可以研究的方向。

(十一) 恐龍模型名稱大蒐密

　　希望增進孩子利用書本蒐集資料的習慣，老師拿出各種恐龍的模型，請孩子利用書本找出各種恐龍模型的名稱。本活動採自願參加，老師與孩子討論分組的方式，孩子決定兩個人一組，合作蒐集資料，依序從書本中找到各種恐龍的圖形，

依照外形特徵，完成比對後，開心的與老師分享，孩子都可以說出恐龍的名稱，老師問：「要將恐龍的名稱寫下來嗎？」孩子說：「好啊！可是我們不會寫字耶！」，丞丞仿寫的能力已經很成熟，於是請他協助不會仿寫的孩子完成，丞丞很樂意幫忙，孩子也在一旁觀察他仿寫的過程。參加本活動的組別與找到的恐龍分別是：暴龍（小書、瑄瑄）、細頸龍（婷婷）、長棘龍（丞丞）、風神翼龍（皓皓、銘銘）、流連龍（小穎）、大鴨龍（阿哲、小軒）。

　　老師依序拿出恐龍模型先進行分類遊戲，請孩子將相同的恐龍模型放在一起，採分組或個人的方式，讓孩子可以尋找恐龍模型的名稱，有的小朋友是三人一組，有的則是自己一組，孩子各自挑選自己想要研究的恐龍模型，透過語文角的書本，尋找出與模型相符合的恐龍外型與名稱。在找到後，老師請孩子將名稱試著仿寫在圖卡上，這對孩子有困難度，連丞丞也無法一次寫下全部的字，所以改由老師協助孩子記錄寫下該種恐龍的名稱，過程中，有的孩子一直無法找到符合的恐龍模型，或許是書本上沒有出現，或許是資料翻閱的不完全，老師讓宸宸、阿哲、小蓁將恐龍帶回家中尋找答案。今日找到的恐龍名稱有重型龍（銘銘）、長脊龍（宸宸）、刺盾角龍（瑄瑄）、副龍櫛龍（丞丞）、斑龍（皓皓）、冠龍（小軒）、鳥龍（靈靈）、薄片龍、迅猛龍、特暴龍（培培）、包頭龍（阿宏）。

▲我找到的是劍龍　　　▲我們正在仿寫脊背龍　　▲我找到的是劍龍

老師的觀察 vs. 省思

　　宸宸、慈慈的作品是用鉛筆描出恐龍的外形，遠看會看不清楚，園長建議可以請他們用黑筆將外框再描一次，作品的效果會更棒。近日美勞角的孩子很喜歡分享自己的作品，透過分享，提升他們對於美勞角的興趣。

　　尋找恐龍名稱的過程，老師無法完全帶領每一個小朋友尋找答案，所以希望透過分組的方式，孩子可以相互學習，部分組別會相互合作或協助，但有些孩子仍是尚未開竅，不知活動如何進行，或自己該做

什麼事。小馨今日也主動的表示要參加本活動，但不會尋求他人幫忙的她，只能與老師反應她找不到該種恐龍的名稱，表示她遇到問題會主動向老師尋求協助，但是老師因為仍要協助其他小朋友寫下恐龍的名稱，會有些分身乏術，無法好好的帶領她尋找資料，或許明天可以利用時間，陪著她練習一遍，增強她的學習興趣，並學會蒐集資料的方法。

(十二) 認識恐龍化石

　　在上兩週宣宣哥哥來向孩子介紹關於「恐龍」的資訊後，對於恐龍的了解，老師今天從另一個面向，拋了一個問題：「為什麼我們可以了解這麼多與恐龍相關的東西呢？」阿佑首先說：「因為有恐龍科學家啊！」小岱也說：「我們看恐龍的身體去認識牠的。」皓皓補充：「是從恐龍博物館裡看到的。」最後，我們從靈靈的發表獲得更明確的解答：「因為恐龍的考古學家會去找恐龍的化石！」叮咚叮咚，從這些恐龍化石裡，我們可以更了解恐龍特徵、以及生存的環境等，但是，「為什麼叫化石呢？」阿哲說：「因為它的顏色像石頭，灰灰、黑黑的！」皓皓說出了一番深入的見解：「還有恐龍倒下來，牠的骨頭被蓋在沙子裡了。」這個答案，很有恐龍小博士的架勢耶，老師隨後補充：「恐龍生活的時代可能是因為爭搶食物、天氣或是被人類打敗而死亡，可是風來了、一層層的沙子蓋了上去，還有地震、地殼變動時，一塊塊的石頭壓在恐龍的屍體上，日子一久，身體上的肉不見了，骨頭就被壓在裡面，變成化石了！」

(十三) 恐龍化石介紹、影片欣賞

在星期一和孩子討論我們從「化石」可以了解恐龍後，靈靈有提到的一個像掃帚的工具，老師也將這個疑問拋回去請孩子找正確的答案，經過了兩天的時間，仍無法得到解答，因此老師詢問孩子有沒有看過大人在刷油漆，手上揮動的工具，正是考古學家使用的工具之一——刷子，只是，靈靈持保留態度地說：「好像不太一樣耶！」但是，孩子在短時間內，好像沒辦法找到圖片佐證，所以先暫時以「刷子」這個名詞來代替（後來，下午的時候，很感謝阿哲在語文角的恐龍圖書中，找到了探索恐龍化石的工具，正是「油漆刷」，這個會留待明天的課程裡，再和孩子做分享）。

老師的觀察 vs. 省思

孩子在近幾個星期的閱讀恐龍書籍後，因為文字的輔助說明，更加了解恐龍的發展史，並且，老師在透過電腦動畫的呈現，引導其了解恐龍與恐龍之間也會因為生存競爭，導致一方敗倒並且變成屍體，再經由地殼的變動、堆積形成化石供給現代的人們做研究，讓孩子對於「化石」的存在，有更深一層的認識。

(十四) 搜尋恐龍化石

在老師播放與恐龍化石相關的影片後，孩子們在語文角的恐龍書籍中，若有發現到與影片相關的內容，會馬上告訴老師：「這裡面有恐龍的化石耶！」「還有這個，考古學家用這些工具挖化石喔！」我們聚集了這些孩

子這幾天找到的資訊，加強孩子對恐龍化石的認識，並且從今天的分享活動發現孩子觀察到化石的建構，並不完全出自土裡，而可能是研究的人員，找到一些骨頭後，再加上一些堅硬的物質，製作出自己曾經在博物館裡看到的恐龍模型，並且，考古學家也發現了恐龍遺留下來的排泄物糞化石，這對於研究恐龍的飲食，也提供足夠的證據。

　　感謝俊銘叔叔協助班上製作恐龍的模型，雖然爸爸將成品送來的時間，班上有大多數人正在上表演藝術課，但是歡呼聲卻是此起彼落，並且，因為爸爸利用電流使恐龍的眼睛發亮，這作品的逼真感，讓培培擔心地問：「這隻恐龍晚上會不會到教室裡破壞我們的東西啊？！」呵呵，當然不會，因為它是利用發泡劑製作的，但是，「這隻恐龍站在十二生肖區，如果大家很喜歡它，而且一直觸摸它，那會壞掉嗎？」於是，宸宸說：「那用東西把它圍起來啊！」「用什麼呢？」在大家正在思考時，老師提供了一個意見，「要不要用玩具來試試看呢？」接著，大家便同心協力將教室裡的玩具拿出來排，希望能築成自己口中的一道牆，讓喜歡的人可以在安全的距離觀察恐龍，這時，老師又發問：「雖然我們圍出了一條不能觸碰恐龍的線，但如果有人走進去呢？」「那就畫一個叉叉啊！」這是培培提出的想法，剪下兩段美勞角的彩色膠帶，可以做成一個叉，要貼在哪呢？丞丞馬上支持他的想法，說：「可以把它貼在白色的紙上！」因此，孩子們度過一個充實而又滿足的星期五。

> ### 老師的觀察 vs. 省思
>
> 　　對於俊銘叔叔用心製作的恐龍模型，孩子除了表達感謝之意外，也藉由自己參觀的經驗，聯想到如果模型不被人觸碰到時，該用什麼方法來解決，於是，每一種玩具都拿來作為問題解決的工具，甚至還有以叉叉貼在紙上表示禁止進入的巧思，雖然這次的時間不是全班孩子一起參與的活動，但對於大家能集思廣益想出來的 good idea，倒也讓恐龍的主題更為引人入勝。

　　在上週五，恐龍模型的到來，帶給孩子莫名的激動後，老師今天詢問孩子：「我們從書上認識了好多種類的恐龍，現在恐龍的模型也有了，而且我們也了解很多科學家（考古學家）研究恐龍的工具，現在要請大家動一動腦，想想看接下來要做什麼樣的活動？」小安提議說：「拼恐龍的骨頭！」「可是，哪裡可以挖恐龍的骨頭呢？」這個想法，大家紛紛表示同意，並且，再一次分享了可以挖掘恐龍骨頭的工具之後，今天也因此找到了願意幫忙找更多挖掘工具的「資料蒐集組」，老師也希望孩子將這個訊息帶回給家長，請爸媽多搜尋一些挖掘工具，並且將家中可利用的資源帶來，因為接下來，我們有聯絡到慈大人文學院的胡教授，請他向孩子分享自己考古的經驗，進而帶孩子體驗挖掘的工作。

三、探索鷹架階段

(一) 第一次挖掘化石體驗

　　在恐龍課程進行的同時，老師們也積極在尋找可以提供給孩子體驗「挖

掘」的地方，最後經過佩珠園長詢問過小學那邊的場地，以及考量到我們的沙坑經過許多次的翻鬆，屬於比較乾淨的，所以老師將這個訊息提出來和孩子討論：因為我們挖掘的地點，是以前合心班外面的沙坑，所以大家帶來那些用來挖硬硬的石頭，例如榔頭（鐵鎚）等較重且大型的工具，暫時使用不到，可是我們會將它們擺放在「挖掘化石工具」的展示桌上，提供給大家欣賞，出發前，老師將幾個桶子放在前面，詢問孩子：「這些桶子要做什麼呢？」培培說：「裝土！」小安補充：「看誰裝得多？」宸宸也說：「要裝水！」靈靈則說：「應該要裝垃圾吧！」「可是，現在是早上，撿垃圾、做環保時間是下午，所以這個不可能，而且玩沙的時間是下午出去玩的活動，現在應該是要去挖恐龍化石啦！（還好小宜及時將大家想玩沙雀躍的心情拉回來）」因此，大家帶著工具和期待的心情，出發去挖掘恐龍化石囉！過程中，老師提醒著小心自己的力道，勿將沙子噴到自己和他人的身上，一鏟一鏟地往下挖，有人挖到石頭，也有人挖到一隻正在翻土的蚯蚓……，因為蚯蚓是隻小生命，還要繼續幫忙翻鬆泥土，所以我們只帶走幾個石頭回到教室做討論！

老師的觀察 vs. 省思

在我們分享了許多關於挖掘恐龍的工具後，老師請家長協助孩子帶來家中可以利用的工具，統計收到最多的是玩沙時的塑膠鏟子，再來是牙刷、油漆刷還有不少的榔頭（鐵鎚），原本預設工具可能無法齊全，沒想到透過通知單的傳達，每個家庭的協助，倒是提供了不少不常見的工具讓大家認識，尤以小星星帶來的皮尺及繩子更是引出了考古學家們利用它們來測量及做線索的用途。

(二) 第二次挖掘化石體驗～我是小小考古學家

在拜訪過考古學家胡教授後，我們要再進行挖掘體驗，當個小小考古學家，出發前，老師拋出問題：「在拜訪過考古學家後，從他介紹的工具中，大家想想這次需要再多準備哪些工具帶去挖化石呢？」靈靈：「鏟子、牙刷。」皓皓：「掃把。」老師：「這些上次我們都有帶。除了這些還有其他的工具需要帶嗎？」婷婷：「量尺。」孩子提到了測量工具，因為教室內沒有游標尺，所以老師提議先帶美勞角的尺去。阿佑：「繩子，做記號用。」靈靈：「挖過的地方需要做記號。」孩子對於做記號這點，紛紛附和，於是我們討論了該用什麼做記號？「用繩子黏一個×」、「用訂書機釘」、「釘釘子」、「用膠帶貼一個×」、「用刷子做一個×」、「用樹枝做一個×」，一直無法討論出一個具體可行的方法，孩子的做記號方法，也多是平面的想法，老師運用玲玲提出使用樹枝的概念，提出意見：「將樹枝直立插在沙中做記號」。孩子馬上回應說：「可以做一個站著的×。」哎呀！原來孩子的想法比我的更棒呢！決定好做記號的方法後，我們帶著工具到沙坑進行挖掘活動，大家頂著太陽，手持工具，化身為小小考古學家，賣力的挖著，期待可以挖到什麼寶貝或者化石，「我挖到恐

龍化石了！」，終於，皓皓首先挖到了今日的第一
件恐龍物件（老師事前將木製的恐龍立體拼圖物
件，埋入沙坑中），老師：「哎呀！上面感覺很多
灰塵耶！」皓皓趕緊取用刷子將物件上的沙子刷
掉。活動實際約進行一個小時，孩子努力的挖掘，
挖到的孩子就會興奮的向大家展示，使用刷子將沙
子刷乾淨，沒有挖到的孩子也仍不放棄，繼續努力
的工作，挖過的地方，玲玲會去找樹枝，將它立成
一個×的形狀，表示這個地方已經有人挖過了喔！
挖掘工作因為中午吃飯時間到，而不得不先告一段
落，可是我們約定好明日早上再來挖，孩子提議
說：「我們應該將沙坑圍起來，這樣其他班的小朋
友才不會靠近，破壞我們挖過的地方。」這個想法

在上次的挖掘分享時，就有孩子提到，今天孩子又主動的提到這個需求，
於是簡單與孩子討論該如何圍？討論決定使用「線」將沙坑圍起來，我們
則是先就地取材，用樹枝將沙坑圍起來，然後老師在樹枝上綁上線，圍成
一個範圍。

老師的觀察 vs. 省思

　　挖掘的體驗活動，讓孩子都很投入，也增加孩子對於考古學家工
作的認識，體驗他們工作的情形與辛苦，孩子在過程中很主動的提出
一些想法，老師則是努力的集結他們的想法，引導其分析可行性，並
協助他們完成想法，例如：「圍沙坑」的方法。今日孩子除了挖到恐
龍物件很興奮外，他們對於挖到的石頭也會很開心，因為他們在參觀
胡教授的研究室時，看到了許多的石頭化石，所以他們心中或許認定
這些也是化石，老師也因此並沒有否定他們的想法。

(三) 請教考古學家的問題

上週沙坑體驗挖化石的過程中，孩子挖到了一些石頭，也從中發現了一些疑問，靈靈：「石頭裡面有沒有化石？」宸宸：「為什麼石頭的顏色、大小不一樣？」，明天我們將拜訪在慈濟大學教書的考古學教授，了解考古學家如何挖掘恐龍，孩子也要請教考古學家這兩個問題，透過團體討論，看看孩子是否有其他的問題想要詢問考古學家。歸納出兩個問題：「胡教授在哪裡挖過恐龍骨頭？哪裡可以挖到恐龍骨頭？」請孩子將題目記下來，明天要負責發問，還要試著將答案記錄下來。

老師的觀察 vs. 省思

在介紹恐龍化石時，月蓉老師與孩子分享到恐龍生存的年代，分別是三疊紀、侏儸紀和白堊紀，今天發現孩子對這三個年代已經有了基本的認識，孩子在看書時，會主動的指出書上的「三疊紀」文字，唸出「三疊紀」，表示他們已經認識的「三疊紀」的文字。在談話中，會互相討論恐龍生長在三疊紀、侏儸紀或白堊紀時代！表示他們對於恐龍的知識又加深了一層。

(四) 校外教學～拜訪考古學家

從欣賞人的化石～石器來開啟今日的考古學之旅，胡教授分成兩大主題與我們分享，第一階段：認識考古學家的工具。十字鎬（圓鍬）：將土挖開。刷子：將石頭或化石上的灰塵刷開。游標尺：可以移動，方便量物品的長度，例如：嘴

巴、鼻子。箱尺：一段是 1 公尺（100 公分），全長 5 公尺，可以收納成 1
公尺。還有比例尺等。

　　第二階段：化石的奧祕，化石分為二大類，一為化石標本，屬於生物
類的骨骸。教授介紹了豬、猴子、牛角、狗的化石。二為人的標本，就是
人類使用過的器具，有石器、陶器、木頭等。胡教授請孩子觀察石器，並
猜猜看它們各自的功能。

　　例如◎形狀的石器是什麼？靈靈：
「游泳圈。」婷婷：「方向盤。」宸宸：
「輪胎。」皓皓：「像蛇捲起來。」公布
答案：「石輪。」還有介紹石碗、石杵。
校外教學過程中，我們也對胡教授提出我
們的疑問。靈靈：「石頭裡面有沒有化

石？」胡教授：「沒有，恐龍化石埋在一層一層的層積岩中。」宸宸：「為
什麼石頭的顏色、大小不一樣？」胡教授：「白色的石頭是屬於石灰岩，
顏色較深的石頭則是因其重金屬含量較多。」

　　阿佑：「胡教授花蓮哪裡挖過恐龍骨頭？」胡教授：「花蓮沒有挖到
過恐龍骨頭，因為臺灣是年輕的島嶼，恐龍是生活在三億年前的陸地。」

　　「哪裡可以挖到恐龍骨頭？」胡教授：「大陸型的地區，例如：美國、
大陸、加拿大。」

　　慈慈：「海邊有沒有恐龍化石？」胡教授：「海邊可以挖到陶器、磁
器，但沒有恐龍化石，恐龍生活在內陸。」

　　阿宏：「為什麼恐龍那麼大？」孩子紛紛分享自己的想法，胡教授整
合孩子的分享說：「大的打贏別人，小隻要跑得快，大才可以抵抗敵人。」

▲孩子對地上大大小小的石頭充滿著「裡面有沒有化石」的疑問，胡教授也介
紹了自己曾蒐集過的豬、臺灣獼猴等化石……，最後在大家與可以無限延伸
「箱尺」合照下，劃下美麗的句點。

老師的觀察 vs. 省思

　　參訪過程中，孩子對於展示的石頭化石充滿興趣，胡教授在介紹
時，多數的孩子都展現高度的專注力，胡教授也會與孩子做適時的互
動，對於胡教授的提問，孩子們都很踴躍的表達想法，從孩子的回答
發現他們對於化石已經有了一些基本的認識，發問問題時，負責問問
題的小朋友也有做好自我的工作，提出我們事先討論好、想要尋求答
案的問題，只是過程中，孩子提的問題一直重複在「臺灣哪裡可以挖
到恐龍化石？」請孩子自己當小老師，阿哲可以清楚的說出答案喔！

(五) 拜訪考古學家～照片回顧

　　觀賞影片前，孩子先做分享昨日看
到什麼？培培說：「人的骨頭。」玲玲：
「敲石頭的工具。」小書：「臺灣獼猴的
骨頭。」小恕：「狗的骨頭。」小嚴：
「豬的骨頭。」銘銘：「猴子骨頭。」凱
軒：「小狗的骨頭。」接著播放照片，一

起回憶我們拜訪考古學家時看到什麼？或學習到什麼？一邊觀賞照片，一

邊重新複習胡教授介紹的考古工具，孩子可以正確說出工具的名稱，「游標尺」則是知道其功用，卻忘記其名稱。對於昨日孩子發問的問題，也重新檢視答案，加強孩子的印象。孩子已經釐清了幾個概念，花蓮或是臺灣沒有恐龍的化石可以挖，因為臺灣屬於年輕的島嶼，恐龍是住在較寬廣且年代較久的大陸型土地，石頭裡面不會出現恐龍化石，恐龍化石被埋在一層一層的沉積岩中，恐龍化石會出現在大陸型地區，例如：美國、中國，恐龍生活在內陸，所以海邊不會出現恐龍化石。

🔖 老師的觀察 vs. 省思

　　透過照片的播放，協助孩子整理、回顧昨日校外教學的情形，加深他們的學習印象，觀賞中，孩子的回饋很多，可以說出多樣工具的名稱、化石的種類。胡老師昨日分享過的話，他們都可以透過自己的口語，再表達一次，表示孩子已經將這些知識內化、建構在自我的資料庫中，透過拜訪專家，建構知識鷹架的方式，真的讓孩子學習的更深入，也更有效果。箱尺的單位是公尺，一公尺等於 100 公分，這樣的概念也在觀察箱尺的過程中，孩子有了新的接觸，但對於公分與公尺單位轉算的概念仍模糊，老師思考能否透過一些體驗活動，加深孩子此類的測量方法與測量單位概念的學習。

(六) 拜訪考古學家～記錄畫

　　請孩子將印象最深的工具、化石或者是場景利用彩色筆或是蠟筆畫下來，老師提醒孩子圖畫紙的尺寸，畫的時候，需先思考自己要畫哪些物品，如只要畫一樣，就要畫大一點，如果是要畫多樣，就要將物品畫小一點，練習版面的配置，孩子紛紛畫下石輪、游標尺、十字鎬、比例尺、頭骨、豬骨、臺灣獼猴骨頭、牛角等考古工具和化石。還有阿哲在畫的過程中，

主動的在紙上畫了一個十字線條，將圖畫紙區分成四區，在每一個格子內畫下一個物件，分別是頭骨、十字鎬……。

老師的觀察 vs. 省思

　　這次從孩子的創作中，觀察到銘銘對於恐龍主題充滿興趣，也引發了他的觀察力與學習力，小班時的銘銘，觀察力不強，也常會有點狀況外的情形，但這次的校外教學紀錄畫，他仔細的畫出了各項的考古工具、化石等，而且都可以大致的說出它們的名稱，畫出來的圖像，也將其形狀、特點畫出，觀賞者一看就可以大致清楚他畫的是什麼東西。

　　阿珩紀錄畫的主題是箱尺，在畫的過程中，阿珩知道箱尺上有數字，所以他想寫上數字，可是他又不會寫，因此他尋求老師的協助，老師將他說的數字寫在白板上，讓他仿畫，他也很主動的照著老師所寫的數字仿畫了起來，陸續仿畫了數字3、4、5。

(七) 挖掘體驗的延伸（一）～分組活動

　　共分成三組，分別是【拼恐龍模件組】、【邀請胡教授到校解說組】、【移動恐龍圍牆】。

　　在挖掘體驗工作進行數日後，我們已經挖到不少恐龍模型片，為了要確定我們挖到多少，還缺多少片，還要再繼續挖嗎？老師將配對圖卡影印

放大，讓拼恐龍骨頭組的孩子依照骨頭的形狀進行配對，並檢視我們挖到的幾個恐龍片，還需要再挖幾個？以及是否需要繼續挖掘工作？

另外，在進行挖掘工作體驗時，孩子主動表示要將挖掘區圍起來，以防止有人進入挖掘區，我們依照孩子的想法使用樹枝和繩子來圍住沙坑，結果效果不彰，隔天就被人為破壞了，於是老師拿出被破壞的殘骸，與孩子討論該如何圍會更好，孩子不斷提出線和釘子的使用，但該如何做？孩子的說法一直不夠具體以及可行性有待商榷，另外孩子挖到了一堆的石頭，覺得都是化石，所以都把它們帶回教室，但這些石頭真的都是化石嗎？我們決定再次請教胡教授。孩子決定要打電話邀請，還要製作感謝卡，小宜負責撥電話，靈靈負責將我們的問題告知胡教授（石頭都是化石嗎？如何將沙坑圍起來？），感謝卡則是由皓皓製作，裡面的感謝話～胡教授感謝您回答我們的問題，則是靈靈提供的。原本敲定時間的工作是由小軒負責，討論時原本計畫 11/4 星期三早上十點，但是因為牽涉到需協調胡教授的時間，老師先協助他完成了。

至於在俊銘叔叔幫忙製作的恐龍模型旁的圍牆，因為所占的空間過大，所以老師與孩子討論空間該如何變更？阿佑說：「把玩具用小一點。」老師：「如何做？」宸宸：「同樣的玩具有很多，那就同樣的變少一點，然後圍成圓圈圈。」阿佑：「使用花花片 30 片。」婷婷：「使用方塊積木 30 片。」討論出方法後，開始進行空間變更工程，過程中以猜拳的方式，贏的人就負責排三個積木，從一邊開始圍各 30 個花花片，發現數量不夠，中間段則是使用方形建構積木 30 個來圍，後來方形積木不夠，孩子又決定再使用花花片來組合。

▲定定正重新拼接花花積木，以決定圍牆移動的大小；小宜正撥打電話給胡教授中；銘銘一一拿出桶子中挖掘出來的化石片，對照在放大的圖卡上，以統計還缺少多少片。

老師的觀察 vs. 省思

　　今日採行分組的方式進行主題活動，二位老師一人帶領一組進行相關的討論與工作，【拼恐龍模件組】則是老師事先說明工作內容，讓他們自行完成，過程中，老師請他們可以將恐龍片的數量數出來，並記錄在紙上，阿宏在紙上寫下了 10、8 和其他的一些數字，他所代表的是恐龍片的數量，小蓁則是在一張紙上仿寫了各個數字，她是依照恐龍片上的標記數字進行仿寫。【邀請胡教授到校解說組】，在打電話時，由老師負責唸電話號碼，小宜負責撥號，而她也都可以依照老師唸的數字，找到正確的數字，成功的撥出正確的電話。【移動恐龍圍牆組】在進行圍牆工程時，孩子提出要使用 30 片的建構片，進行了數數的工作，發現今天的活動中，數學的運用概念，很自然的融入在課程中。

　　今日同時進行三個分組活動，是第一次的嘗試，由於孩子的經驗以及相關的能力還不足，所以部分的組別仍須由老師引導和帶領，冀望將來慢慢的增加分組活動的機會，增進孩子分組合作或小組討論的能力。目前在聯絡簿上已經陸續有家長，希望孩子可以多有參與討論的機會，所以老師在引導討論時，會多加留意，增加較少發言的孩子發言的機會，但是觀察今日的分組活動，會主動參與、發表意見以及

在意見的可行度上，仍固定是那些語言表達能力較強、邏輯思敘脈絡較清楚的孩子，他們也是會較主動的分享，但是老師也省思到一點，團體中原本就是會有較具領導能力的孩子、較積極表現的孩子，我們可以增加、鼓勵較少發言的孩子分享，也許他的回答或話題不是老師要的答案或最適切的回答，仍要多給予正面的肯定，增加孩子的自信心，千萬不要因為操之過急，一下子就希望他們可以分享出很棒的答案。再則也許他們在語言表達這方面尚未發展成熟，可是一定會在其他方面有優秀的表現，老師要協助找到每個孩子的亮點，也讓家長可以了解到自己孩子的亮點。

(八) 挖掘體驗的延伸（二）～胡教授到園解答疑問

邀請胡教授到班上替我們解答我們發現的考古相關問題。小軒問：「所有的石頭都是化石嗎？」並將我們在沙坑挖到的石頭拿給胡教授鑑定，胡教授請孩子先分享各自的想法，靈靈說：「不是，因為裡面藏不下恐龍。」阿哲：「不是，石頭就是石頭。」阿佑：「石頭就是石具、石器。」小恕：「不會，恐龍生長在白堊紀。」胡教授彙整孩子的分享後，將兩顆石頭取出互

敲，掉出了一堆的碎屑，胡教授說：「這些石頭是屬於石灰岩，是一種變質岩，是一種很軟的石頭，化石不會保存在那麼軟的石頭裡。還有，石灰岩很軟，所以無法用來做石器。」孩子附和說：「這樣碗很容易就破掉。」於是第一個疑問我們獲得了解答。第二個問題由靈靈提問：「要怎麼將挖化石的地方圍起來。」胡教授仍請孩子先發表想法，小蓁：「保護化石，可以用石頭圍圍牆？」胡教授：「你們覺得呢？」反問孩子的意見，靈靈：

「石頭圍起來，人家不知道，踩到就破掉了。」阿哲：「圍太高就倒了。」
培培：「蓋一個牆壁加屋頂。」阿玹：「化石那麼大。」阿佑：「蓋一個
房子，開一個小門。」小岱：「圍很高的圍牆，再用樓梯爬進去。」小安：
「蓋屋頂。」胡教授借給我們一片光碟，裡面有介紹考古學家是如何挖掘
遺址，以及如何保護挖掘的地方。

◤ 老師的觀察 vs. 省思

　　觀察胡教授在孩子提出問題後，都會與孩子進行互動，聆聽孩子
的想法，一方面讓孩子可以練習思考問題，一方面也可以更了解孩子
認知的概念有多少？對於這樣的互動模式，胡教授可以針對孩子的想
法，提出符合孩子可以理解的答案或說法。這樣的過程，相信孩子會
更有參與感，也更能激發他們學習的動力。真是感謝教授的用心！孩
子在過程中，其實仍有許多問題想要提問，可是時間的關係，無法一
一回答孩子的問題，但表示專家的話是非常具有說服力的喔！

(九) 挖掘體驗的延伸（三）～考古流程影片欣賞

　　在胡教授離開後，老師播放胡教授分享的影片，內容是胡教授帶著慈
濟大學人類發展學系的學生去挖掘遺址的過程，內容中展現考古學家完整
的考古過程，使用的工具、儀器，如何選定挖掘的地點、申請獲得同意，
先挖個試掘坑，確定挖掘的區域，再拉線固定挖掘的範圍，以正方形為一

個單位。但過程中對於如何拉線、固定這一部分，說明的仍舊不夠，孩子對於整個拉線的經過，還不能建立完整的概念。

(十) 挖掘體驗的延伸（四）～敲石頭

在看到胡教授拿著石灰岩石互敲，產生了碎屑，孩子顯得很興奮，皓皓說：「我也好想敲敲看！」於是我們就在角落時間讓有興趣的孩子到戶外去進行石頭敲擊體驗，孩子認真的拿著石頭敲擊，產生碎屑時，臉上就會露出很有成就感的表情，老師問：「為什麼可以敲出碎屑。」「因為這石頭很軟。」老師：「那這是什麼石？」「石灰岩」老師：「那它可以拿來做石臼、石碗嗎？」「不行。它太軟了。」太棒囉！孩子對於石灰岩石的特性了解的很透澈呢！

🔖 老師的觀察 vs. 省思

敲石頭的體驗活動，是今日臨時發展出來的，一方面是孩子有興趣想要嘗試看看，一方面老師希望透過這樣的實際體驗活動，讓孩子可以親自感受到石灰岩石的特性，相信在他們建構知識鷹架時，會更加深他們的學習，而從與孩子體驗過程中的對話，發現這樣的體驗活動真的有其效果。

(十一) 挖掘體驗的延伸（五）～挖掘

今日的挖掘體驗活動，在大家的合力下，孩子們又挖出了三片恐龍片，剩下七片還未挖出，明日再繼續進行挖掘工作。

老師的觀察 vs. 省思

　　透過今日挖掘出來的三片恐龍片，和孩子討論還要再挖幾片，將數學減法的概念，與我們進行的活動相結合，孩子學習的意願相對高，數學也變的更生活化與實用化，而非只是在紙筆的練習，老師在過程中發現阿佑已經具備減法的概念，詢問他時，他可以正確的說出還要再挖七片喔！

　　在好幾次的挖掘的過程中，老師觀察到剛開始的挖掘，孩子們喜歡拿塑膠鏟子，現在則都喜歡搶金屬的鏟子用，老師問孩子原因為何？阿廷說！「因為比較好挖！」為什麼？「因為它比較硬，可以挖的比較深。」從孩子的分享中，得知孩子透過實際的操作中，學習到鏟子材質的不同，對於操作的成效有所影響。

(十二) 挖掘體驗的延伸（六）～剩下的骨頭片呢？

　　在上一週的早晨，老師固定帶孩子到戶外的沙坑去挖掘恐龍化石後，豐收的成果讓恐龍骨頭的組裝慢慢趨於完成，但是老師今天拋了一個問題：「為什麼還有些骨頭沒有挖到呢？」（有的孩子說還缺八片，有的則說是五片！）宸宸首先說：

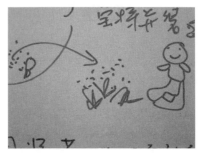

▲老師將阿佑的想法畫出來

「因為我們花的時間不夠多，不夠用心。」還有玲玲也說：「可能我們在挖的時候，一直在講話……。」小安則說：我們挖的時間太少，所以要收拾的時候，還沒有挖到骨頭！」針對他們的分享，老師與孩子們一起來檢視其成不成立，「因為我們的確用了很多的時間去挖掘，大家也很努力地往下挖！」所以不同於以往孩子分享的都成立，這倒是替主題活動的討論寫下了不完全都是

「正確」的註解。接著，幾個孩子紛紛說出可以說服大家的答案：「有的骨頭在很深的地方（因為淺的地方已經被挖出來了）」、「可能已經沒有骨頭了！」、「因為我們都在挖一樣的地方。」或者「沙坑已經沒有骨頭，不過到別的地方可能還有！」因此，在大家的想法普遍堅持要繼續挖掘的工作後，老師有些半主導地告訴孩子自己觀察到的情況：「當你們在挖化石的時候，大家都很小心，不會將沙子噴到自己或別人，但是，沙子在同一個地方一直往上面蓋，那這一區的下面，有沒有可能會有恐龍骨頭呢？」此時，靈靈馬上機靈地說：「那我們就來挖積土的地方啊！」「是的，所以有什麼方法，可以不讓土累積得這麼高呢？」阿佑說：「那把挖起來土放在草地上。」（師：可是草地上的土如果積很高，小朋友可能會跌倒喔！）阿宏說：「那就把土放在溜滑梯下來的地方。」（師：可是溜滑梯下面的凹洞，是要讓小朋友溜下來時可以停住的喔！）靈靈說：「那就用寶特瓶裝吧！裝了沙子後，還可以搖搖變成樂器喔！」（師：可是，你們覺得保特瓶的洞是大還是小呢？）「那就裝一個漏斗就行啦！」……這是今天靈靈分享的「寶特瓶＋漏斗」，還有婷婷說：「把沙士的瓶子切開」，洞就更大了！孩子最後的選擇會是什麼呢，靜待揭曉囉！

老師的觀察 vs. 省思

　　諸如今天主題討論時，孩子們說造成挖掘進度無法往前，是因為時間或是不夠用心的部分，老師與孩子一起檢視其成不成立，倒是替主題活動的討論寫下了不完全都是「正確」的註解。

　　並且，在孩子第一次挖掘恐龍化石的活動中，僅挖到幾個石頭的成果，隨著老師將木製的拼圖片埋在土中，以利於孩子探索，幾次的挖掘下來再加上胡教授澄清了「每顆石頭都是化石嗎？」的疑問，孩子們對於化石存在的沉積岩，或是變質的石灰岩，都有更深入的了解，因此老師本週選擇《石頭爺爺》的繪本故事，希望換個方向，引導孩子去觀察這生活中唾手可得的物品，並進而去愛惜、再利用它。

　　在星期一孩子們討論到要用保特瓶容器加上漏斗，或是將沙士瓶切開來裝沙子後，今天繼續針對有沒有其他的方法來做討論，經過大家的分享，發現方法都圍繞在保特瓶上，因此，老師一直給予提示，希望得到不同於保特瓶的答案，果然等待有所獲得，阿佑說：「用不需要的袋子！」（而且要乾淨的）此時，靈靈和宸宸不約而同地說：「像垃圾袋！」後，宸宸又提了一個問題：「可是，垃圾袋裝那麼多沙子，會不會破掉啊？！」由於以上的每一個方法，孩子們都想要試試看，比較哪一個比較好，因此老師請孩子們回家尋找這些可以使用的材料，例如點心時喝的米漿、鮮奶容器都屬於寶特瓶，至於哪裡可以蒐集到呢？靈靈說：「大樓的後面，有蒐集寶特瓶的桶子內！」阿哲也說：「回收場！」……所以，我們決定讓孩子經由體驗去發現哪個方法較有效，以增加其生活經驗的累積。

　　在上週孩子們決定要繼續挖出埋在沙坑裡的恐龍化石後，早上大家帶著各自的瓶瓶罐罐及漏斗往沙坑出發，有熱情的太陽公公陪伴，孩子們的興致也相當高昂，連帽子都決定不用帶呢！在大家一番的努力之後，老師

考量到孩子帶來的寶特瓶已用完，以及曝曬太久擔心孩子不舒服的情況下，只好讓意猶未盡的孩子們先行收工，回到教室休息及討論剛剛挖掘的成果及遇到的問題，阿宏首先說：「有的瓶子還沒裝滿！」丞丞說：「漏斗會卡住！」小真也同意地說：「沙子倒不進去瓶子裡！」（因

為沙子的顆粒不算小，並且下層的沙子有點濕度在，更增加其黏性）對此，小安倒是有自己的見解，他說：「漏斗的洞太小了，所以我用敲的比較快！」（意思說，用鏟子敲敲漏斗會增加其往下的速度。）婷婷說：「沒有用漏斗裝的話，沙子都倒到外面去了！」阿佑也分享：「用塑膠袋裝時，會有掉在外面的沙子。」因此，我們接著便針對孩子所提的漏斗太小了，怎麼解決來作討論。靈靈說：「看看裡面有沒有石頭，如果沒有，就一次不要倒太多！」慈慈則提議說：「可能需要更大的漏斗。」（要多大才可以，有其他的辦法嗎？）丞丞聽了遂建議大家：「可以用大張的紙作漏斗！」因此我們除了希望蒐集到更多的瓶子外，也讓孩子將「大漏斗」的需求帶回家，期待得到爸媽的協助。

▲有別於第一次討論出來的挖掘活動，這一次開始，大家帶來許多瓶子和漏斗，試著將沙坑的沙子全部挖出來，看看能否順利地找出剩下的恐龍片！

◥ 老師的觀察 vs. 省思

在太陽公公熱情地的曝曬下，孩子們頭上大大的汗珠，卻絲毫不感覺到累，因為今天挖出約十個瓶裝，及五個塑膠袋的量而已，但為了保護孩子不中暑的情況下，只好讓意猶未盡的大家暫且進教室討論接下來該怎麼做，畢竟大家努力地往下挖，卻也遇到許多的問題，不論是力道或是工具都希望在經過一番討論後，能獲得解決！

早上在孩子們作品分享後，我們再度到戶外的沙坑去蒐集沙子，雖然我們討論出需要更大洞的漏斗才可以增加沙子流動的速度，但是，一些孩子利用紙張製作來的漏斗，卻不怎麼好用，所以我們仍繼續使用原本的材料去蒐集沙子，一罐罐、一袋袋的沙子讓沙坑中的沙子愈變愈少，雖然距離真的挖乾淨還有一大段距離，但就在要收拾的前一刻，阿珩幸運地挖到其中一塊的頭部化石，這樣的興奮感染到大家，也確定裡頭一定還有恐龍化石片，我們會在明天早晨繼續活動。

沒有昨天寒冷的氣溫，今天早晨和煦的陽光，老師帶孩子再度到戶外，進行孩子預計要「挖光」沙子的沙坑，因為早到的人數較少，塑膠袋及昨天未裝滿的瓶子還足夠用，但是隨著到校的人數增多，最後我們幾乎都使用垃圾袋來裝沙子……，過程中，孩子喊著：「老師，袋子破掉了！」的聲音此起彼落，也有人因為漏斗的洞真的太小了，而影響裝沙的速度，因此將近 40 分鐘後，依然沒有昨天阿珩發現化石的幸運，大家只好帶著有些

失望的心情離開囉！

　　在稍早孩子到戶外的沙坑沒有挖到恐龍化石外，連瓶子都沒有了，因此老師和孩子討論當後來我們幾乎都使用「垃圾袋」來裝沙子時 OK 嗎？「因為垃圾袋有它原本的用途，所以當我們最後找到恐龍化石，要再將沙子倒回沙坑後，垃圾袋是不是還要再回收利用呢？而且，早上使用垃圾袋時，有遇到什麼問題嗎？」小宜幫老師補充為什麼使用垃圾袋，她說：「因為瓶子快用完了，所以才用垃圾袋！」靈靈則針對問題回答：「袋子裝沙子後變很重，而且袋子很快就破了！」「那你們覺得瓶子好用還是袋子好用呢？」大家投票一致覺得是「瓶子」好用，但為什麼呢？阿哲說：「因為瓶子比較硬！」宸宸補充道：「因為它硬硬的，所以比較不會倒！」小安也說：「用瓶子就不會破掉了！」只是，家裡還有足夠的瓶子嗎？如果沒有，我們可以去哪裡找呢？「學校的資源回收場惜福屋」是正確的解答，於是在討論後，我們立即前往惜福屋去找尋瓶子，果然找到好多大大小小的瓶子，回來清洗過後，要準備下一次的蒐集工作。

▲從挑選到清洗、曬乾，每一個步驟都很重要，也讓孩子從親身體驗去感受資源回收及再利用的重要。

🎒 老師的觀察 vs. 省思

　　到惜福屋找寶特瓶的 idea，是一開始討論時阿哲所分享的，所以當我們可使用的資源不足夠時，孩子們幾乎異口同聲地說出「惜福屋」這個答案，到達這個擺放回收資源的地方，我們首先看到合心班時，

大家合力製作火車的紙箱（包裹），接著，每個分類的空間都有自己的家，我們找到寶特瓶區，並且告訴孩子如何選擇可以用的瓶子，孩子除了發現牛奶瓶很可愛，人手一瓶外，更值得開心的，還有奶粉的鐵罐、保麗龍盒及漂白水、洗衣乳的罐子，相信這些大容量的瓶子一定能幫助孩子蒐集到更多的沙子，期待能更快找到剩餘的恐龍化石。

今日持續恐龍片的挖掘工作，在孩子的努力下，終於又挖到一個，於是我們剩下四片需要再努力，過程中發現孩子的合作概念有慢慢在形成中，孩子遇到困難時也會想方法解決。

發生的問題	我們這樣解決
小安、小穎、阿廷一組，使用保麗龍盒來裝沙子，裝滿後發現太重了，搬不動，他們嘗試用鏟子從下面將保麗龍盒撐起搬運，但是因為力氣不夠沒有用，尋求老師幫忙，連老師都搬不動耶！	將沙子挖出來，減少沙子量後，保麗龍盒就可以搬動啦！
挖掘過程，遇到沙子會一直卡在漏斗，無法順利的掉入漏斗內。	使用三種方法來解決：用鏟子敲漏斗、抖動漏斗、用鏟子鏟沙子，產生空隙空間，讓沙子順利的經過漏斗掉入瓶子內。
老師這組遇到了一個問題，就是沙子很不容易從漏斗中掉到瓶子內，裝沙的速度有點慢喔！	慈慈分享說：「沙子不能裝太多在漏斗內，這樣才不會卡住，沙子才掉的下去。」如此真的讓裝沙的速度增快許多喔！

老師的觀察 vs. 省思

挖掘恐龍片的過程中，孩子已經愈來愈會小組合作，而且孩子問題解決的能力也可以在過程中發現，遇到沙子卡在漏斗內下不去時，會使用鏟子敲敲漏斗，產生振動，讓空間重組，讓空氣進入，沙子就

可以順利的掉入瓶子內。老師真的不能小看孩子的能力，真的就讓他們去嘗試，也不用太急於去給孩子答案，或是可以透過一些引導，讓孩子們去思考解決之道，不管方法如何，其實只要可以達到目的就可以了。而且也可以從不同方法嘗試的過程中，讓孩子能體會、比較，學習選用最有效率與成效的方法。

　　在決定將沙子挖出來找恐龍片時，老師原先想到的方法是用塑膠袋或大型垃圾筒，但是孩子在討論時提到瓶罐、寶特瓶，老師尊重孩子的想法，那就二種都試試吧！結果在搬運時，塑膠袋產生一個大問題，就是因為沙子太重，塑膠袋會很容易破掉，反而是寶特瓶在搬運時，較方便搬運，這又與老師原先設想的不同，看來，真的是要實際操作後，才知道最後的結果如何？而且相信孩子在這過程中學習到的知識會更實用與深刻。

老師的觀察 vs. 省思

　　孩子在挖掘的過程中與運用到的概念：數學～容量對比概念、重量概念、社會～合作精神的提升……，透過一次次的挖掘體驗過程，老師觀察孩子自然而然的運用、學習、培養了相對的能力，例如：

1. 【數學能力～容量對比概念、重量概念】皓皓和另一位孩子合作，他們使用的漏斗是屬於較小型的，皓皓發現朋友的罐子挖了一大堆的沙就說：「你的沙要弄少一點，因為漏斗很小，沙子太多會掉出去。」

2. 【觀察、比較概念】宸宸：「瓶子比較好用，塑膠袋搬的時候會破掉。」孩子發現每次少量、少量的沙子量，比較不會造成漏斗塞住，如此一來，沙子裝滿瓶子的速度會增快。

3. 【問題解決能力】靈靈：「使用塑膠袋，怕恐龍化石會被藏在罐

子內，被沙子蓋住。」阿哲：「用瓶子裝，就不怕恐龍化石被埋住，沒有發現到。」

4. 【專注力與毅力的培養】小書分享：「很喜歡挖，覺得很辛苦，每天都要用心挖。」

5. 【社會概念～合作精神的提升】老師加入挖掘工作，示範如何尋找同伴一起合作，讓孩子了解合作的好處，孩子也紛紛要求與同學合作，看來老師引起了孩子主動合作的意願囉！

6. 【身體技能～小肌肉的發展、手眼協調能力】鏟子的使用以及技巧的增進。

　　另外，小真：「我都沒有挖到，擔心用鏟子敲漏斗的過程，會將恐龍片弄壞掉。」培培：「可以先摸一摸鏟子內的沙，看有沒有恐龍片。」小安：「用鏟子挖手會酸，希望有一陣龍捲風。」孩子：「那恐龍片也會被吹走耶！」皓皓：「漏斗會塞住沙子。」小軒：「瓶子較好用。」從孩子的分享知道孩子學到：(1)比較出瓶子比較好用，這是在搬運過程中比較出來的；(2)挖掘的過程是辛苦的，但態度必須是用心的。

(十三) 挖掘體驗的延伸（七）

挖出來的恐龍片為什麼會破掉？挖出來的恐龍骨頭怎麼辦？

　　陸續挖出來的恐龍化石片，孩子一直有發現其中的不同，於是與孩子一起觀察不同時間點挖出來的恐龍化石片，並分享他們的觀察或發現。在輪流觀察的過程中，有一個較晚挖出來的恐龍骨頭片，被孩子摸壞掉了，小嚴和瑄瑄分享說：「有一個恐龍骨頭被弄壞，一個沒有。」皓皓：「挖出來就壞了，再摸就斷掉了。」老師請孩子想一想為什麼會這樣呢？丞丞說：「比較早挖出來的恐龍骨頭比較硬，比較晚挖出來的比較軟。」小岱

說：「溶解了。」老師：「被什麼溶解了？」小安：「水。」阿哲：「愈晚挖出來的恐龍骨頭，水跑進去了。較早挖出來的太陽曬乾了。」孩子已經推測出水分的浸入是造成恐龍骨頭片損壞的原因。老師再問：「較晚挖出來的恐龍化石片的顏色有什麼不一樣？」慈慈：「黑黑的，沙子的顏色。」靈靈：「黑，沙子黏在上面。」老師針對顏色變化部分，討論其可能的原因，婷婷：「太晚挖出來，太陽曬，風一吹就把沙子弄到上面。」小宜、小真：「風把沙子吹進去。」老師整合孩子的想法，並解釋其顏色的變化以及易破損是因為「受潮」造成了恐龍化石片的「質變」，透過討論過程，發現孩子已經了解到自然物理現象，像是水的滲透造成骨頭會崩解，以及小岱提到「溶解」的概念。對於「溶解」一詞，阿宏問說是什麼意思？老師也針對「溶解」進行了解釋。

　　至於挖掘出來的恐龍化石該如何處理？慈慈說：「關心它。」靈靈、丞丞：「拼起來。」孩子對於這個建議很贊同，附和聲不斷，老師問：「那壞掉的怎麼辦？」阿珩：「用膠帶黏。」老師問孩子知不知道考古學家怎麼處理？阿哲說：「用石頭做。」阿哲分享他是從書上看到相關的知識，老師將這個問題拋下去，請孩子先去蒐集資料，阿哲從《我的恐龍大探索》書中找到資料並分享：「化石挖出來後，要交由古生物學家清洗、強化化石，再進行組裝。」孩子了解到基本的處理步驟，但詳細的情形我們仍不清楚，孩子分享幾個可能可以尋求到答案的方法：找書、上網、問專

家（胡教授、哥哥。）請孩子持續尋找相關資料，再拿到班上分享，而阿珩提出：「可以自己先拼拼看。」的想法，老師尊重他的意見，開放角落探索時間，可以去拼拼看，挑戰一下！

老師的觀察 vs. 省思

對於挖出來的恐龍為什麼會破掉？為什麼會變黑？透過孩子在討論過程中，發現孩子已經了解到自然物理現象，像是水的滲透力造成骨頭會崩解，以及小岱提到「溶解」的概念？對於「溶解」一詞，阿宏問說是什麼意思？老師針對溶解進行解釋。過程中，老師試著請平日較少主動分享的瑄瑄、小馨發言，可是他們分享的意願仍不高。孩子對於後續的工作內容也有一番想法。

(十四) 恐龍王國繼續與否？

配合學校運動會、英文成果發表的活動，班上暫停了好一陣子的恐龍挖掘活動，在活動結束後，「主題」也有較充足的時間來進行，在孩子們決定要挖光沙坑的沙子來找尋剩下的恐龍化石片後，今天老師先和孩子們一起計算這學期還剩下的上課天數，並且詢問孩子：「這 20 天的日子裡，我們還要繼續找剩下的四片化石嗎？」結果得到孩子們肯定的答案，因為大家的持之以恆，期待我們能如願找到剩下的化石。

老師的觀察 vs. 省思

對於是否要繼續挖化石的想法，孩子們分成兩派說法，不贊成的小軒說：因為太累了，定定和培培也認為：繼續挖會一直曬太陽，而且曬很久就中暑了！但是堅持要繼續挖的小真卻說：「因為這樣才可以找到更多的化石，把它拼起來後，放在外面給客人和小朋友看，這

樣客人才知道善解班的小朋友很厲害。」小岱和阿佑也支持她的想法，因為全部挖出來才可以給大家看，也才能拿出來展覽，並且玲玲也非常肯定地說：曬太陽對身體比較好，雖然兩方各有其說法，但最後大家的決定仍是要繼續找到剩下的化石片。

(十五) 挖掘體驗的延伸（八）～恐龍主題的後續發展

「但是，找到化石片、拼出完整的模型後，我們的主題要如何繼續進行呢？」老師拋出這個問題，趁大家都還沒有概念時，老師繼續發問，「你們最近在製作的恐龍小書，不是要賣給大家的嗎？」這麼一提，大家似乎記起來要變成書店的想法，所以孩子們幫忙取了個「善解班恐龍書店」的頭銜，「那書店裡要有哪些東西呢？」小書首先說：「要有丞丞畫的恐龍書。」（只要丞丞的嗎？）當然不是，大家作品都包括其中，接著，培培也建議：「可以擺其他的書。」例如：《甲蟲》、《飛機》。小真也提議：「大家的作品，可以黏在牆壁上。」還有銘銘提到今天的「恐龍蛋」等。如此一來，書店的內容物具備了，其他的書籍有現成的，恐龍的作品也已經在櫃子上展示，恐龍蛋和找到的化石成品要放在音響的開放架上，只是大家的恐龍小書要擺放在哪裡呢？ 小穎認為要放在外面的地板上，「可是大家要看的時候，需要蹲下來耶！」因此丞丞建議要用線將作品掛在外面，阿佑則說可以放在教室裡的書櫃中，靈靈則提議開放架是個不錯的選擇，最後，我們採投票的方式來決定小書放的位置，投票的結果是要放在開放架上展出。

(十六) 恐龍蛋的觀察（一）

感謝小軒媽媽送了一顆「恐龍蛋」的益智玩具到學校，而小軒在家中已經完成了兩顆恐龍蛋的觀察，因此老師請他分享：蛋蛋真的會長大嗎？

（是的，它的殼會破掉）需要長或短的時間？（要很久喔！）那恐龍真的會長大嗎？（對啊，一直泡水就變大，但是拿起來就變小了……）小軒的分享聽得大家也非常期待要觀察這顆恐龍蛋，因此老師使用觀察箱裝了孩子提議的 400c.c.的水，將蛋放入水中，果然蛋蛋上頭的氣孔吸了

水便咕嚕咕嚕，到了中午已開始出現裂痕，下午有人看到黃黃的嘴巴（或尾巴），說是鴨嘴龍，而銘銘看到黃色的頭已出現時問道：「老師，恐龍長大後會游泳嗎？」這些說法，聽起來雖天馬行空，但卻是孩子最天真的想法及滿滿的期待，所以老師也和孩子一起等待喔！

老師的觀察 vs. 省思

　　恐龍蛋的泡水觀察，是最近主題活動暫停，卻又讓孩子繼續保持對恐龍的興趣，很多人在早上剛出現裂縫時，說著自己看到紅色的舌頭、或是恐龍在跟他說「嗨！」……，這些有趣的說法，聽起來雖然天馬行空，但卻也是孩子最天真的想法及滿滿的期待，所以老師並不去推翻大家的說法，就連下午銘銘看到黃色的頭已出現時，問道：「老師，恐龍長大後會游泳嗎？」這個泡在水裡才能膨脹、長大的玩具模型，想必帶給孩子無限的想像空間吧！

(十七) 恐龍蛋的觀察（二）：恐龍蛋的轉變

　　繼昨天放學前孩子們發現恐龍蛋的裂縫變大，恐龍的頭已經出現後，今天一早，孩子們開心地告訴老師：「恐龍的頭愈來愈大了耶！」為什麼可以肯定那是恐龍的頭呢？因為兩邊都有眼睛啊，的確，老師請小軒帶來

家裡面已經「長大」的暴龍、雷龍做分享，並請孩子一一觸摸、聞聞這兩隻恐龍有什麼感覺。小星星說：「摸的時候很冰、很軟！」小乖說：「摸起來裡面好像有水，外面也濕濕的。」在觸感上的分享，恩恩也說有軟軟的感覺，而定定的想法則說是硬硬的。整合來說，阿珩描述「像口香糖」的說法的確很生動，另外，小穎在嗅覺上的分享說：「聞起來香香的。」而小軒和憶真卻說：「有點臭臭的。」雖然玩具本身的材質是安全的，但也因為是泡水的玩具，所以味道是很主觀的，不論正向或負面的說法，都可以接受的。

(十八) 班級共讀～《石頭爺爺》

「爺爺到處去蒐集石頭，他的房間裡有各式各樣的石頭，所以大家都叫他石頭爺爺……」這是一本教導孩子觀察事物以及珍惜資源的故事書。在故事開始之前，老師和孩子討論到何謂「資源」。阿哲首先說：「保特瓶！」（小嚴補充：是塑膠的。）阿珩說：「水資源！」阿佑說：「塑膠袋！」（老師補充：而且要乾淨的！）還有恩恩說：「膠水的瓶子！」皓皓說：「包裹的紙箱。」為什麼這些都是資源呢？在宸宸的舉例後，更是一目了然。她說：「空的瓶子不要用的時候，可以把它切一半」，阿宏馬上接著說：「是要做花盆喔，當然不是喔，是可以拿來放鉛筆的！」呵呵，原來，這個「資源」的討論，已經引起班上很大的共鳴了。

趁著午睡前的時間，接續昨天的《石頭爺爺》故事，爺爺喜歡到溪邊撿石頭，他說：「只要用心，就能撿到獨一無二的石頭，並且取一個適合

它的名字！」爺爺也說：「許多石頭，在住在山洞一些日子過後，就能產生奇妙的變化。」有一天，爺爺撿到了紅、橙、黃、綠等顏色的圓石頭，但是他太老了，而石頭太重，無法一次帶回家，所以他將這些珍貴的石頭藏在溪邊的角落裡，但是，這天夜裡，颳起大風和下大雨，等天一亮，爺爺去找石頭時，奇怪的事情發生了，這些漂亮的圓石竟變成一顆好大的石頭，爺爺請了許多人來幫忙，移開了大石頭，但是，石頭下面的圓石都不見了！爺爺握著這些被壓碎掉的圓石，心裡覺得很可惜，但他突然想到一個好辦法，一個能讓社區更美麗的方法。不久以後，社區裡出現了一條美麗的彩虹步道，歡迎著每個經過的人。

🔹 老師的觀察 vs. 省思

　　《石頭爺爺》是一本藉由書中石頭爺爺蒐集石頭的過程，教導孩子珍惜並愛護大自然，故事中，石頭爺爺帶著小孩順著河流發現許多動物的化石，從大海到海灘，除了要用心去發現外，透過這隨地可見的石頭，引導孩子多去觀察其大小、顏色及形狀，並從中培養同理心和學習善用資源。

(十九) 班級共讀～《我的恐龍》（一）

　　「科學家發明一隻恐龍，送給我當寵物，我牽著牠散步時，一定超級酷，但是，牠走過的地方，我得砍掉一棵大樹，我帶牠去看醫生時，會嚇到醫生，還有我看電視時，會被牠的身體擋住，而且，千萬不能忘記叫牠去尿尿，要不然……」這本班級共讀的故事，雖還沒講到尾聲，但每個有趣的情節，都換來孩子哈哈大笑的回應，對恐龍的存在，下了另一個註解。

老師的觀察 vs. 省思

　　這週班級共讀，是一本與恐龍有關的繪本《我的恐龍》，在孩子的夢想中，總希望自己有隻恐龍當寵物。牽著恐龍在街上散步，左右鄰居哪個不羨慕？讓牠吃到飽，教牠在後院踢足球⋯⋯但是，事情真是如此美好嗎？恐龍的大體積、大食量、也不能忍的尿尿要如何解決呢？這是一本讓想像裝了翅膀、載著孩子探索跟大恐龍一起生活的幽默故事，把孩子對大玩具的渴望和寵物結合起來，透過幽默的手法，將恐龍出現在生活中的真實性，提出來和孩子一起討論。

(二十) 班級共讀～《我的恐龍》（二）

　　如果我有一隻恐龍做為寵物會變成怎麼樣呢？會發生一些有趣或不方便的事，可以不用擔心晚上一個人睡，還要記得帶牠去尿尿，需要替牠蓋一個超大房子，準備一卡車的食物給牠吃，教導牠不隨便吃掉狗和貓，鍛鍊身體好陪牠玩，帶牠去自助洗車場洗澡，帶牠去散步，可是要擔心牠會將別人的車子壓扁，要小心牠的尾巴可能會將房子打壞，雖然恐龍當成寵物可能會造成許多的不方便，可是我還是很愛我的「阿龍」。

老師的觀察 vs. 省思

　　《我的恐龍》一書，與《如果恐龍回來了》的故事內容，都是屬於較詼諧、幽默，且充滿無限想像力與創意的繪本，雖然現實生活中恐龍已經滅絕，但是本書以科技進步觀點，點出或許未來的科學家可以讓恐龍復活。最後故事的結尾，恐龍變成了一隻玩偶⋯⋯，孩子好奇的發問，為什麼恐龍變成一隻玩偶，孩子激烈的討論著他們的想法，「應該只是一場夢吧！可能是他太喜歡恐龍，所以想恐龍回來會變成怎樣。」

(二十一) 班級共讀～我的恐龍扮演遊戲

在上兩週班級共讀《我的恐龍》故事結束後，佩珠園長進到教室看到這本故事書詢問起是誰帶來分享之後，孩子們主動邀請佩珠園長一起聆聽這本有趣的故事。故事中的每一頁，我們邀請一位孩子解釋其中的內容，孩子有的透過畫面，有的解讀了文字，

也實際地模擬一遍，過程中的笑聲不斷外，大家最後還討論到「恐龍有心臟嗎？」贊成的 21 票，覺得沒有的也有 7 個人，正確的解答，就像人有生命一樣，屬於動物的恐龍類當然有心臟，因此才能帶動全身去走路、覓食，維持其生命。

(二十二) 繪本延伸：小花的恐龍

今天慈濟大學的姊姊來試教，一開始姊姊們以自製繪本「小花的恐龍」來引起動機，故事中恐龍想做好多事情，串連起來的故事情節，引起孩子不少的興趣，因為孩子對於恐龍的認識已經有一定的概念，所以接下來的「製作恐龍小書」的活動，大部分的孩子也能自行勾勒出恐龍外型及特徵，老師放手讓孩子創作，但是仍需要預備一些恐龍的仿畫卡，以利孩子更加有自信地展現出來。

老師的觀察 vs. 省思

今天姊姊的大書一攤開就吸引住孩子不少的注意力，雖然阿佑直說：「我媽媽也會做這個書！」但姊姊們沒有因此而被打斷，這是在教學現場所需的鎮定，以應付每種突發的狀況。另外，今天的小書製作過程，觀察到有些孩子對於接下來要摺哪裡會有點不清楚，所以建議姊姊能將摺線及需剪裁的地方以黑筆作記號，以利於孩子操作。但有些令老師意外的是，這是孩子第一次接觸自製書籍的開始，也由這個活動出發，美勞角學習區的時間裡，很多人也延續對製作小書的喜愛呦！

 ## 四、成果展現階段

(一) 恐龍手工書

延續上週慈大姊姊教導孩子製作手工小書，我們將這個活動延伸到美勞角，讓孩子可以繼續進行恐龍書的創作，今日有三位孩子（銘銘、皓皓、丞丞）參與恐龍手工書的製作，過程中孩子對於手工書的製作技巧未熟練，需要老師的引導、示範，但相信透過一次次的創作中，孩子會更加熟練此技巧。

「畫恐龍」的活動一直是孩子的最愛，孩子也常要求分享自己的恐龍創作畫，可是發現孩子的作品總是一張一張的收藏不易，如果這麼愛畫恐龍創作畫，何不引導他們創作一本自己的恐龍書呢？有了《如果恐龍回來了》的班級繪本引起孩子的興趣後，還必須教導孩子如何動手做一本手工

書？於是特別配合慈大姊姊試教活動，教導孩子製作手工小書，並將這個活動延伸到美勞角，利用早上到園的角落時間，老師陸續帶領孩子製作自己的手工書，孩子參加的很踴躍，在過程中發現因為圖畫紙摺了三摺後，孩子較無法對齊邊線，摺出來的書面大小落差會較大，且孩子的摺線都壓的不夠平，希望透過多次的練習後，孩子這項能力可以獲得提升。另外在使用膠水罐時，孩子剛開始遇到膠水擠不出來的問題，因為學校的膠水罐是屬於彈珠的接觸面，所以邊壓膠水罐要邊移動，膠水就可以順利的流出，老師也都各別示範、指導孩子操作的技巧。

　　孩子持續未完成的恐龍手工書繪製，丞丞和小瑋則是有意增加頁數，他們問老師該怎麼辦？老師提示孩子可以再製作一本手工書，然後將二本黏在一起，書的頁面就可以增多了，孩子接納老師的方法，完成加頁的手工書製作。

　　瑄瑄的在老師引導下作品更加完整、丞丞正在製作 100 恐龍書，陸續將一本本的恐龍書進行堆疊，書中的恐龍也都沒有重複，他的堅持度以及目標非常明確呢！

🦷 老師的觀察 vs. 省思

　　恐龍小書的製作，在角落時間成為一個熱門活動，孩子看到大家都在製作，也都相繼主動要求製作自己的恐龍小書，對於小書的製作技巧，孩子們也愈來愈純熟，老師需要協助的部分也愈來愈少。孩子在小書命名的部分，仍以語文角中的恐龍書名稱為書名，小書內畫的

恐龍多是單純的恐龍圖形，或是單一的故事，因為這是孩子第一次自己創作個人手工書，在作品內容的完成度以及完整度都還不足，這時就需要老師適時的引導讓孩子將構圖或圖樣做升級，老師也藉由作品的分享，讓孩子透過同儕的學習，增進自己在創作上的創意與想法。

　　【學習、運用到的能力或概念】～摺紙的技巧、膠水的使用技巧、手工書的製作方法，創造力的增進、加深對於書本的喜愛與興趣。

　　這兩天孩子開始製作起恐龍手工書，觀察到原本恐龍就畫的不錯的孩子，在繪製手工書時，仍是使用恐龍模型版協助畫出恐龍圖像，老師相信孩子可以畫出更富有創意的恐龍，他們的能力是可以勝任的，所以需要再加強鼓勵有能力的孩子放手去創作，完成更具有個人風格的恐龍創意書。

(二) 恐龍手工書作品分享

1. 恐龍大百科　　　　　　　　　　　　　　　　　　　圖／文　銘銘

　　封面是老師協助孩子寫下，書名則是孩子自己想的，內容：發呆龍要去找獵物、嘴巴龍要去買菜、脊龍要去買蘋果、暴龍要去找牠的蛋。從孩子的作品發現文字與畫面的部分連結性還不足，圖畫的部分只有恐龍圖像的呈現，故事中的主要動作或物品，例如：菜、蘋果，銘銘並沒有畫出來，這是老師需要再引導孩子了解故事文字與畫面的連接性。書名是孩子以在語文角閱讀過的恐龍書籍中的其中一本命名的，書名與內容的連貫性也不足，所以是否要引導孩子了解書名、文字、畫面三者之間的關聯性？是老師需要思考的課題。

2. 恐龍媽媽的生蛋故事　　　　　　　　　　　　　　　圖／文　小瑋

　　故事內容：三角龍和腕龍在打架，暴龍在生牠的蛋，兩隻翼特龍媽媽

在生蛋，霸王龍在生蛋，三角龍媽媽生了十顆蛋，迅猛龍媽媽生了一顆蛋。故事的連貫性不夠強，但是有圍繞在同一個主題上，還有圖像頁面畫顛倒的情形發生。分享後，請孩子給予回饋或意見，老師引導孩子觀察小書的封面，孩子說：「有一隻恐龍和一顆蛋」，老師由此帶入繪本封面的概念：圖畫要畫出與故事相關的物品或圖案，閱讀的人才知道這本書要說怎樣的故事。阿宏說：「最後一面沒有畫圖。」原來他也觀察到封底也是會畫上一些圖案的。希望透過一天一點的分享、觀察與討論，讓孩子對於繪本的繪製製作概念更加清楚，協助孩子創造出更具有特色與創意的恐龍繪本。

老師的觀察 vs. 省思

　　孩子們陸續在美勞角製作出一本本的自製手工書，但是故事缺乏連續性、結構性以及因果關係，書名以及內容無法對應，且圖與文的連結度不足，無法清楚的從圖像上解讀故事的內容或發展，老師思考該鷹架孩子對於繪本的知識，帶領孩子再更深入的發現故事繪本的形式、文字與圖像的連結性、圖像畫面的構圖、空間概念等，瑄瑄對於製作手工書的興趣濃厚，對於製作手工書的技巧已經很純熟了，無須老師或同學的協助、指導。

3. 恐龍書

圖／文　瑄瑄

　　故事內容：恐龍去找朋友，發現粉紅色的恐龍，粉紅色的恐龍看見一棵樹，就吃起樹葉了，大恐龍看到小恐龍想把小恐龍吃掉。故事、繪本分析：故事間的連貫性不足，且故事沒有結束的感覺，從繪本的封面到封底，瑄瑄都畫了一臺車子，可是車子都沒有出現在故事內，而且瑄瑄一開始畫的恐龍不夠具象，無法讓人一眼就看出他畫的是什麼？透過瑄瑄的作品，讓孩子認識幾個繪本創作概念：畫的圖案要夠具象，且畫的圖像要與故事的情節發展有關，故事的完整性才會更好！

老師的觀察 vs. 省思

　　孩子的小書創作中，發現孩子在製作書的過程，技巧的掌握仍有待加強，例如：摺的方式、壓線的部分，黏貼的技巧都需要再重新指導以及提醒，部分孩子可以擔任小老師，但是發現孩子的肌耐力不足，所以在壓線的動作上，會有點力量不夠，且圖畫紙的紙張較厚，在摺完三摺後，孩子作品的邊線都無法對齊，作品的美觀完成度仍有進步的空間，是否需要再教導孩子其他較適合其能力的小書製作方法？或繼續觀察孩子們的作品展現。

---

4. 恐龍在打架 　　　　　　　　　　　　　圖／文　小穎

　　故事內容：一隻暴龍肚子很餓對三角龍說：「請你分肚子裡的東西給我吃。」三角龍說：「不要。」暴龍就生氣了。三角龍說：「不行，我肚子也很餓。」暴龍說：「沒關係。」三角龍和暴龍他們就一起去抓獵物。

(三) 恐龍手工書陸續完成～開恐龍書店

　　在一連串的校慶系列活動結束後，課程又回歸到正常的軌道上，孩子對於之前進行的主題相關活動已經有點興趣缺缺的感覺，要試著再燃起孩子們主動參與或積極投入的興趣，與孩子討論到接下來的課程發展將從製作恐龍小書延伸至開恐龍書店。

老師：「那開書店需要哪些東西呢？」

小真：「書。」

小蓁：「書櫃。」

阿珩：「錢。」

丞丞：「書上要寫賣多少錢。」

老師：「那就是標價。」

小宜：「要會算錢。」

靈靈：「要有樣本書。」

老師：「什麼是樣本書呢？」

靈靈：「就是假的書，人家看了喜歡再買。」

老師：「所以樣本書都是假的書嗎？」

對於樣本書的定義孩子不是很清楚，多數孩子也不清楚何謂樣本書，於是將問題拋給孩子，請孩子回去問問家長尋找答案，再來釐清孩子們的想法。

 老師的觀察 vs. 省思

開恐龍書店的想法，仍只有一個起頭，具體的發展孩子似乎仍未有確切的想法，目前也一直在製作書的階段，需要再多聆聽孩子的想法、整合他們的意見。

(四) 恐龍書店～樣本書、野狗入侵沙子區？

在討論恐龍書店時提到了樣本書一詞，請孩子回去詢問家長，今日與孩子討論，孩子似乎都沒有詢問到答案，老師於是擔任鷹架孩子概念的角色，說明樣本書的特點，就是讓讀者可以先閱讀看看對於這本書是否有興

趣，如果翻閱完之後，很有興趣就可以拿新的一本書去結帳。對於樣本的定義，是讓消費者參閱物品的一個範本，透過觀看樣本再決定是否要購買。另外，合心班的老師與我們反應，我們存放在合心班教室戶外走廊的塑膠袋內的沙子，被野狗弄得亂七八糟，沙子灑了一地，所以老師將問題拋給孩子，詢問孩子該如何處理。孩子說：「做圍牆、叫警衛去抓野狗、叫爺爺來趕狗、做一個房子、把校門都關起來、把塑膠袋內的沙子裝到瓶罐中。」孩子的回答天馬行空，老師與孩子討論到「可行性」，就是在這些提出的方法中，哪些是可以真正施行的。最後我們決定要搭建圍牆，那要用什麼材料呢？蓋多高？經過一番討論，我們最後決定用紙箱來製作圍牆。搭多高？孩子則是尚無概念，但是因為一時無法找到那麼多的紙箱，所以孩子也決定先用宸宸提出的方法，將塑膠袋內掉出的沙子裝到瓶罐中。另外，我們再一起到惜福屋拿取了紙箱，準備好搭建圍牆的材料和工具，利用分組時間，我們圍出一個基本圍牆。

老師的觀察 vs. 省思

　　孩子在討論時，提出的一些問題解決方法，都欠缺思考其可行性，所以老師需要協助孩子釐清可行性，但相對的老師在釐清孩子方法的可行性時，又是否會抹煞掉孩子錯誤中學習的機會，剝奪了孩子學習的機會，老師也要審慎的評估與思考，這真的是一門大學問。

(五) 野狗入侵沙子～如何解決：製作圍牆

　　與孩子大致討論要如何圍圍牆，之前宸宸提議就直接用紙箱圍起來，於是我們就這樣開始了，小馨、小恕一開始有點不知從何做起，概念也較不清楚，所以拿著剪刀或膠帶在游離，老師問他們現在我們在做什麼？他們回答：「做圍牆，不讓狗狗跑進去。」表示兩人知道這組的工作目的，

老師引導他們該如何做？協助他們撕膠帶，請小恕負責用剪刀將膠帶剪下，小星星則是主動負責將紙箱的接縫處黏貼起來，動作愈來愈熟練，也有實際參與到工作。阿佑和阿哲則是自成一組，概念明確，且可以自己靈活的使用膠帶。慈慈、宸宸則是第三組的主要指導人，這組圍出一個基本圍牆，大家觀察成品，孩子觀察到有的地方牆面過低，擔心小狗會跳進去，有人反應沒有門，孩子提議要做門，可是該如何做，孩子們尚未達成共識。

老師的觀察 vs. 省思

在討論阿哲與阿佑他們搭建的圍牆為何比較堅固時，阿哲、阿佑提出了「支撐」的概念，表示兩人已經運用到數學中「力」的概念，老師順勢引導出「支撐力」的概念學習，鷹架孩子的知識。而在工作過程中，雖然大家都已經知道阿哲的搭建方式，可能因為概念仍不清或是無法相互合作，一直沒有將圍牆的主體搭建起來，於是請阿哲和阿佑協助指導，透過他們的幫忙，圍牆終於順利搭建起來，但工作分配的過程中，孩子們也時有爭執或摩擦，大家都各有各的主見，但是經過不斷的溝通，老師的引導，孩子漸漸的學會接受他人的意見，或是與人協調接受負責其他的工作，讓工作可以順利完成，真正學習與人合作。

【本活動學習到什麼？】

合作、手眼協調能力（使用剪刀、撕膠帶、黏貼工作）、立體建

構概念、科學觀察力、問題探究以及解決能力、「支撐力」的名詞以及概念。

(六) 恐龍書店～籌備會（一）

　　善解班的孩子決定要開個「善解班恐龍書店」，於是我們舉行書店籌備會的討論，孩子原本有意將書店開在教室外，可是我們是否有這麼多的書可以賣，以及我們是否都會算錢了呢？於是孩子在思考後，決定先在教室內開設書店練習，我們的書店位置設定在語文角，孩子擔心空間不夠，阿哲說：「可以將鋼琴和建構角的櫃子拉出來一點。」他的想法獲得大家的認同，也解決了孩子們的問題。老師：「那書要展示在哪裡呢？」孩子想要以語文角的書櫃作為展示的地方，所以他們決定將語文角的書先移至建構角區旁的書櫃中。老師：「書店還需要哪些設備或人員呢」？靈靈說：「店員，要負責擺書。」宸宸：「要說歡迎光臨。」小宜說：「要會算錢。」宸宸說：「還要有客人。」丞丞：「招牌。」阿珩：「錢。」丞丞：「書上要寫賣多少錢？」老師說：「那就是標價。」有了這些基本的籌備概念後，開始進行籌備的分組活動了。

　　從籌備會的討論中，我們規劃了幾組的工作，讓孩子自由選擇想要協助加入的工作組別。

1. 招牌組

　　孩子自行組隊或以個人創作的形式先畫招牌設計圖，設計圖上該畫什麼？設計小組的孩子們都有二個共識，一是恐龍圖片，二是恐龍書店的名稱，孩子在過程中自發的將書店名稱「仿寫」在設計圖上，透過仿寫過程孩子要觀察字形的變

化、練習控制手部肌肉，注意書寫的順序（橫書左至右；直書上至下）創作完成後，各組再說明分享設計圖的設計概念，由全班共同投票票選出最高票的設計圖，作為我們書店的招牌，後續要再依照設計圖上內容，複製、製作更大型的招牌懸掛在書店門口，而透過設計圖的設計，是為讓孩子學習做「計畫」的概念。

　　恐龍書店的招牌以票選出的設計圖為範本，孩子選擇了綠色的壁報紙為底，由設計圖的設計人小蓁、恩恩負責畫恐龍圖案，但是過程中，恩恩不小心將恐龍畫了太多隻腳，小蓁說：「恐龍最多只有四隻腳。」所以他們希望可以重畫一張。皓皓、小嚴、小安和老師則討論毛根吊環的製作方法，老師問：「要用什麼固定毛根？」孩子說：「用白膠黏不住。」皓皓：「用白膠很快就乾了，所以想其他辦法？」小安：「用膠水。」皓皓：「戳洞洞。」小嚴：「膠帶。」老師：「用膠帶黏，如果掛高，重量太重，招牌會不會掉呢？」孩子用表決的方式，決定使用戳洞的方法，孩子還考量到距離，所以設定從紙張的邊緣開始測量三個點的距離，就是戳洞的位置。

2. 整理書組

　　孩子決定將櫃子門拆下來，老師請孩子自行到辦公室借螺絲起子，並將固定櫃子門的螺絲拆下來，老師稍微指導螺絲起子的用法，剩下的就由孩子自行去揣摩、體驗，結果孩子很厲害的將所有的螺絲拆下來，婷婷還會記得將螺絲聚集起來交給老師收藏，原本以為會讓他們遇到挫折，沒想到孩子竟然很順利的就

完成了，反而在整理書籍的方法上使用不當，所以在分組活動結束後，整理書的工作都沒有完成，孩子無法合作，意見無法統一，也是原因之一，最後老師協助指導與溝通，我們決定高的、大的書先放，再放小本的書，老師提醒放書時，手要協助擋書，以及書擋的正確使用方法。

3. 書本標價組

請孩子先觀察書的標價在哪裡，孩子自行決定標價的價錢，但顧及到孩子們的數學能力，我們限制價錢不可超過20元，價錢數字是孩子依照老師所寫的數字仿寫，如果不行再由老師協助或請小朋友幫忙。

4. 恐龍書製作組

慈慈、瑄瑄很投入在恐龍書的創作，定定則是對於書的作法不熟練，所以一直在揣摩正確的作法。

5. 圍牆組

在上星期的圍牆製作好後，今日特別去觀察圍牆的情形，發現圍牆有一半以上都垮掉，只有阿哲和阿佑搭的圍牆沒有倒塌。回到教室，我們討論為什麼阿哲他們搭建的圍牆沒有倒塌，請阿哲、阿佑分享他們的搭建方式。原來他們與其他同學的不同處在於紙板有一段與地面貼齊（L型），他們還使用膠帶將紙板與地面黏貼固定，阿哲說：「黏膠帶的時候，要將地板的沙子弄走否則膠帶會黏住沙子，就黏不住地板了。」孩子們決定使用阿哲和阿佑的搭建方式再蓋一次圍牆。老師提醒孩子們要分工合作，這樣工作效率會更好，孩子也漸漸試著找到同伴一起合作，其中一組小書負責拉膠帶、小軒負責剪膠帶，小軒和小穎則負責黏貼的工作，宸宸和婷婷相

互合作，可是他們這組的圍牆最後卻倒了，大家探究了原因，阿哲說：「紙板太軟了。」宸宸說：「腳忘了踏一踏（將紙板踏平）。」

　　小宜和小星星則是一直一人工作，小星星工作的很認真，卻不知如何與同學合作。小宜則是一直想要撕膠帶，一直尋求其他孩子的幫助，可是卻不願意與他人合作。

6. 恐龍骨頭組合組

　　恐龍骨頭片，挖掘並讓孩子自行組合了一段時間，與孩子討論是否要將其組合起來並展示，於是由小瑋和阿宏承擔了這份工作，他們先檢視我們共挖出了哪幾片的恐龍骨頭，並將其缺的號碼仿寫在白板上，再依照骨頭片上的號碼開始進行拼裝，尚未完成，工作要再接續下去。

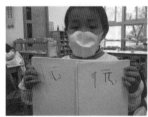  

▲標價組～孩子仿寫價錢　▲恐龍書組～排列完成的　▲招牌組～製作招牌吊環
　　　　　　　　　　　　　書

 老師的觀察 vs. 省思

　　透過團討讓老師可以了解孩子對於書店的概念，也可以知道孩子

想要開設怎樣的一家書店。透過開書店的過程，孩子要去學習空間的規劃、人員能力的培訓、問題的解決，如此才可以順利的完成開店的工作，期待我們的恐龍書店可以如期的開店成功。價錢定在 20 元內，是因為考量到孩子的數算能力以及加減的能力。

　　恐龍的主題發展到目前，重點偏向到恐龍書店的部分，先前的挖掘工作，因為校慶表演、天候的因素，一直斷斷續續，後續化石的組裝和化石挖掘出來的延伸認識，孩子似乎興趣不大，或許也是概念不足，老師又未找出更佳的引導方式，所以恐龍化石的部分似乎進行的較鬆散，而在恐龍書店的部分，原本老師是希望孩子著眼在「恐龍書」的創作上，目前則是發展到書店籌劃的重心。恐龍書的創作，則因為其概念牽涉到書本製作的技巧、圖像的展現、構圖的技巧，以及故事架構等，這些都是需要透過經驗的累積，孩子的能力還需要經由老師不斷的引導、激發，才可以有新的展現，老師也期待著孩子充滿創意且成熟的作品展現。

(七) 拜訪哥哥姊姊的恐龍作品

　　在知足班的教室前，從昨天就觀察到老師與孩子們著手進行將拼接起來的積木以毛線高掛起來的活動。早上月蓉老師看到的進度便是與雨凡老師和孩子一同將海綿積木及當作腳的奶粉罐作連結，因此，如玉老師帶著班上的孩子們拜訪這一隻「長長」的恐龍。由於早晨小昇和恩恩哥哥到班上來借海綿積木，所以老師請他們來分享一下自己製作的恐龍，不過當孩子問道：「這一隻是腕龍嗎？還是牛龍？它的尾巴是不是要再長一點？」等問題，都沒有獲得哥哥正確的回答，事後，月蓉老師去詢問過雨凡老師，才了解到它原本是知足班孩子的建構作品，但礙於他們繼續製作的時間不多，所以轉而由感恩班的孩子接手，所以現在的重心放在單純地做出一隻

恐龍，至於名稱會是哪一隻呢？雨凡老師說：「哥哥們聽到班上小朋友的發問後，的確認真地翻起書來研究，所以最終的解答，要等待哥哥們的討論囉！」

(八) 恐龍書店～籌備會（二）

在班上進行了好一陣子的挖掘化石活動後，加上今天參觀了哥哥們利用奶粉罐、塑膠積木、海綿積木，也能製作出恐龍模型的啟發，老師將問題拋回給孩子：「我們真的要把沒找到的化石片全部挖出來嗎？」儘管大多數的孩子持贊成的意

見，但，老師以最近的天氣考量以及扣除本學期最後一週來計算我們剩下的上課天數（七天），外加如玉老師參觀恐龍博物館，發現考古學家能完成模型，也不是全找到恐龍的骨頭，順勢將孩子對於恐龍的焦點轉移到「嘗試利用教室裡的教具」來製作恐龍模型，希望孩子在建構角以創作「陀螺」的功力，也能拼接出一隻恐龍。

因此，針對讓孩子嘗試以教室裡的教具來製作恐龍模型一事，在今天的主題分組裡，老師將孩子們分成拼恐龍骨頭、小書製作以及恐龍模型組（因為喜愛挑選這組的人數眾多，所以以自己尋找的方式，又分為兩小組，前者的工作是負責將找到的化石拼裝起來，後者是讓負責的孩子團結起來

▲孩子利用多邊形積木完　　▲利用雪花片積木拼出恐　　▲拼恐龍骨頭組孩子上台
　成恐龍的頭及脖子的部　　　龍的尾巴　　　　　　　　分享進度
　分

討論要利用哪些教具及如何製作）。孩子們決定所有建構角的玩具都可以使用，至於要做哪一種恐龍呢？霸王龍、腕龍、始盜龍……，在大家意見紛歧下，老師建議採用投票的方式來決定，結果小軒先提名始盜龍後，大家也紛紛覆議，因此「始盜龍」在不經過投票下順利地當選。

　　宸宸帶來一本《兒童百科》，與老師分享「為什麼恐龍絕跡了？」的問題，她主動說想要和其他孩子分享這本書，雖然這與我們目前主要進行的活動有點偏離，但孩子能積極且主動的想要探索此問題，何不讓她自組一個研究小組，與有興趣的孩子一起討論呢？因此，小安、小嚴、恩恩自願加入此小組，如玉老師也讓孩子們自行討論一陣子後再加入，結果，老師發現宸宸已經會運用

「目錄」的功能，所以依照目錄的標示，很快就搜尋到該項標題的頁數，並且當老師詢問：「你們找到恐龍絕跡的原因了嗎？」宸宸：「火山爆發了，草都沒有了，吃草的恐龍死掉了肉食性恐龍也跟著死掉了。」小嚴：「餓死了。」小安：「地震，泥土掉下來，地震太大了，石頭掉下來，砸死了；還有火球噴到地球。」老師接著問：「火球是什麼？哪裡來的？」宸宸：「火球撞到地球。」因為這些集思廣益、具建設性的文字，很值得與大家分享，因此，老師問道：「那你們討論出來的這些資料，我們如何跟別人分享呢？」宸宸：「可以告訴他們。」老師引導孩子將他們所討論出來的原因畫下來，孩子紛紛表示願意，就依照意願，恩恩負責畫「火山爆發」；小嚴負責畫「地震」；宸宸和小安負責畫「火球撞地球」，宸宸畫地球、小安畫火球。畫的過程中，恩恩參考宸宸帶來的書，畫出了火山，宸宸則是透過教室的地球儀作為參考，畫出了藍色的海和黃色的陸地。廣嚴在畫地震時遇到了一些問題，不知如何畫？老師和同學一起協助他腦力激盪，老師問：「地震會怎樣？」承恩：「房子會倒。」「可是恐龍出生的年代有房子嗎？」宸宸：「樹也會倒啊！」小嚴採納了大家的意見，畫出了陸地、被地震震倒的樹、恐龍、掉落的石頭等，由此可見，每一張都是構圖完整豐富的繪畫外，孩子的潛力也無窮。

(九) 恐龍書店～籌備會（三）

在昨天的主題分組時間裡，孩子們針對自己有興趣的組別進行活動，但由於中途受到表演藝術課程的補課，而切割掉一些時間，所以活動無法繼續下去。老師也觀察到，製作恐龍模型這一組的孩子們在組織的概念上較難達成共識，因此今天的時間再次依據這些組別來選擇，並且老師參與

了製作恐龍模型這一組，希望在孩子們的思考釐清上給予一臂之力，因為從昨天孩子們的舊經驗發現到，孩子較欠缺的是關於分部的概念，所以，老師請小軒出來當模特兒，詢問孩子在他身上看到哪些部位（器官），進而以大家決定的「始盜龍」圖片，請孩子觀察並分享看到哪些部位。

一開始，孩子們看到爪子、頭、牙齒、眼睛、脖子、尾巴、身體（而且是不包含四肢喔！）、腳，還有最後老師補充的在爪子的上面是「手」。因此，在了解製作恐龍需要這些部位連接起來後，我們希望將這一組的孩子分段來完成，其中老師詢問道：「頭和脖子的部位要分開還是放在一起呢？」結果大家決定把它們放在一起做，而最後培培和小穎利用多邊形的積木拼接出來：「因為頭和脖子本來就連在一起」，「而且這樣才像恐龍的頭，前面尖尖的」這是宸宸補充的。還有負責尾巴的阿瑋和小安也利用花花的軟積木營造出長長的效果，至於其他部位的作者，忘記將細部從恐龍的整體裡抽離出來，所以暫時還無法完成；但拼裝恐龍化石的組別，倒是在有完整的化石作參考下，已經將尾部及部分身體完成了。

老師的觀察 vs. 省思

　　在這兩天的觀察中，特別需要附加說明的，還有負責善解班恐龍書店招牌書寫的阿佑。在昨天完成了「善解班」的字樣後，今天遇到問題向老師尋求協助，因為「恐龍書店」的筆劃太多，加上老師在說明要標示小書上的價錢遇到筆順不會寫時，可以請老師用點點的方式來幫助自己仿寫。所以阿佑希望用這樣的方法來詢問老師也可以這麼做嗎？當然OK，因為孩子在學習的過程中一定會遇到問題，但並不能因此感到挫折，而是可以根據生活中的觀察主動去找出解決問題的方

法或是尋求協助，因為這樣的啟發，正是班級中希望透過主題活動來
培養孩子建立適應生活、問題處理的能力。

(十) 恐龍書店～籌備會（四）

　　早晨點心後，我們針對上週未完成的主題分組作延續，因為負責招牌
的阿佑已將招牌上的字完成（但他的想法是想先將小書完成後再加入「固
定」的哪一組），再者原本需將自己的小書作後續補強的孩子也陸續完成
工作，所以老師詢問孩子還要依照上週的分組嗎？

　　經過投票後，由於有不少孩子對製作恐龍的「身體」相當感興趣，因
此我們決定再重新分一次組，但將近有 2/3 的孩子都分在同一組，可能會影
響工作進度的考量下，老師協助回顧以我們要做的「始盜龍」來看，現在
還缺少哪些部分？所以，最後我們新增了製作「眼睛」、「手」、「腳」、
「爪子」還有負責討論要如何將這些細部「連接（固定）」起來的幾組。

　　首先，身體組的靈靈先提議：「找一個可以拼很大的玩具來拼！」慈
慈：「用正方形的積木可以喔！」培培則說：「用多邊形的積木好了！」
小蓁表示：「用木頭的應該也可以吧！」結果，身體的範圍太大，導致這
組的孩子發生和上週類似的情況，大家分別做了自己的作品……。

　　負責「腳」的這組，丞丞說：「用建構角的積木！」小嚴說：「用樂
高積木因為最好做，而且腳可以站起來！」宸宸說：「用花花的積木或者
用紙做！」「可是，用紙會軟軟的，而且腳要兩面的！」（這組的對話表
示孩子對於「立體」及「具體」已有初步的概念，並且懂得提出來探討，
老師在一旁並不告知哪個方法較實用，因為放手讓孩子去試的過程，一定
能從中得到共識。）

　　最後，負責「手」的這一組，小穎說：「用正方形（多邊形）的積木
來做！（可是當孩子發現已經都沒有了，便調整為實心那一種也可以！」

小乖和銘銘則分別想用水管狀、及沒有洞洞的三角形積木來做……。在今天的過程裡有幾點要特別提出來分享：當負責做「腳」部分的小嚴利用樂高積木拼好後，過去找了製作爪子的同學，詢問這樣的大小 OK 嗎？卻碰上「爪子」組的孩子還沒討論出來怎麼做的情況下，如玉老師與大家討論解決的方法，結果，恩恩找到了毛根，將它彎起來就變成爪子了，他說：「因為毛根裡面有鐵絲、硬硬的，而且前面尖尖的，就像爪子！」並且，Baby 也提供了很好的想法，他說將冰棒棍摺一半，接著在摺痕處再黏上另一根冰棒棍，就更像爪子了，但是，長度可能需要修正一下。聽到孩子這麼有深度的見解，的確為主題活動的進行留下珍貴的註解呢！

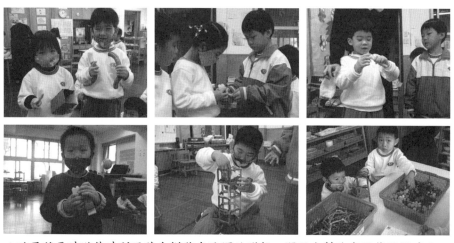

▲孩子將平時遊戲時利用積木拼裝成陀螺的聯想，運用在製作成恐龍的眼睛上，並且不能從頭的地方插入眼睛，他想了一個好辦法，就是將它倒過來，從後面的地方放進去眼睛。

(十一) 恐龍書店繼續與否？

　　學期已接近尾聲，我們挖掘化石的活動幾近挖了半個學期，雖然我們以為還有剩下的化石片，但都遍尋不著，原來它們隱藏在裝鏟子的桶子了，因此扣掉大家正積極想挖掘的活動，恐龍的模型以及恐龍小書的販賣，可

能因為時間的不足和大家對於錢幣的運用、計數還不怎麼熟練,所以「善解班恐龍書店」的開張還需一些些時間,老師和孩子們針對目前遇到的問題討論一番,詢問大家對於要不要繼續這些活動的意見,以時間上的分析來說,孩子們認同時間不足夠來完成恐龍模型,再者錢幣的運算在短時間內也無法全建立起,但老師又不想抹煞大家的學習興趣,因此,老師試著將製作模型的工作拋回給孩子,希望孩子在假日時間能主動去創作,再加上若是能到花蓮的書店進行參觀,吸收對於收銀及販賣的經驗,等待開學再帶回來分享,或許是個不錯的方法。對於從合心班下學期到善解班上學期所進行的主題名稱,都依據大家的意見而決定,這一次,老師們設定好與大自然的生命教育相關,期待能帶大家去探索另一個主題,感受一下生命的驚奇。

(十二) 新學期的展望～善解班恐龍大展

在放寒假前,老師將未完成的「恐龍」主題透過發訊息的方式,告知孩子及家長可以利用假日參觀或是製作與恐龍相關的資料、成品等,今天就有幾位孩子帶來分享。

培培分享這本恐龍書是媽媽教導、協助他完成,書名《恐龍書》,是一本立體、可操作的玩具書,書中的恐龍可以用手拉一拉、動一動,封面的恐龍是用報紙、衛生紙做出立體的造型,再塗上顏色,孩子們對於封面恐龍書的製作很有興

趣,過程中,孩子提出各種製作上的問題,例如:恐龍的眼睛是怎麼做的?為什麼暴龍的身體不會動?為什麼不貼都是你認識的恐龍?從題目中可以發現孩子所觀察到部分或有興趣的點,真的都很不一樣。

小安與小軒利用參觀的照片、參展入場門票、簡介,製作出參觀簡報

以及書本，介紹他們看到了什麼，以及讓他們印象最深的部分，多數的孩子都參觀過恐龍展，所以很容易引起他們的話題，而孩子們對於抽獎卡特別感興趣，頻頻詢問參觀過的同學抽到什麼樣的禮物。

1. 團體討論～回顧恐龍主題課程

今天以分享的方式引導孩子回顧恐龍主題課程進行過的活動、學習到的恐龍知識，以及進行過的活動和學習到的知識。

(1) 拜訪胡教授：認識考古工具：斧頭、十字鎬、比例尺、箱尺、刷子、鏟子。化石的種類：石器化石、骨頭化石（豬、猴）；臺灣沒有恐龍化石，美國（北美洲）、中國、阿根廷有真的恐龍化石。

(2) 挖掘恐龍化石：遇到沙子卡住漏斗，使用晃或敲的方式解決卡住問題，比較袋子瓶子的使用情形，比較出瓶子比較好用，因為袋子易破，且被野狗咬破。

(3) 組裝恐龍化石：發現恐龍骨頭片崩壞了，原因是水跑進去恐龍化石內。

(4) 製作恐龍小書、運用積木搭建恐龍、開設恐龍書店、泡恐龍蛋活動。

(5) 恐龍知識：恐龍有草食（劍龍、地震龍）和肉食性（暴龍、冠龍），化石形成原因是恐龍的屍體被沙子一層一層蓋住，最後變硬形成化石，恐龍化石是在沉積岩被發現，不是所有的石頭都是化石，恐龍的生長年代分成三疊紀、侏儸紀、白堊紀。

老師的觀察 vs. 省思

　　孩子們對於恐龍主題進行過哪些課程，或恐龍的相關知識在討論中都能提出，表示孩子對於恐龍主題的知識與學習都能內化在心中。本次也要求每位孩子都要分享一件與恐龍課程相關的事情，也是希望往往扮演聆聽者角色的孩子們，也可以變成分享者，希望他們可以動腦去回憶我們曾經進行的活動，或是學習過的相關知識。當然部分孩子仍要透過問問題的方式，引導他們去回憶某部分課程，以及分享其中我們所遇到的問題、解決的方法或者相關知識的釐清等等，以回顧我們所進行過的課程，要帶入我們接下來的討論，就是如何展現我們的恐龍課程，為此課程劃下一個完整的結束。

2. 團體討論～恐龍主題展

　　恐龍主題進行了一個學期，老師與孩子討論呈現的方式，阿佑說：「可以做一本恐龍主題書。」那內容要有哪些呢？阿佑：「沉積岩。」沉積岩與化石有關，老師彙整其想法是要「介紹化石」，靈靈說：「可以畫出各種我們認識的恐龍，再加上介紹。」小昕補充：「就是加上說明。」阿哲說：「可以告訴大家現在已經沒有恐龍了。」（恐龍絕跡的原因），定定說：「可以畫一本草食性恐龍、一本肉食性恐龍。」小軒提到可以讓參觀的人進行挖掘化石的體驗，小宜則是延續了恐龍書店的想法，但是考量到我們書本創作技巧仍不夠成熟，可能無法賣書，所以培培提說：「可以變成恐龍圖書館。」宸宸說：「可以讓參觀者都自己畫一張恐龍畫。」考量到有的人可能不會畫，所以要提供恐龍模型板臨摹，老師提出恐龍大展一詞，孩子馬上說那要賣票和抽獎，今日初步討論到這裡，明日繼續後續的工作籌劃。

> ### 老師的觀察 vs. 省思
>
> 　　恐龍的主題課程已經算是結束了，但是在老師的心中有一個想法，希望孩子可以將這學期所學到的知識或進行過的活動，透過一個活動展示給其他的同學或家長們，就像孩子們參觀過的恐龍大展一般，我們也來辦一個由善解班籌劃、設計的恐龍大展。要展覽什麼樣的內容、展覽的布置、人員的工作安排，以及工作實行的成效會如何，都是老師尚無法預測的，希望這個展覽可以讓孩子又更加深對於恐龍的知識，培養如何計畫活動、執行活動等能力。在討論過程中，多數孩子都參加過恐龍世界大展，所以聽到小真一提到恐龍大展，就聯想到他們參加恐龍大展的經驗，對於抽獎印象最深的他們，還覺得要辦個抽獎呢！現在就要將這些想法付諸實現啦！

(十三) 善解班恐龍大展正式展開～各組工作籌畫

　　對於主題恐龍展孩子們已經有一些粗略的想法，將要設置「恐龍主題書展示」、「恐龍圖書館」、「挖掘體驗區」、「賣票區」和「抽獎活動」，實際的執行方向尚未定案，於是老師讓孩子採分組的方式選擇自己喜歡的組別，以小組的方式進行細項工作的討論。

恐龍主題展分組討論與籌畫工作

　　今日先分成四組，分別是「挖掘組」、「賣票組」、「布置組」、「抽獎組」，各組在討論後，老師再與各組討論，彙整孩子們的想法，或者提供意見，並替孩子準備材料，讓孩子著手進行相關準備工作。

【挖掘組】

* 討論要使用哪種容器來裝沙子？靈靈提議用大臉盆。

- 使用哪些挖掘工具？鏟子、刷子，臉盆內要放什麼？老師拿出小恐龍模型和模型片，孩子決議用恐龍模型，只要挖出恐龍模型就過關了。本組人數較多，也欠缺相關的經驗，所以老師帶領著孩子一同討論，取得共識。

▲小組合作創作中

【布置組】

　　此組的孩子想要畫恐龍布置，老師提供大張的海報，讓其創作大型的恐龍畫，由丞丞、銘銘、皓皓負責畫恐龍，其他孩子則是協助塗色，合作的互動良好。

【賣票組】

　　本組討論結果，要賣大人和小朋友的票，要怎麼做？準備長方形的紙，在紙上畫上恐龍或剪恐龍卡下來貼，考量到恐龍卡的取得，於是先以畫的方式製作門票。慈慈提議門票上面要寫大人或小孩，以分辨成人票和孩童票，小蓁說：「先把門擋住，跟他們說有票才能進來。」老師依照孩子的討論，準備長方形紙卡，讓本組開始進行門票製

▲抽獎組製作的抽獎箱

▲門票是一定要有的

作。孩子今日在門票上畫上各種恐龍，過程中，部分孩子反應不會畫恐龍，所以由其他孩子協助他們畫好。

【抽獎組】

　　討論了要製作抽獎盒、號碼牌，阿哲和小昕想要用衛生紙盒製作抽獎盒，禮物的部分孩子們則是想要提供多樣產品，但禮物的取得與準備，孩子並沒有想到方法。這組的討論情形不理想，要再做更詳細的討論與規劃。

> ◆ **老師的觀察 vs. 省思**
>
> 　　雖然班上孩子多數有參觀過世界恐龍大展，但是卻沒有自己籌辦過一個這樣的活動，老師不知道可以做到哪樣的程度？但我們以分組討論的方式，讓孩子嘗試自己與同學們分享、討論、溝通、協調，希望孩子可以透過這樣的經驗累積能力，嘗試擬定計畫並執行、修正。

1. 恐龍主題展籌畫～各組討論分享

　　挖掘體驗組昨天討論到原本要使用大臉盆來裝沙子，但老師想到如果一群人圍在一個大臉盆邊會不易操作，於是提出想法說：「如果大家都圍在臉盆邊會不會擠來擠去，如果有人快挖到了，結果又被別人的土蓋掉了，怎麼辦？」孩子們也覺得好像會這樣耶！那有沒有其他的辦法？老師提到我們學校有幾個小臉盆，或許可以一個臉盆裝一堆沙，放入幾個模型恐龍，一個人挖掘，挖到就算完成，孩子贊成這個想法，於是我們決定先採行此種方法。其他各組陸續分享昨日的討論結果，以及工作進度。

恐龍主題展分組討論與籌畫工作

【挖掘組】

　　已討論好如何進行，但因其他組尚在準備階段，而本組只需事前在準備即可，所以今日工作暫停。

【布置組】

　　持續畫恐龍的大型創作，孩子們相互協助，分工塗色，上色後就用剪刀將其輪廓剪下，黏貼在教室外的牆面裝飾。

【賣票組】

　　持續製作門票，那到底要製作多少張票才夠呢？孩子們說：「每班最多有 30 位小朋友，所以要製作 30 張兒童票。」在過程中，孩子練習仿寫

「孩」、「大」，孩子們寫得很開心，雖然說像不像是另外一回事，但是過程中孩子主動去練習仿寫、動筆，那樣的經驗是難得。

【抽獎組】

老師提供了一個圓形紙盒，詢問抽獎組的阿哲和小昕，是否可以使用此素材製作抽獎箱，他們同意，便開始拿紙、膠帶將抽獎箱蓋住並固定，旁邊再輔以金色膠帶裝飾，製作過程，幾乎都是孩子自己完成，老師則是提供以金色膠帶修飾邊緣的協助。

【主題書組】

討論書中要有的內容，孩子發言說要介紹草食性及肉食性恐龍、恐龍絕跡的原因和恐龍化石挖掘的工具，書本中還要加上目錄與頁數。有了基本的大方向後，開始各自分配負責畫的恐龍、景象或工具，再將完成的作品裝訂成主題恐龍書。

 老師的觀察 vs. 省思

挖掘組的進行方式，老師提出一些預想到會發生的問題，並提供一些想法，抽獎組的抽獎箱材質老師也有特別找一個較堅固的紙盒，不知如此做，算不算是介入孩子世界過多，會不會不自覺地又是老師主導活動，在提出意見的拿捏，素材的提供上，該給孩子多大的空間，該依孩子多少的想法，真的都是一門大學問呢！而對於恐龍主題展的開幕在即，以及下一個主題的延續勢必我們要能盡快將恐龍大展完成啊！

2. 主題分組——籌備恐龍大展

在開學以來，孩子們致力於將自己對「恐龍」的認識，再加上將近有半數的孩子參觀了「恐龍大展」的經驗，希望將此結合，讓我們善解班也

來開個恐龍大展。因此在籌備工作繼續進行
的同時，今天布置組的孩子持續繪畫恐龍的
海報，而小真及丞丞也開始著手將自己設計
的恐龍張貼在教室外，另外抽獎組也決定了
總共有 0～10 的獎項：阿佑首先提出 1～10
的獎項，接著玲玲和阿哲也表示贊成，但定
定和阿廷表示要增加到 63 甚至 100 號的想
法，可能就超出預算了。而小昕則貢獻了一
個可以用玩具名稱為獎項命名的想法，雖然
最後贊成的未達半數，卻也創意十足，起初
大家認為要有個「銘謝惠顧」的獎，又該怎

麼設定，阿哲建議那就增加個「0」號就行了……，很開心，今天大家的集
思廣益很有成效呢！

3. 主題分組活動

　　今天主題活動的時間裡，還有兩組的孩子們持續將未完成的進度完成，
布置組的孩子發現走廊的牆壁上固定了兩隻恐龍，好像還不夠，因此又分
別畫下不一樣的恐龍，看著孩子們協調著你幫忙塗顏色、我幫忙剪這邊
……，這樣和諧地分工合作，讓人更加期待恐龍大展的開幕。

4. 主題布置分組

在上週抽獎組的孩子們討論出要製作0～10的獎項後，老師協助以電腦製作出這些獎項，「但是，你們的抽獎筒已經做好了，那這些獎項的紙要直接放進去嗎？」雖然老師有得到肯定的答案，但更令人期待的答案就是靈靈的回答：「不是

啊，可以用它們捲一捲，然後放進吸管裡面！」於是，抽獎組的三位孩子便分工合作，將吸管剪成一段一段後，再一一將紙捲插入，另外，今天持續有工作進度的還有主題恐龍書以及布置組的孩子們。

▲恐龍大展的「入口」　　▲布置組的恐龍　　▲主題恐龍書創作

5. 布置組──出入口

這兩週以來，主題恐龍大展的準備工作幾乎可以告一段落了，今天還有一些孩子在製作「出口」及「入口」的標示，因此明天老師即將會和大家做統整的活動，看看展覽是否可以開幕。

6. 主題團討

在接近這兩週以來，主題活動的時間都集中在準備恐龍大展的各組工作上，老師今天詢問各組對於自己的組別工作是否都已經完成了，代表投票組的阿哲和阿佑分別表示獎項及抽獎筒已經準備好了。主題恐龍書這組，阿珩表示還可以再畫「挖掘恐龍的工具」。布置組方面，丞丞則分享「出、

入口」的位置還沒貼，而且「恐龍大展」的招牌也還需要做（丞丞將出入口的位置固定後，在招牌部分，他選擇了紫色的雲彩紙，並且表示畫好後要固定在保麗龍板上，至於寫字的部分，孩子擔心字體無法寫這麼大，因此請老師先打草稿後，他再利用簽字筆將之描粗）。另外挖掘恐龍骨頭組的小岱表示說要準備小盆子（並且他記得老師說好像有五個小盆子），然後把恐龍骨頭放進去後，再蓋上沙子，才可以讓小朋友挖掘，因此距離恐龍大展要開幕的時間，可能還要延長一些了。

◤ 老師的觀察 vs. 省思

　　今天的主題討論中，靈靈的發表，說明著自己平時的觀察力相當豐富，這位孩子屬於賣票組的一員，一開始大家決定門票要分成大人與小孩之後，接著就分工合作，擅長寫國字的孩子幫忙寫「大」（代表大人）或「小」、「孩」（代表小孩），另一些人則負責在門票上畫出恐龍的圖案，代表專屬於恐龍大展的門票，因此老師協助找到名片式的小卡，剛好符合孩子們要的尺寸大小，於是，當大家致力於將所有的門票都完成、工作也告一段落後，今天靈靈突然提到：「給大人用的門票好像比較多，而小孩的好像比較少。」針對這一點，老師將問題拋回去給孩子，要不要試著將它們都拿出來數一數，確定是不是像自己觀察的一樣，果然，因為靈靈認知能力較好，經過她的計算後，統計出大人的有 51 張，而小孩的有 34 張，所以接下來的時間，

可能還需要和這一組的小朋友們討論需不需要再做補充。針對今天孩子能從細微的觀察表現探究的精神，老師給予相當的鼓勵，因為在課程的進行中，我們希望帶給孩子的不僅是融入在課程中，還有能夠從中發展出另一個面向的問題解決能力！

在昨天布置組的丞丞固定了出入口的位置後，老師今天先請幾位昨天有工作進度的孩子到臺前來分享，包括丞丞如何選擇出入口的位置，靈靈發現大人及小孩子的門票張數有落差，所以今天丞丞加入銘銘的幫助，繼續完成恐龍大展的招牌，還有賣票組的孩子們也決定再多畫一些小孩用的門票。

(十四) 善解班恐龍大展正式展開～展示區的位置

1. 主題圖書館組

採用宸宸提出的方法，在白板前的空間擺放一個書櫃，再將書放在櫃子上呈列。孩子合作將閒置在教室外的教具櫃搬至教室內的白板前，開始將先前孩子們製作的恐龍手工書排列在教具櫃上，他們自動將較小的書放在最上層，過程中發現教具櫃的空間不夠呈列全部的書，於是他們檢查哪些是未完成的書，將其先淘汰。

2. 抽獎組

確定抽獎組的擺放位置後，發現抽獎箱上的「抽獎盒」標示未寫，老師詢問孩子是否需要老師用電腦打字製作，孩子提議請丞丞仿寫，丞丞也很樂意的答應了，於是丞丞自己到紙櫃選紙，並將抽獎盒三個字仿寫完成。

3. 主題書組

本書共畫了三個主題：肉食、草食性恐龍、恐龍滅絕的原因和考古工具。針對主題書的裝訂，我們討論幾個問題，是要做成一本，還是要分成

三本，孩子以投票表決的方式，決定裝訂成一本。再來就是書名的命名，阿哲提議「恐龍大探索」，小蓁提議「恐龍的祕密」，銘銘提議「恐龍大展」，以表決方式，孩子決定取名「恐龍大探索」，老師協助將書名寫在封面。書頁的排列，討論後依序為肉食、草食性恐龍、恐龍的滅絕、考古工具，孩子並以輪流的方式在每頁寫上頁碼，銘銘則是負責畫封面上的恐龍，只要再加上目錄頁就大功告成了。阿佑和小蓁則是在負責蒐集每位有參與本書創作的繪者的姓名貼，將其貼在「恐龍大探索」主題書的封面。

4. 挖掘體驗組

　　孩子們的意見不同，有的想要將挖掘體驗區設在教室內，有的則是想要設在教室外的走廊，於是投票表決，走廊 15 票、教室 6 票，所以我們決定要擺放在教室外的走廊，「可是會不會擋住人家走的路？」有孩子提出這個問題，宸宸說：「那可以放在 12 生肖區的邊邊就不會啦！」真是不錯的建議，這樣問題就解決了。請孩子自行分組，約 2～3 個人一組，每組發給三個恐龍小模型，請他們將恐龍小模型放在臉盆中，再覆蓋上沙子，並放置到預定的位置，完成挖掘體驗的準備工作。

5. 闖關卡設計組

　　靈靈在討論時，提出一個問題：「那要有一張紙，過關了就幫他們蓋章。」老師：「為什麼呢？」靈靈：「這樣才知他們每一關都有參觀到啊！」孩子們也都贊成靈靈的想法，於是請設計組設計我們需要的闖關卡

以及內容。老師提示一些闖關卡設計的幾
個重點方向，也拿其他班的闖關卡讓孩子
參考，請他們先討論畫出設計圖，我們再
來討論如何製作闖關卡。靈靈提議要分男
生和女生的闖關卡，女生由小真負責設
計，以畫圈圈的方式，畫了五個圈，每個

圈裡面再寫上關名，靈靈則是設計男生的闖關卡，將圈圈改成格子。老師
問：「那印章要蓋在哪裡？」兩人意見不同，小真想要再畫一個格子專門
蓋印章，靈靈則是覺得直接蓋在關名的格子內就可以，最後將這個問題，
提出與全班討論，孩子以投票表決的方式，決定要有專門蓋印章的格子，
闖關卡的製作則是由老師用電腦協助製作、列印。

6. 恐龍畫創作組

　　孩子想要讓來參觀的人，可以畫一張
恐龍畫當做紀念，所以設計了這組，這組
討論該如何進行，要準備哪些材料，阿
宏：「拿一張紙畫恐龍模型。」皓皓：
「在圖畫紙上畫設計圖，讓參觀的人照著
我們的設計圖畫。」阿宏：「參觀的人用

小張的紙畫就好了，因為他們比較不會畫，可能超出去。」宸宸：「我們
先用模型板畫給他們看，他們再用模型板畫一次。」阿珩：「可以像縫工
一樣的圖案，先畫好恐龍在紙上，然後裡面畫很多線，他們就可以塗顏色
了。」大家各有想法，那就以投票方式來決定如何做吧！以阿珩提出的想
法獲得在場討論者的較多認同，於是孩子開始製作恐龍畫底圖。孩子提供
多種樣式圖案的恐龍，讓參觀者可以自己選擇喜歡的圖案來上色。孩子在
用鉛筆劃好底圖後，再使用黑色的簽字筆描一遍，老師協助孩子影印底圖，
製作需要的樣式圖案。

老師的觀察 vs. 省思

　　宸宸在主題分組活動中具有領導者的特質，常常是提供意見或主動帶領大家做事的人，讓主題課程的進行也因此更為順利，可以發現他是位喜歡動腦思考的孩子，這是很棒的！但希望除了宸宸之外，其他的孩子也可以再多提供自己的意見與想法，多嘗試思考問題、解決問題等，而在觀察小組的合作中孩子意見紛歧時，已慢慢會想到運用討論的方式來解決問題，雖說討論的實際情形並未有所成效，但可以知道孩子了解透過「討論」，是解決問題的一個途徑。

　　恐龍大展的籌畫工作進行至此，孩子們學習到什麼……

1. 如何籌畫一個大型活動。
2. 透過小組討論、投票過程，學習與人意見交流、溝通與協調。
3. 學習與人合作，完成工作。
4. 增進問題的解決能力。

(十五) 善解班恐龍大展正式展開～第一次試玩

　　我們先討論需要哪些工作人員，並進行工作分配。

1. 各關蓋印人員

　　挖掘區：阿佑

　　主題書：玲玲

　　恐龍圖書館：婷婷

　　恐龍畫：小蓁

2. 各關工作人員

　　挖掘區：靈靈、皓皓、培培

主題書：小真

恐龍圖書館：瑄瑄

恐龍畫：阿宏、小宜

賣票人員：慈慈、恩恩

入口人員：阿哲、小安

抽獎人員：小昕、小軒

帶領人員：小書、小恕

參觀人員：<u>丞丞、小嚴、宸宸、皓皓、阿廷、小馨、小瑋、阿珩、銘銘</u>

　　試玩活動開始了，參觀人員到售票口買票，拿著票來到了入口，入口驗票的工作人員驗完票後，發給參觀者一張闖關卡，參觀者可以依照自己的喜好選擇參觀的動線，在會場則會有帶領人員，協助不知各關位置的參觀者，找到各關的所在位置，各關的工作人員要服務、招待參觀者，負責說明各關的內容或闖關的方式，參觀者在參觀完各關後，各關的蓋印人員會在闖關卡上蓋印標記，最後在出口處則是有抽獎盒等著參觀者玩抽獎遊戲。

▲參觀前，先買門票

▲入口處，領取闖關卡

▲閱讀手製恐龍小書

▲恐龍畫創作區體驗

▲快來挖掘恐龍模型

▲希望抽到大獎啊！

在試玩後的孩子分享心得，我們發現幾個問題有待改進與解決：

發現的問題	討論
1. 工作人員不夠認真。	盡職的工作人員要說：「歡迎光臨」，教參觀的人如何過關。
2. 大家都穿的一樣，不知工作人員是誰。	可以穿不一樣的衣服來區別。
3. 在恐龍創作畫這關，參觀者花了很多的時間。	恐龍圖案印的太大，所以要畫比較久，討論後，多數的孩子贊成將尺寸再縮小。
4. 大型恐龍模型擺在那裡沒有作用。	「我們的恐龍可以做哪些事呢？」孩子說：「可以讓它動。」「可以讓它說話。」「可以讓它和小朋友拍照。」

 老師的觀察 vs. 省思

恐龍大展的準備工作基本上已經完成了，一定要實際玩玩看，才知道哪裡有問題？要再做怎樣的修正？這是第一次的試玩，所以老師一直提醒每關工作人員該負責的工作，老師擔心展覽的有趣度是否不足？在檢討時，孩子未反應，老師再思考是否要再觀賞恐龍大展的照片，籌劃更大的展覽，例如：恐龍化石組合的展示、恐龍模型的展示、恐龍拍照區、恐龍聲音模仿等等，讓我們的恐龍大展可以更加豐富，但是如此將會付出更多的時間在準備，對於下一個主題的進展可能會有影響。

不過，排除這些疑慮之外，老師觀察到孩子學習了不少的能力……

1. 了解每種工作人員的工作內容。
2. 從扮演的角色（工作人員、參觀人員），學習認真、負責的態度。
3. 從試玩中發現問題，並提出解決的方法，再修正。
4. 學習與人合作，完成自己份內工作。

(十六) 善解班恐龍大展正式展開～試玩後的修正

1. 討論～工作人員的背心

　　恐龍大展的後續討論，今日我們討論了如何分辨工作人員？慈慈：「參觀的人穿制服時，我們就穿運動服。」皓皓：「工作人員可以穿工作服。」阿珩說：「可以穿上背心，背心後面寫上善解班恐龍大展，這樣就知道是工作人員了。」之前孩子提出大恐龍模型可以拍照、錄音的想法，老師對全班的孩子說明一遍，孩子都很贊成，所以要在大恐龍模型前設一個拍照區，由工作人員負責替參觀的人拍照。老師也提供先前孩子曾經看過的恐龍模型，詢問孩子是否想要運用在恐龍大展中，小軒說：「可以擺出來給大家看。」小軒：「要圍住。」培培：「要寫上每個恐龍的名字。」恩恩：「要寫『不能碰』。」討論出初步的想法後，就要開始後續的相關工作籌劃以及準備了。

2. 恐龍大展錄音、展示恐龍討論

　　延續昨天孩子們對於歡迎訪客的錄音、恐龍模型展示的想法後，今天老師找來了要一起討論的孩子們，分組進行策劃的工作。針對今天恐龍大展的討論，在錄音組方面，小蓁首先發表關於錄音機要放的位置：「要放在恐龍的身體裡！」（可是我們不能把恐龍的身體切開吧！）「那就放在地上，接麥克風好了，就像我們跳五行健康操那樣。」阿哲：「那我們看一下錄音機的大小，如果可以的話就放在恐龍的嘴巴，因為它剛好就開開的，要不然太大的話，就用一條線綁在它的背上。」靈靈：「我覺得錄音機可以放在恐龍的腳那邊，然後要有一個工作人員負責一直按、一直按……」，後來，解決的方

法在詢問過如玉老師後，確定了阿珩爸爸會協助我們將錄音的內容轉檔成 CD 播放的格式，正好就是孩子們決定，將每個人說的歡迎詞都錄製一遍後再重複播放！至於歡迎的臺詞部分，小昕首先提出自己的想法，她說：「歡迎光臨，歡迎進入恐龍大展！」阿哲則有另一個說法：「世界恐龍大展，歡迎光臨！」接著還有宸宸說：「歡迎光臨，善解班恐龍大展即將要開始了！」靈靈說：「歡迎光臨善解班恐龍大展，裡面有很多闖關遊戲等著你來挑戰。」皓皓說：「歡迎進入恐龍大展，善解班恐龍大展即將要開始了。」最後還有小蓁簡短有力的歡迎詞：「歡迎光臨、請進。」在大家集思廣益之下，都覺得自己的歡迎詞很有特色，因此我們決定大家的想法一併採用，錄製成 CD 的方式來播放。

　　接著在要如何展示恐龍的討論部分，小安提議：「要將全部的恐龍模型都擺出來。」婷婷則回應：「這樣櫃子放不下，每一種放一隻就好了。」小嚴擔心地說：「可是，有些恐龍會容易跌倒」，因此最後慈慈表示用投票來決定，結果孩子們決定每一種都放一隻就可以了，但「要展示在哪裡呢？」小安說鞋櫃，小嚴說建構角教具櫃，慈慈說語文角的櫃子，小安又說益智角的教具櫃（但他的想法，被慈慈覺得這樣就不能玩玩具而推翻），此時丞丞提出了另一個想法：「等要開店時將玩具收起來，關店再放回去。」慈慈：「這樣很麻煩！」於是老師建議道：「那我們來想一想教室裡還有哪一個角落沒有設關卡，並且提示說第三桌的桌子可不可以拿來做展示區呢？」獲得大家的贊成後，孩子們決定再將彼此分為三組，並且每組要挑選四隻恐龍模型，找出它的名字後，寫在紙上，但今天沒有恐龍書可以查閱，所以老師邀請孩子再將恐龍知識書帶來，老師可以用鉛筆幫忙寫後，讓孩子再描寫，等完成後再貼到模型的前面或身上，但這只是其中一個提供的協助方法，執行上仍會依照孩子們的決定。

▲我們從恐龍知識書上找到恐龍的名稱，再一一描寫

3. 恐龍大展背心製作

　　繼上次第一次「試玩」的經驗後，大家對於巡邏人員、負責的關主及客人之間要如何去區別，討論出一個決定，那就是工作人員可以穿著上面寫「善解班恐龍大展」的背心。並且在恐龍大展要開放前，所有的工作細項需要再次確定，例如恐龍小書的櫃子需要再整理、抽獎的禮物種類沒有當初設定的 1～10 號獎那麼多、慈慈也帶來恐龍大展的紙卡要幫忙布置，再來就是售票亭的標示也還沒寫出來，因此今天部分的孩子依照自己的意願，在進角落遊戲的時間來幫忙這些分組的工作：在禮物組的方面，我們統計出來禮物可分為哈利波特錢幣、恐龍尺、吊飾及貼紙四種，所以我們只保留 1～4 號的獎項，連一開始的「銘謝惠顧獎」都因為怕客人失望而取消了。至於背心製作的部分，經過定定和廣嚴的計數，紅、黃、綠三色的背心各有九件，各個顏色要給哪些工作人員穿，會留待明天再討論。而字體要以電腦列印或是孩子自己練習寫，在所花費的時間考慮之下，大家投票決定要讓老師打字、再列印出來，圍繞在老師的旁邊，孩子們決定以一長條的字即可，第一次列印出來，發現有點太小後，再放大印第二次就成功了，因此，要貼在背心上的字，就交給孩子幫忙將字體塗滿顏色才能固定了。

(十七) 善解班恐龍大展正式展開～第二次試玩

　　今天的第二次試玩，老師提醒了第一次檢討到的缺點，並且考量到人員盡量不要重複，因為接下來我們要邀請客人進班參與，我們善解班的孩子都將變成工作人員了。因此，依照闖關的分組及所需的工作人員數量，每個人各司其職，希望這次的試玩，能讓孩子更清楚地掌握每個細節。

📖 老師的觀察 vs. 省思

　　在這次試玩中，玲玲負責拍照的工作，其實非常有架勢的，在平常的生活中，我們鮮少看到孩子這一塊的表現，因此當孩子自願要負責這個工作時，老師心裡有著一些些的擔心，結果在照片輸出之後，玲玲在人物及背景的取景功力，的確很讓人放心呢！不過，孩子也提到一點，拍照時需要擺出誇張的鬼臉嗎？原因出自於阿珩在拍照時，做出了像恐龍一樣的張牙舞爪的模樣，這讓玲玲自己在檢討當下，提出了這個疑問，其實，對班上的每個人而言，誇張的表情實屬個人行為，雖然我們不嚴格去禁止，但在照片的美觀原則下，還是希望大家能擺出最自信的樣子來入鏡。

(十八) 善解班恐龍大展正式展開～第二次試玩檢討及解決

　　在昨天第二次試玩善解班恐龍大展後，今天老師和孩子們討論有沒有發現哪些地方是需要改進的，靈靈：「有時候客人都不來，等到要收拾的時候，才會突然湧出來！」針對這個問題，慈慈提到可以建議這些客人，如果發現有很多人在排隊，可以等到最後再去；或是採用阿佑建議的，這時候帶領人員就要告訴他們先到別地方（關卡）去。

　　另外，月蓉老師也提出了一個問題，因為接下來我們會邀請別班的小朋友來參加，所以可能會遇到一個問題，那就

是大家會不會不知道哪個關卡在哪裡，因為從一開始的準備到現在是我們班的孩子在進行活動，所以針對這個問題，該如何解決呢？在整個檢討及討論的過程中，阿佑很用心地聽著老師所講的一些重點，所以當老師提出這個問題時，他馬上建議可以做有圖案的卡片，上面再寫字，然後用免釘黏土黏在櫃子上，因此接下來我們徵求幾位孩子幫忙畫這些關卡的設計圖，由小嚴、銘銘、培培來畫恐龍模型關卡的圖文，然後由靈靈幫忙寫字，定定、慈慈和小軒來畫恐龍圖書館的關卡說明，再由丞

丞和阿哲幫忙寫字，最後完成的作品會留在明天和大家一起票選來決定。總結今天的檢討，孩子們認為不論是工作人員或客人，每個人都要清楚自己的工作內容，並且注意禮貌，這樣才能讓恐龍大展更有意義。

　　繼昨天由孩子完成「恐龍圖書館」、「恐龍展示」的關卡設計圖，今天老師展示大家的作品後，再經由投票來決定要選擇哪一張作為真正張貼出來的海報。結果恐龍展示的由銘銘的獲選，恐龍圖書館的由慈慈的獲選，加上小蓁主動願意協助，今天三個人先進行分組的繪製。再來，由於關卡一共有六關，我們檢視還有哪些未完成的關卡後，分別負責「主題恐龍書」、「挖掘體驗」、「恐龍畫」和「恐龍拍照」關卡的設計圖，因此利用些時間大家將設計圖完成後，老師一一請孩子上臺分享自己設計圖的內容，透過解說讓大家更清楚關卡上的圖案代表這一關是何種遊戲內容，最後大家也決定了主題恐龍書採用阿佑的作品，恐龍拍照採用婷婷的作品，挖掘體驗則加入了老師的一些建議，雖然大家選了培培的作品，但因為靈靈將人物的比例畫得比較好，所以最後的海報希望由他們兩個一起來完成。

老師的觀察 vs. 省思

在昨天的選擇及分組過程中，老師觀察到有些孩子雖然很有意願要幫忙設計，但往往會遇到孩子跟老師說自己不會畫的情況，或是不清楚主題該畫些什麼的情況。也因為分組的時間是利用其他人在進角落學習區時去製作，所以有的人會因為趕著完成要去進角落，而失去了耐心及用心，兩者影響的程度相較起來，是屬前者容易影響到工作的進度，像今天的「恐龍畫」這一組，就無法在時間內將作品完成，雖然孩子的恐龍作品可以有無限創意發揮的空間，但若兩個合作的人沒能達成共識，成品是很難順利完成的。

繼昨天陸續完成挖掘恐龍組、恐龍拍照組及主題恐龍書組的海報設計後，今天老師和大家檢視恐龍大展的闖關關卡是否都已經完成了，培培數了數之後發現：「好像還有一個沒有畫耶！」的確，昨天丞丞和瑄瑄雖然自願要幫忙畫這一關的設計圖，但由於兩人溝通上的問題，所以並沒有成品完成。今天老師再邀請阿哲、阿宏幫忙來畫設計圖，交由兩人來負責，其中阿宏不只畫了恐龍畫的主角，還畫出恐龍蛋和小 Baby、火山爆發，搭配上阿哲幫忙書寫的「恐龍畫」文字，應該可以讓大家一目了然了。

(十九) 善解班恐龍大展正式展開～如何邀請其他的班級

1. 各組招牌張貼、宣傳組

在討論如何讓大家知道我們的恐龍大展即將開幕的話題時，培培說：「可以製作宣傳單在門口發。」老師說：「可是如果不認識字的孩子怎麼知道宣傳單上面說什麼？」宸宸：「可以到各班去告訴他們。」孩子們都贊成這個想法，再來就是要討論該如何做？宣傳單要做多少？宣傳時要說哪些內容？在一陣討論後，我們取得共識為了不浪費紙張，決定各班一張

大張的宣傳海報，海報的內容註明：「善解班恐龍大展即將開幕！」貼上男生版和女生版的闖關卡，以及寫上開放的時間，剩下的空白處則是畫上圖畫裝飾。宣傳人員則要宣達三件事項，小嚴：「善解班級將開幕了，歡迎大家來玩。」小昕：「介紹各關關卡，恐龍圖書館、挖掘體驗區等等。」皓皓：「開放時間。」以自由分組的方式，參加人員分成四組，今日小組員們先協調選海報紙的顏色，明日再繼續後續的工作。

2. 工作進度

各組選擇自己喜歡的顏色紙張來製作宣傳海報，孩子用鉛筆仿寫「善解班恐龍大展即將開幕」，再將仿寫的字描上顏色貼上男、女版的闖關卡，最後在空白處畫上恐龍。宣傳海報完成後，各組各自商量選擇到某一班級進行宣傳工作，傳達「善解班恐龍大展即將開幕」的訊息，孩子在討論時已有定案，宣傳人員必定要宣達三件事項，小嚴：「善解班恐龍大展即將開幕了，歡迎大家來玩。」小昕：「介紹各關關卡，恐龍圖書館、挖掘體驗區等等。」皓皓：「開放時間是 10:00～11:30。」老師帶著各組的人員拿著海報到

各班，孩子們化身成宣傳人員，盡力將我們的善解班恐龍大展的訊息告知眾人，邀請大家可以蒞臨善解班恐龍大展參觀。雖然第一次顯得生澀，卻是一個難得的經驗，從中也獲得許多寶貴的學習。

老師的觀察 vs. 省思

宣傳組討論的過程中，培培是此活動的發起人，所以在討論時常常提出想法，宸宸也會針對培培提的想法或老師提的問題去思考並提出個人意見或想法，兩人主導討論的氣氛濃厚，其他的孩子則多是聆

聽的角色，發表意見的機會較少，且這次仍有幾位是老師邀請他們參加，希望可以透過多參加來增進孩子對於活動的興趣與提高參與度，但又會覺得如此是否與孩子自主的概念相違背，這中間點的掌握真的需要智慧與技巧，也要隨時觀察孩子的反應，以便做隨時的調整。

　　從宣傳活動，我們學習到什麼？

1. 透過宣傳海報製作，增進仿寫能力以及溝通協調能力。
2. 透過宣傳活動，提升語言表達能力。
3. 藉由宣傳活動，增加在眾人面前發言的機會與自信。
4. 透過小組創作，學習與人合作，完成工作。

(二十) 善解班恐龍大展正式展開～包容班、合心班、爸媽來闖關

　　在班上孩子自己試玩後，我們陸續籌劃出拍照區、錄製歡迎詞、工作服的加工等，今天善解班恐龍大展正式對外開幕囉！總共設計六個關卡，工作內容是依照孩子的意願自己選擇的，工作固定不再變動，而每組的細項工作分配，也讓孩子自行解決，孩子已經開始學會溝通與妥協，例如：慈慈和亭宜兩人都想負責蓋印的工作，溝通後，慈慈先將此機會讓給小宜，但協議下次換他擔任蓋印工作，拍照組的靈靈和玲玲也比照同樣的處理模式。

　　【主題恐龍書】：皓皓、阿廷；【挖掘體驗區】：小軒、小蓁、慈慈、小馨、小宜、阿宏；【恐龍圖書館】：恩恩、瑄瑄；【恐龍畫創作】：小昕、小書、小恕；【恐龍展示區】：小嚴、小真、皓皓；【恐龍拍照區】：靈靈、玲玲；【抽獎】：宸宸、小岱；【帶領人員】：培培、小軒、阿珩、小安、銘銘、阿佑；【門口】：婷婷、小瑋；【音樂】：阿佑。

　　在恐龍大展結束後，全班會進行心得分享與討論，從中發現問題，再

提出修正，讓我們的恐龍大展可以愈辦愈好。在各組問題討論時，許多孩子分享發現某位工作人員不認真的情形，於是我們針對工作人員的工作要點再做進一步的討論，取得以下幾點共識：

1. 客人來時，要站著迎接客人，如果沒有客人就可以坐著休息。
2. 工作人員的坐姿與站姿都要注意。
3. 要主動對參觀者介紹各關的內容——讓各組練習輪流擔任參觀者以及工作人員，練習應對參觀者時，說明各關的重點以及闖關的方法，帶領人員則是要練習詢問參觀者是否需要協助？讓孩子對於自我的工作關卡有更深的認識，也是在學習如何表達讓參觀者可以明白各關的內容，增進孩子語言表達能力。

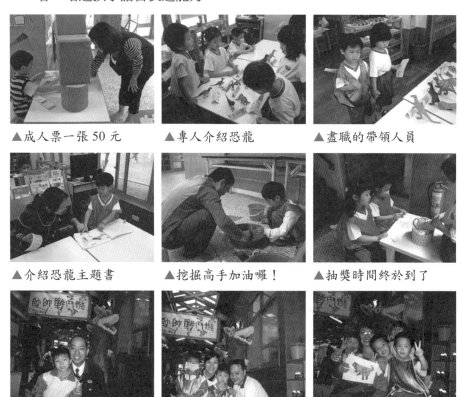

▲成人票一張 50 元　　▲專人介紹恐龍　　▲盡職的帶領人員

▲介紹恐龍主題書　　▲挖掘高手加油囉！　　▲抽獎時間終於到了

　▲恐龍拍照區～快來和恐龍拍張照，這都是孩子自己拍出來的成果喔！

🦕 伍、主題相關教具

角落學習區、教具名稱	操作方法及功能
美勞角：恐龍板畫 	方法： 1. 拿出一木製恐龍模型片，放於欲仿畫的紙張上。 2. 一手固定模型片，另一手跟著模型的邊緣完整勾勒出恐龍的輪廓。 3. 外型仿畫完成後，再畫上恐龍的五官、著上顏色及特徵即可。 功能： 1. 增進手眼協調的能力。 2. 加強握筆時的小肌肉掌控度。
美勞角：恐龍拼貼創作 	方法： 1. 拿取工作籃中一張空白的圖畫紙。 2. 使用美勞角提供的泡棉貼紙，依照自己的創意排列、黏貼在恐龍身上。 3. 待布置滿恐龍身上的空白處即可。 功能： 1. 增進藝術創作的美感。 2. 加強使用黏著劑的技巧。
益智角：恐龍大頭貼 	方法： 1. 將工作板上的恐龍大頭照全數摘下。 2. 依照版面上提示的恐龍頭型，配對手上的恐龍頭部，再一一黏回即完成。 功能： 1. 強化對恐龍外型的認知能力。 2. 增進思考的邏輯性。

角落學習區、教具名稱	操作方法及功能
益智角：恐龍拼圖 	方法： 1. 稍微瀏覽恐龍拼圖的排列後，將拼圖片一一拿出。 2. 從靠近邊邊的拼圖片拼起，慢慢往恐龍的主體拼接即可。 功能： 1. 加強對圖形認知的概念。 2. 增進組織與邏輯思考的能力。
益智角：恐龍化石片組裝 	方法： 1. 將木製化石片一一與圖卡上的恐龍化石片做比對。 2. 對應木頭片上每個連接的數字，將相同的兩個數字拼接在一起即完成。 功能： 1. 增進組織恐龍化石片的能力。 2. 透過數字的配對，認識恐龍身體的各個部位。
益智角：恐龍數與量配對遊戲 	方法： 1. 將數字卡從盒中拿出，依序排列在黏貼板的左側。 2. 對照數字卡上的數字，將正確的數量，排列在其右側的空格中。 3. 待全數完成即可。 功能： 1. 增進數與量的認知概念。 2. 加強手眼協調的能力。

角落學習區、教具名稱	操作方法及功能
語文角：恐龍認知圖卡  Eustreptospondylus 扭椎龍	方法（可一人或兩人一起操作）： 1. 一一拿出盒中的恐龍知識卡。 2. 依據恐龍的外型、顏色等特徵，進行認識、猜一猜的遊戲。 功能： 1. 加強認知恐龍種類與名稱的能力。 2. 增進以特徵建構知識的能力。
語文角：恐龍遊戲手工書 	方法： 1. 透過圖形、文字的線索去認識恐龍。 2. 翻頁後有拉一拉、動一動的體驗。 功能： 1. 透過操作的樂趣，提升對認識恐龍的興趣。 2. 培養愛護手工書的美德。

陸、孩子的學習成長

　　在整個挖掘活動的過程中，每一個活動都直接、間接帶給孩子不同的啟發及學習，激出令人驚喜的火花。

　　在挖掘的過程中，孩子學習到：

1. 數學能力～容量對比概念、重量概念：皓皓和另一位小朋友合作，他們使用的漏斗是屬於較小型的，皓皓發現朋友的鏟子挖了一大堆的沙，就說：「你的沙要弄少一點，因為漏斗很小，沙子太多會掉出去。

2. 觀察、比較概念：宸宸：「瓶子比較好用，塑膠袋搬的時候會破掉。」

孩子發現每次少量、少量的沙子量，比較不會造成漏斗塞住，如此一來，沙子裝滿瓶子的速度會增快。

3. 問題解決能力：靈靈：「使用塑膠袋，怕恐龍化石會被藏在鏟子內，被沙子蓋住。」阿哲：「用瓶子裝，就不怕恐龍化石被埋住，沒有發現到。」

4. 專注力與毅力的培養：小書分享：「很喜歡挖，覺得很辛苦，每天都要用心挖。」

5. 社會概念～合作精神的提升：老師加入挖掘工作，示範如何尋找同伴一起合作，讓孩子了解合作的好處，孩子也紛紛要求與同學合作，看來老師引起了孩子主動合作的意願囉！

6. 身體技能～小肌肉的發展、手眼協調能力：鏟子的使用以及技巧的增進。

另外，小真：「我都沒有挖到，擔心用鏟子敲漏斗的過程，會將恐龍片挖壞掉。」培培：「可以先摸一摸鏟子內的沙，看有沒有恐龍片。」小安：「用鏟子挖手會酸，希望有一陣龍捲風。」皓皓：「漏斗會塞住沙子。」小軒：「瓶子較好用。」從孩子的分享知道孩子學到：比較出瓶子比較好用，這是在搬運過程中比較出來的；挖掘的過程是辛苦的，但態度必須是用心的。

另外，由於沙子無法在同一天當中全部挖掘盛裝完畢，因此放在合心班外面的袋裝沙子在受到野狗攻擊的情況下，孩子們討論出要以搭「圍牆」的方式將沙子圍起來，而針對搭建的圍牆堅不堅固這個問題，阿哲、阿佑提出了「支撐」的概念，表示兩人已經運用到數學中「力」的概念，因此，老師順勢引導出「支撐力」的概念學習，鷹架孩子的知識。

在活動中，孩子學到合作、手眼協調能力（使用剪刀、撕膠帶、黏貼工作）、立體建構概念、科學觀察力、問題探究以及解決能力。

最後，孩子們決定要進行的「恐龍大展」，所有的準備工作基本上已

經完成了，而老師也希望孩子一定要實際玩玩看，才知道哪裡有問題？要再做怎樣的修正？這過程中，老師觀察到孩子學習了不少的能力：

1. 如何籌劃一個大型活動。
2. 透過小組討論、投票過程，學習與人意見交流、溝通與協調。
3. 了解每種工作人員的工作內容。
4. 學習與人合作，完成自己份內的工作。
5. 從試玩中發現問題，並提出解決的方法再修正。
6. 從扮演的角色（工作人員、參觀人員），學習認真、負責的態度。

接著，在自己試玩過後，如何將恐龍大展的活動告知全園的小朋友呢？培培是宣傳組討論的發起人，宸宸也會針對培培提的想法或老師提的問題去思考並提出個人意見或想法。因此，從宣傳活動，孩子們學習到：

1. 透過宣傳海報製作，增進仿寫能力以及溝通協調能力。
2. 透過宣傳活動，提升語言表達能力。
3. 藉由宣傳活動，增加在眾人面前發言的機會與自信。
4. 透過小組創作，學習與人合作，完成工作。

 ## 柒、教師的成長與省思

回顧整個「恐龍」的主題進行下來，在知識性的獲得上，老師也是最大的受益者，包括了解噴火龍是否存在、會不會噴火的真實性，都藉由主題活動的進行找到答案，老師扮演的角色已經不同於以往提供問題解決的意見者，反而是引導孩子思考如何去解決，實際做個主導者。例如孩子們決定要挖光沙坑的沙子，卻發現沙子裝進寶特瓶的速度太慢時，透過實際操作的結果，孩子們分享出嘗試搖動瓶子或是選用洞口大一點的漏斗等方法，就能較順利地裝進寶特瓶中。

　　相較於合心班時的「車子」課程，這學期老師帶進了「知識書」的工具，希望孩子在發現問題時，能主動尋找資料或參與小組研究，老師會提供時間，加入孩子們的討論，讓整個主題活動的進行更趨完整。

1. 「恐龍」的主題，從孩子自發性探索的興趣出發，因此凡資料的蒐集、各種活動的參與、操作相關教具或進行創作等，都在整個學期中激盪出不同的火花。

2. 孩子的學習需要家長的配合和支持，如蒐集關於挖掘化石的工具超乎我們的預期，並且種類的豐富足夠以「展示區」的方式呈現。

3. 主題進行的過程，會針對孩子遇到的問題想辦法引導其練習解決，如孩子們決定要挖光沙坑的沙子，卻發現沙子裝進寶特瓶的速度太慢時，這引發孩子嘗試搖動瓶子或是選用洞口大一點的漏斗。

4. 配合學校性的活動，如運動會、英文成果發表等，影響主題課程形成斷層，但是因為挖掘沙子活動持續在進行，對班上「恐龍書店」的籌備著，也讓孩子馬上回到我們「恐龍」主題的軌道上。

5. 相較於合心班時的「車子」課程，這學期孩子主動發現問題、尋找資料及參與小組研究的機會增加，也變得純熟，讓整個主題活動的進行更趨完整。

6. 角落探索時間，讓孩子的學習更自主，也是主題的延伸發展，孩子在角落時間可以自由選擇有興趣的活動，並且老師在許多孩子身上，觀察到其在繪畫創作這個區塊的成長，在學校透過同儕間的學習，回到家時，孩子們也邀請爸媽一同參與。

7. 利用教室內教具來製作恐龍模型雖然沒有預期地成功，但從孩子擅長的建構玩具出發，應用到主題活動的進行，也看出孩子具有想法及潛力的一面。

8. 家長了解到的不僅是孩子參與主題發展的過程，透過老師對每個活動的觀察、分析，家長更可了解到孩子形成、具備了哪些能力，如在挖

沙子的容器選擇上，培養了數學容量對比及重量概念的能力。

9. 銜接下個學期，雖然恐龍書店沒有開張成功，但換個方向的世界恐龍大展倒是引起孩子另一個興趣，從闖關遊戲出發，每個關卡的設計、製作海報邀請大家來參加，這是善解班主辦的活動，老師也不再是提供意見者，轉而讓孩子動動頭腦去當主導者。

10. 孩子們從每一次的試玩恐龍大展中發現，裡頭的細項工作其實不容易達成，售票、發闖關卡、每個關卡的工作人員、甚至是領導人員都身負重任，除了學習有禮貌、正確地表達客人要如何做之外，如何讓第一次進來的客人順利地完成闖關，並開心地離開，都是項藝術。

 ## 捌、家長回饋

1. 孩子會將學校的主題延伸回家，會翻書想了解恐龍飲食的習慣、體型的大小等，也會將學校所學的新知帶回家分享，主題活動是一個很好的課程，它增加孩子思考及主動學習的能力。

2. 在主題還未設定為「恐龍」時，孩子對其已有高度的興趣，進行恐龍主題後，孩子的學習動機更濃厚了，去逛書店時，孩子也會要求再買恐龍知識書，很高興老師的用心觀察與設計教案，正中孩子們的喜好與興趣，讓學校課程的學習，更加有趣也更吸引人。

3. 感恩老師用創意讓恐龍這個主題變成全班喜愛的話題，我的孩子對恐龍的了解和知識，以及對各種恐龍習性、特徵的認識，早已超越一般成人，並且成為他持續的興趣，恐龍書愈買愈專精，這樣小小年紀就成為恐龍專家，我想這就是學校教育啟發他主動求知的興趣，真的很珍貴的一份學習。

4. 感謝老師細心及用心的教導，每天載孩子上學時，他在車上總是跟我

說著恐龍的事情，這讓他注意力更集中，對學習更有興趣。

5. 這個主題讓原本就喜歡恐龍的孩子，更深入了解恐龍的相關知識，也讓平時熱愛畫畫創作的他，在線條上、立體感……，更顯生動活潑。

6. 好精彩的課程發展！孩子這學期學會很多恐龍名稱，還有許多是爸爸都不太懂的，並且我們也到臺中科博館看恐龍展，算是藉由「恐龍」開始學習參觀博物館，另外，孩子也很喜歡做恐龍積木、畫恐龍，真是獲益良多的一個學期。

7. 孩子回家會和我分享在學校挖掘恐龍化石有趣的過程，並畫出自己喜歡的恐龍畫像，孩子那專注的模樣超級認真，很感恩老師用心地陪伴。

8. 剛開始孩子從對「恐龍卡」的一股熱情，到現在全將它放在家中角落，是因為孩子學習從不同的角度去認識更多種類的恐龍，從學校中的探討，孩子回到家也無時無刻談起恐龍如此可怕，甚至就模仿恐龍叫的聲音，另外，孩子也了解恐龍分成草食性、肉食性，這麼多的恐龍種類及名稱，讓家長也跟著一起學習，更讓我們驚奇的是，當參觀「恐龍世界大展」時，孩子對探險家的挖掘工具、恐龍的種類、習性，都能一一地說出，真像是恐龍科學家的架勢，這學期的課程，讓孩子的興趣、知識都收穫滿滿呢！

9. 孩子雖然還不會認字，但經過主題課程的引導，孩子不僅對恐龍的名稱熟悉，還可輕鬆辨識書籍中的種類，有時還會跟我們介紹恐龍喔！

10. 孩子原本就對恐龍議題很感興趣，到書局找的一定要是恐龍書，一本書翻到皮開肉綻是正常的事，他也常和爺爺討論哪些恐龍最強壯，最重要的是，他不再排斥上學了！

11. 只要是有關恐龍的東西，孩子一定興奮到不行，原本認為恐龍的主題應該不好走，沒想到善解班在師生的合作下，走的有聲有色，讓身為媽媽的我，不得不佩服孩子和老師的創意喔！

玖、主題評量表

領域	項目	優	良好	尚可	加油
知識	1. 能說出兩種以上的恐龍名稱。				
	2. 能指認出「恐龍」二字。				
	3. 能知道肉食性、草食性恐龍的基本長相特徵。				
	4. 能分辨「噴火龍」的真實存在性。				
	5. 能知道各種考古需要的工具。				
	6. 能知道各種考古工具的功用。				
	7. 能知道恐龍化石形成的經過。				
	8. 能知道恐龍生長的三個年代分期（三疊紀、侏儸紀、白堊紀），並說出其中一個名稱。				
	9. 能知道書本「目錄」的功用。				
	10. 能知道石灰岩的質地特性。				
	11. 挖掘恐龍化石過程，能知道數學3以內的減法。				
	12. 可以比較使用瓶罐或塑膠袋裝沙子的優缺點。				
	13. 能知道水分造成恐龍化石片的「質變」。				
	14. 能透過挖掘過程，知道容量的概念。				
	15. 能找出方法，解決沙子卡在漏斗上的問題。				
	16. 可以找出最有效的方法，增快裝沙子的速度。				
	17. 在搬運不同瓶罐（裝沙）的過程，了解重量概念。				

領域	項目	優	良好	尚可	加油
知識	18. 會運用觀察能力，發現問題，並思考解決方法。				
	19. 能知道一種以上的蒐集資料方法（找書、上網、詢問專家）。				
技能	1. 可以畫出任一種考古工具或化石。				
	2. 會靈巧使用鏟子挖掘沙子。				
	3. 可以畫出基本的恐龍外型與特徵。				
	4. 會使用工具（鏟子、漏斗），將沙子裝入瓶子內。				
	5. 可以畫出基本的恐龍外型與特徵。				
	6. 可以知道手工書的製作方法，並製作完成。				
	7. 可以靈巧的使用膠水瓶，擠出膠水。				
氣質	1. 會樂於分享與「恐龍」相關的書籍或資料。				
	2. 會認真聆聽他人分享，並接納他人意見。				
	3. 團體討論中，勇於分享自己的想法。				
	4. 對於主題課程，保持高度的興趣。				
	5. 樂於參與角落活動（恐龍拼貼創作）。				
	6. 對於挖掘恐龍化石，保持高度興趣。				
	7. 樂於製作自己的恐龍書。				
	8. 能夠與同學合作，挖掘恐龍化石。				
	9. 主動、積極參與「恐龍大展」籌劃工作。				
	10. 擔任恐龍大展工作人員，態度認真、負責。				
	11. 能夠體認到工作的甘與苦。				

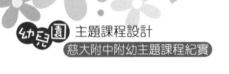

主題四
蝶飛「鳳」舞

●幼兒年齡：中大班　　●班級老師：顏如玉、簡月蓉

緣起

　　學校校園內生態豐富，在春夏兩季，除了可以看見成群的橙帶藍尺蛾外，還有獨角仙的出沒。而孩子們在戶外遊戲場遊戲時，常會在小樹叢邊或樹幹上發現一些小昆蟲，這些會動的小昆蟲引起孩子們莫大的關注與興趣，例如椿象。孩子都會去觀察、抓或撥弄小昆蟲，老師發現到孩子對於小昆蟲的興趣，也觀察到孩子與小昆蟲的互動行為，感覺孩子缺乏對生命的尊重感，所以透過蝶飛「鳳」舞的主題，引導孩子認識昆蟲，培養親近自然的心以及尊重生命之美；再者乃是發現在「恐龍大挖掘」的主題課程過程中，已經啟發孩子對於科學研究的興趣，期望透過蝶飛「鳳」舞的主題，再提升孩子科學探究的精神。

教學目標

【科學探究之心】學習運用科學方法（觀察）與探索世界。

【親近自然之心】熱愛親近大自然，並觀察大自然的變化。

【愛護生命之心】擁有關愛自然界動植物，主動的態度。

壹、主題概念網

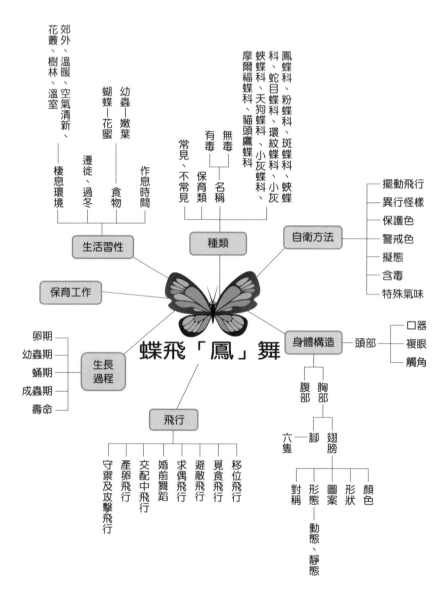

生活習性
　花叢、樹林、溫室
　郊外、溫暖、空氣清新、——棲息環境
　蝴蝶—花蜜
　幼蟲—嫩葉——食物
　遷徙、過冬
　作息時間

種類
　常見、不常見
　有毒—保育類
　無毒—名稱
　鳳蝶科、粉蝶科、斑蝶科、蛺蝶科、蛇目蝶科、環紋蝶科、小灰蛺蝶科、天狗蝶科、小灰蝶科、摩爾福蝶科、貓頭鷹蝶科

自衛方法
　擺動飛行
　異行怪樣
　保護色
　警戒色
　擬態
　含毒
　特殊氣味

保育工作

蝶飛「鳳」舞

生長過程
　卵期
　幼蟲期
　蛹期
　成蟲期
　壽命

身體構造
　頭部——口器、複眼、觸角
　胸部——腳、翅膀
　腹部
　六隻—腳
　翅膀—顏色、形狀、圖案、形態—動態、靜態、對稱

飛行
　守禦及攻擊飛行
　產卵飛行
　交配中飛行
　婚前舞蹈
　求偶飛行
　避敵飛行
　覓食飛行
　移位飛行

貳、主題事後網

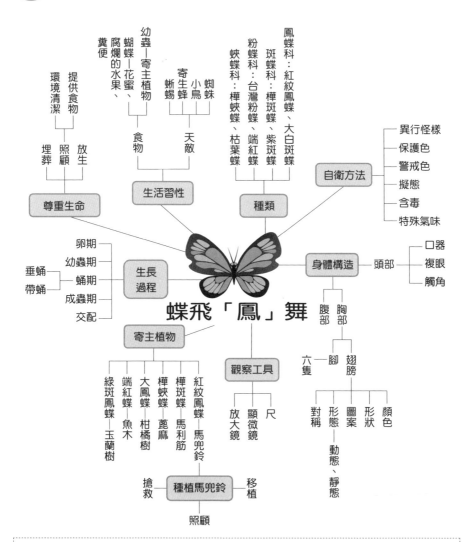

主題延伸探索發展：
(1)蝴蝶美勞創作；(2)肢體模仿創作；(3)蝴蝶歌謠創作；(4)個人蝴蝶主題研究；(5)觀察紀錄。

參、教學策略

(一) 建構主義～鷹架策略

從環境的營造、讓孩子親身的參與，進行實際觀察，與相關議題討論，讓孩子置身在知識（蝴蝶生長歷程）所存在的環境，進行直接觀察，自然且主動的建構知識、發現問題、尋求解決的過程。

(二) 不直接教學

讓孩子思考、猜測，透過觀察與查詢書本，獲得印證。但是老師本身要在旁觀察，適時的介入，方式可以是陪伴、引導、鼓勵與提出質疑。

肆、主題發展歷程

主題引發 ▶ 興趣萌發 ▶ 探索鷹架 ▶ 成果展現

一、主題引發階段

　　蝶飛「鳳」舞主題是由老師觀察孩子平日的行為以及發現孩子不足的點而預設，老師為了引起孩子的興趣，先從種植蝴蝶幼蟲的寄主植物為起點，慢慢的引領孩子踏入蝴蝶的相關議題，並激發孩子的興趣。而在課程進行的時間軸線安排上，蝶飛「鳳」舞的主題引發階段，與恐龍大挖掘主題的成果展現階段有所重疊，恐龍主題大展的籌畫與移植馬兜鈴、觀察紅紋鳳蝶幼蟲是在同一橫軸時間進行，縱軸的時間則是運用早上入園7：30至9：00的角落時間或下午4：00至5：00戶外探索時間照顧馬兜鈴、觀察蝴蝶幼蟲。老師的考量是隨著恐龍大展結束，孩子們可以自然且順利的就進入蝴蝶探究課程，減少等待孩子興趣啟發的時間。

🔍 紅紋鳳蝶的寄主植物～馬兜鈴

　　希望透過讓孩子實際的體驗和觀察，引發孩子們對於「蝴蝶」的興趣，於是老師帶領孩子一起觀察寄主植物，照顧寄主植物，從蝴蝶幼蟲「食物」的觀點來出發，帶領孩子鷹架知識，了解蝴蝶幼蟲生長的要件，並開始一連串的蝴蝶生命探索課程。

(一) 馬兜鈴的第一類接觸

　　為了蝶飛「鳳」舞的主題，特別向已畢業孩子的媽媽，拿了六盆的紅紋鳳蝶幼蟲的寄主植物「馬兜鈴」，讓孩子可以就近觀察蝴蝶幼蟲的身影，孩子覺得要將盆栽內的馬兜鈴移植到我們的菜園旁的花園，所以請學校的行政中心先幫忙挖了六個坑，協助架攀爬架，我們則是翌日再利用時間去

移植，下午的時間則帶著幾位小朋友到戶外遊戲，幫馬兜鈴澆水，順便觀察是否有幼蟲或卵，結果真的發現似乎有紅紋鳳蝶的幼蟲，有看到的孩子也顯得很有興趣，就是希望透過親手參與種植，觀察蝴蝶的幼蟲的過程，可以自然的引起孩子對於蝶飛「鳳」舞主題的興趣。

(二) 移植馬兜鈴

帶著鏟子、水桶，我們一起去移植馬兜鈴，老師先示範使用鏟子將土挖出，並將馬兜鈴的盆栽移植到泥土中，光老師做，孩子在旁邊看，可一點都不好玩，如果讓孩子可以有機會操作鏟子挖泥土，並協助將盆栽移至泥土中，孩子對於可以操作都會有很大的興趣。希望透過這個過程可以增進孩子對於馬兜鈴的感情，增加其想要主動了解、關心、照顧它的動機，再從中去觀察到在馬兜鈴葉子上覓食的蝴蝶幼蟲，引起我們的蝶飛「鳳」舞主題。將馬兜鈴照顧好，才可以讓蝴蝶幼蟲有食物，可是在種植這方面，老師並不是專家，該如何照顧？要澆多少水？什麼時候澆？都會影響到馬兜鈴的生長，這個問題提出與孩子討論，畢竟讓孩子去參與，孩子會更加容易投入，不需老師獨自想著要如何解決，或許把問題拋出去，孩子可以找到更多的方法來處理呢！

老師的觀察 vs. 省思

老師對於種植涉獵不多，所以在移植的過程中，也遇到了一些問題，例如不知如何將盆栽內的馬兜鈴正確的移植至泥土中？要種多深？不知移植過程是否會傷害到植物的根？在種植前可以再多詢問相關經驗的老師，或請求協助。

(三) 如何照顧馬兜鈴？

種植馬兜鈴是為了替蝴蝶的幼蟲準備草食，所以照顧好馬兜鈴是必要的喔！

老師：「要怎麼照顧好馬兜鈴呢？」

小崇：「要替它澆水。」

老師：「何時澆？」

小崇：「早上。」

老師：「一次要澆多少水呢？」（老師拿出預先準備的水桶給小朋友看）

阿廣：「水桶的一半，共澆二桶。」

靈靈：「要添加養分。」

老師：「哪些是養分呢？」

小昕：「施肥。」

小安：「肥料。」

老師：「哪些東西可以當肥料？」

阿佑：「蛋殼。」

小安：「水果皮。」

培培：「除了養分外，還要跟它說好話。」

老師反問：「哪些是好話？」

培培：「祝福它快快長大。」

對於照顧馬兜鈴，孩子從植物最需要的水分、營養以及愛三方面去討論如何照顧馬兜鈴，我們也討論出，每天早上的角落時間、吃點心前要去照顧馬兜鈴，替它澆水。

老師的觀察 vs. 省思

　　大部分的孩子家中都有種植盆栽或花草，所以在討論照顧植物時，孩子的回饋很多、很棒，還會提到要對它口說好話，表示平日靜思語的教學已深植孩子的內心，所以會想到用好話來愛這些馬兜鈴。老師也特別讓平日較少主動舉手發表的孩子先分享，一方面是希望可以增加他們參與主題的意願，一方面也是增進其口語表達以及邏輯思考能力。

(四) 照顧馬兜鈴／觀察紅紋鳳蝶幼蟲

　　孩子分工合作幫馬兜鈴澆水，並對它說好話，認真的祝福馬兜鈴快快長大。孩子也觀察葉子上的紅紋鳳蝶幼蟲，看到幼蟲寶寶都躲在樹葉的下方時，顯得很興奮，還會相互通知朋友一起觀察。有的孩子會拿著樹枝撥弄紅紋鳳蝶幼蟲，老師也利用機會教育孩子要愛護生命。

老師的觀察 vs. 省思

　　照顧以及觀察馬兜鈴的活動，目前是採整班一起進行，但也會發現有些孩子到了戶外會被玩心影響，也或許對於植物或毛毛蟲的興趣不大，所以會玩起來。或是觀察的孩子用樹枝去侵犯幼蟲，這些行為都是需要再教育，教導他們懂得尊重生命、愛惜生物。

孩子們都很期待輪流替馬兜鈴澆水，有的孩子則是蹲著尋找紅紋鳳蝶幼蟲是否還在？之前專業人員耀文叔叔與孩子介紹這種蝴蝶的幼蟲是「紅紋鳳蝶」的幼蟲，孩子已經記住了，但是老師尚未正式介紹牠，是希望孩子可以主動想辦法去尋找答案。孩子

們紛紛表示家中有蝴蝶相關的書籍，要帶來學校提供大家閱讀，接下來就看看孩子還可以激發出哪些興趣點或者是火花。

老師的觀察 vs. 省思

教室中已經有一、二本與毛毛蟲相關的書籍，孩子會翻閱並想要尋找我們在馬兜鈴上觀察到的紅紋鳳蝶幼蟲是否也有在書中，在每週五的借書，他們也會主動借一本與蝴蝶有關的書籍，可見孩子對於「蝴蝶」的興趣已經開始發酵囉！

(五) 觀察馬兜鈴／蝴蝶幼蟲

經過四天的假期再去觀察紅紋鳳蝶的幼蟲，孩子們發現幼蟲長大了許多，而且數量也增多了，觀察細微的丞丞還發現了尚未孵化的卵，老師請孩子數一數總共有多少蛋或幼蟲？仔細觀察幼蟲在做什麼？觀察中，有一隻看似紅紋鳳蝶飛近馬兜鈴，一靠近，孩子就急著躲開並發出害怕的叫聲，所以蝴蝶就飛走了，真可惜！

老師的觀察 vs. 省思

　　主題的興趣真的是可以培養的，就看老師如何營造與引導氛圍。原本擔心蝴蝶的主題無法引起孩子的興趣，但從種植馬兜鈴到觀察蝴蝶幼蟲，看見孩子慢慢的投入蝶飛「鳳」舞的主題。再來就是如何引導孩子做更深入的觀察或紀錄，孩子目前停留在看到幼蟲就很興奮，可是如果沒有再更深入的研究或認識蝴蝶，想必孩子的熱情將很快就減弱了，老師思考著可以讓孩子試著將觀察到的幼蟲畫下來、尋找牠的真實身分，或者可以請專家帶我們來一趟校園蝴蝶巡禮等等，都是可以再和孩子討論的部分。

(六) 照顧馬兜鈴／蝴蝶幼蟲

　　趁著放晴的天氣，老師帶著孩子到戶外關心許久未見的「馬兜鈴」，並且感謝阿凱媽媽的提醒，我們也利用剪刀將枯掉的馬兜鈴葉子修剪一番，突然，小乖發現周遭有好幾隻蝴蝶在飛舞，更加深了大家對於馬兜鈴葉子上的幼蟲的關注，期待牠們能盡早變成「紅紋鳳蝶」。回到教室後，老師和孩子們回顧剛剛在外頭所做的事情。小岱分享他發現有兩個「蛹」，一個有破掉，一個沒有破，他形容蛹原本是硬硬的，破掉之後就變得軟軟的，就像吃菜菜會發出ㄅㄠˊ　ㄅㄠˊ的聲音，但是破掉的那個蛹裡面已經沒有東西了，此時丞丞在一旁解釋著，破掉的那個蛹，是因為蝴蝶要飛出去將翅膀曬乾……，還有，丞丞觀察到大紅紋鳳蝶幼蟲前進的方式，丞丞：「牠要先將前面的身體往前，再把後面的身體縮起來。」對於幼蟲前進的方式，老師以手指頭模擬的方式拋一

個問題給孩子，詢問大家知道這樣的姿勢叫作什麼。阿珩說：「是不是像人類在地上爬一樣啊？」小乖接著說：「那就是爬行啊！」靈靈也說：「像趴趴熊一樣！」

　　對於「蠕動」這個詞，正好利用這個時機讓孩子在接下來的閱讀時間去探索或詢問爸媽，算是讓孩子對於蝴蝶幼蟲的認識更進一步了。

老師的觀察 vs. 省思

　　今天老師帶領孩子們拿著剪刀幫忙剪枯掉的馬兜鈴葉子，除了要提醒孩子注意有些幼蟲會躲在葉子底下外，也提到為什麼要將枯的葉子剪掉呢？培培馬上說：「因為大紅紋鳳蝶不吃枯掉的葉子。」慈慈順著他的話，幫忙解釋著：「牠可能會肚子痛。」瑄瑄也說：「牠吃枯掉的葉子是沒有營養分的。」這些答案都可以成立，但是，還有更正確的答案。靈靈說道：「因為它會長不出新的葉子！」靈靈分析得很正確，因為枯的葉子剪掉後，才有空間長出新的葉子，提供給幼蟲成長。

(七) 觀察馬兜鈴／紅紋鳳蝶幼蟲

　　隨著放假兩天，以及前一陣子氣候不佳，已經數日沒有去觀察大紅紋鳳蝶的幼蟲，利用早上的角落時間，老師帶著孩子去關心我們種植的馬兜鈴以及寄食在上面的紅紋鳳蝶幼蟲，觀察前與孩子討論蝴蝶為什麼都不願意靠近我們？點出尊重蝴蝶，將音量放小、動作靜、緩，不去打擾牠們的生活，自然就可以看到蝴蝶接近，孩子在今天發現已經有數個蛹羽化了，

還有葉子上出現一顆顆大大、圓圓、暗綠色的物體。丞丞說：「是毛毛蟲的大便。」

此時，孩子發現被脫掉的皮以及蛹，不僅結在馬兜鈴上，也結在木椅的一角，孩子尚不知原因為何？只是先靜靜的觀察牠們！忽然，定定出了一腳，踢了一個蛹，蛹的四周隨即出現一些黏液，孩子說那是流血了，利用此機會，老師與孩子討論該如何照顧以及尊重這些小生命。

孩子說：「不要踢牠。不要用手拍牠。」
老師：「那可以大聲說話囉！」
孩子回應：「不可以。」
老師：「為什麼呢？」
孩子：「這樣會嚇到牠。」

希望透過討論，孩子可以更了解如何確實的做到愛護生命的具體行為。

老師的觀察 vs. 省思

定定出於無聊好玩的心態，踢了正在蛹中進行羽化過程的紅紋鳳蝶，老師利用此機會與孩子討論如何照顧、愛護這些生命，就是希望透過這個過程，讓孩子可以體認尊重生命的感受以及付諸行動，可以用實際的行動來愛護這群嬌小的生命，了解萬物皆有靈的概念，對於定定，老師以感同身受的觀點去引導他，如果角色互換他的感受又會是如何？並要他學習為其行為負責，除了向紅紋鳳蝶道歉之外，這幾

天他都要去關心蛹的後續發展。

　　今天孩子在觀察時，會降低音量，動作溫柔些，所以，有一隻蝴蝶有試著靠近我們身邊，孩子看到也很開心呢！

(八) 觀察紅紋鳳蝶幼蟲／照顧馬兜鈴

　　我們剛好觀察到一隻紅紋鳳蝶幼蟲正在草地上爬行，準備尋找一個舒適、安全的地方結蛹，另一群的孩子也發現了好幾隻紅紋鳳蝶幼蟲在椅背上結蛹，有人問：「為什麼牠不在馬兜鈴上結蛹就好了呢？」看來孩子已經發現一些問題囉！而阿德也在觀察時，發現馬兜鈴上有類似小岱早上帶進教室內的幼蟲，所以我們決定先將小岱那隻幼蟲放在馬兜鈴上，解決牠食物的問題。定定上次用腳踢的蛹，也一直沒有羽化的情形，蛹則是有部分出現反黑的情形，要再與定定或全班討論後續的處理工作，以藉此對於孩子進行一場生命教育。

二、興趣萌發階段

(一) 蝴蝶相關書籍分享

　　老師在語文角陸續加入蝴蝶相關的書籍和圖鑑，有了前幾個學期的經驗以及老師的鼓勵，孩子們開始陸續將家中的蝴蝶書籍帶來學校分享。透過這些書籍，孩子們的蝴蝶知識一直在累積中，也釐清了許多在過程中有興趣的問題，到了主題課程結束時，孩子們已經是一位蝴蝶小博士了。

1. 書籍分享一

　　今天慈慈和小安各自帶來《親親自然──蝴蝶》，以及《臺灣蝴蝶圖

鑑》的知識書與大家分享。其中首先分
享的慈慈，介紹了書中關於蝴蝶如何採
花蜜、喝水以及如何生小 Baby 的過
程。雖然對於圖文對照的說明，沒有逐
字地介紹，但卻留給孩子在語文角閱讀
時更多的學習空間。最後老師將話題停
留在「蝴蝶與蛾」的地方，希望以此作

為認識蝴蝶的開端，因為兩者其實屬於不同的生物，只是差異在哪呢？這
個問題拋出去後，阿佑馬上以學術性的見解——觸角，來說明蝴蝶的觸角
是圓圓的（棍棒狀），但是蛾的觸角卻是毛毛、尖尖的（羽狀、絲狀、櫛
齒狀，獨缺棍棒狀），接著還有小乖從圖片中找到兩者的翅膀形狀不太一
樣（蛾有洞洞，意思說較有曲線，蝴蝶則平平的，沒有洞洞），最後我們
的討論便在大家紛紛提到蝴蝶和蛾的顏色也不一樣中結束，今天這樣的開
頭，似乎也引起孩子們更熱切的要去認識蝴蝶。

　　接著小安帶來的圖鑑書中，正好有我們種植的馬兜鈴上的蟲卵，那正
是大紅紋鳳蝶的幼蟲，等蝴蝶結成蛹、長大後，雄蝴蝶身上的翅膀除了有
紅點外，它是黑色的，而雌的是咖啡色的……，透過目錄式的介紹，也讓
孩子在日後閱讀這本書時，有了更快的方法。

老師的觀察 vs. 省思

　　佑佑在老師提及蝴蝶與蛾有哪裡不同時，他的精闢分析，其實有
點讓老師驚訝，不確定孩子是從圖片中觀察出兩者間的不同，還是在
書籍或電視頻道中獲得這樣的資訊，但老師可以肯定的是，孩子平時
除了喜歡研究飛機、戰車外，接下來關於蝴蝶的許多問題，可能都能
從他那裡得到很多的想法及說明。

2. 書籍分享二

　　今天關於主題蝴蝶的好書，亭亭和小蓁也各自帶來兩本書介紹，前者分享的是關於南部和東部地區「固有森林蝶類重要棲地及資源」，其中東部地區一書中，正好介紹到大紅紋鳳蝶的內容，黑色的翅膀是爸爸，咖啡色的翅膀是媽媽，這更加強孩子容易在花蓮地區觀察到這類的蝴蝶，接著小蓁介紹的兩本簡單而易懂的「驚奇書」，其中「一片綠葉」的故事正是毛毛蟲如何蛻變成蝴蝶的過程，仔細地說明讓孩子融入美麗的故事中呢！

(二) 校園常客～橙帶藍尺蛾

　　培培入園時，在走廊發現了一隻蝴蝶，進入班級與老師分享。老師詢問孩子：「要不要一起來去看看！」孩子應聲說：「好」。

　　於是我們一群有興趣的人來到走廊尋找這隻蝴蝶，發現牠停在柱子上，靜靜的休息輕舞的翅膀，孩子安安靜靜的不敢打擾。孩子開始討論：「這是什麼蝴蝶？」有人說：「這不是蝴蝶。」小安：「是橙帶藍尺蛾。」

　　培培馬上跑到教室取了一本蝴蝶圖鑑，對照圖片，查詢起這隻蝴蝶的名字，回到教室，幾個孩子（丞丞、培培、小安、小岱）待在語文角繼續翻閱蝴蝶或昆蟲的書籍，試圖尋找出橙帶藍尺蛾的圖片，最後終於被培培和丞丞找到。

老師的觀察 vs. 省思

　　隨著蝴蝶主題的進行，孩子會主動觀察、發現蝴蝶或蛾，會對其充滿好奇與興趣，老師立即帶領有興趣的孩子一起做觀察，就是希望透過實際感官的觀察，可以將孩子的興趣再扎得更深。孩子在找資料時，老師也適時的加入，有老師的陪伴，孩子的學習意願和動機更為

強烈，孩子會感覺到老師是參與者，而非只是指導者的角色。雖然老師沒有全程參與，可是培培和丞丞堅持找到答案後才結束，這樣的毅力與主動學習的心，真的就是老師希望孩子所能養成的。

(三) 觀察～毛毛蟲的真實身分

1. 毛毛蟲的真實身分（資料查閱）

昨日下午總務處振峰叔叔替我們拿了數盆毛毛蟲的寄生植物，還有一個盒子內裝有數隻蝴蝶幼蟲及卵，今天早上角落時間，丞丞主動表示要翻閱書籍，尋找盒子內的幼蟲是哪隻蝴蝶的幼蟲，於是他在主題書櫃中取了一本《蝴蝶 100》的書籍，開始對照上面的幼蟲圖片尋找答案，透過書籍的介紹，我們知道牠是粉蝶科的幼蟲，至於是淡紫粉蝶或臺灣粉蝶、粉斑蝶都有可能，因為幼蟲都長得很像，所以我們要等待牠變成蝴蝶後再來研究牠是屬於哪一種蝴蝶，而丞丞也利用分享時間與班上孩子分享我們的資料查閱結果。

老師的觀察 vs. 省思

對於毛毛蟲，孩子的反應是充滿好奇，會主動想要去觀察牠，也有意願要將牠們養在教室中，但是擔心孩子缺乏愛護以及尊重生命的態度，於是和孩子討論該如何愛護這群嬌客。因為之前曾出現過定用腳踢紅紋鳳蝶的蛹，以及搬動飼養箱而壓死毛毛蟲的事件，所以在孩子決定要養牠們之前，需要先建立照顧的方法。孩子提出不可打牠、不可推牠、不可以用手碰牠、要愛護牠、不可以擠來擠去等照顧法則。

植物的部分，因為孩子與老師對於這方面的知識都還不足，但小慈已經提出可以問振峰叔叔的方法。

2. 粉蝶幼蟲的新家

　　教室中粉蝶幼蟲的食草魚木已經枯萎了，角落時間時，老師搬來一株魚木，邀請孩子將枯葉上的粉蝶幼蟲移到魚木盆栽上，並提醒孩子要注意力道。孩子對於可以親手觸摸到幼蟲都充滿興趣，不敢摸的也在一旁觀看。他們依序排隊將幼蟲輕輕的移動到新家，希望牠們可以食物充足不短缺。

三、探索鷹架階段

(一) 搶救馬兜鈴大行動

　　經過一陣子的照顧與觀察，我們發現馬兜鈴開始枯萎了，於是開始與孩子討論相關的問題。馬兜鈴枯掉的原因？馬兜鈴枯死會造成的影響？該如何搶救？並實際進行搶救行動。

1. 觀察馬兜鈴～它枯了

　　經過前一陣子不穩定又下雨的天氣，在放晴的星期五下午，一位大班孩子的媽媽告知老師：「我們的馬兜鈴好像都枯死了，原本高高的土也因為水分吸收太多，有些陷下去了，所以建議老師再多堆一些土上去，讓土壤肥沃一些，才足夠讓上面『那麼

多』的幼蟲吃……。」這樣的訊息老師沒有事先告知孩子，所以早晨老師帶著孩子實地去觀察。

　　阿德說：「葉子不見了，被吃光了！」

　　小安則發現：「都是枯掉的葉子，有的黃色，有的已經變成咖啡色！」

　　阿佑補充：「是因為乾掉、不新鮮了，原本營養的應該是綠色的。」

　　老師問：「可是馬兜鈴為什麼會枯掉了？」

　　阿佑：「可能是下雨然後又出太陽。」

　　小蓁：「有吸收水分的葉子就是綠色，沒有吸水就會枯掉。」

　　小柏聯想到：「我們沒有剪葉子……」
　　皓皓：「是不是我們沒澆水阿？」

　　可是上禮拜幾乎都有下雨，所以可能跟水分沒有關係。老師依據天氣下了這樣的定論，並且在孩子分享到葉子成長需要陽光時，老師另外補充植物成長除了需要「水分、陽光」之外，還有「土壤」。孩子們聯想到：「那是我們的土不營養嗎？」所以當靈靈說：「我們家有培養土……」時，丞丞和阿宏也紛紛表示家中有可以帶來的培養土。另外阿佑也提到蛋殼和果皮可以拿來當肥料，不過目前馬兜鈴的根已半露在外面了，再加上如果全部都用培養土會太營養，所以在植物補強的部分，我們要先將根挖出來，再摻雜一些原本的土和培養土一起，試試看能否恢復植物的生機。

2. 提供給馬兜鈴的培養土、廚餘

　　在昨天老師和孩子們討論關於我們的馬兜鈴葉子枯掉的原因後，讓土壤重新變營養，加入培養土和廚餘當肥料的補救是孩子們同意要採用的方法，因此今天很多人帶來土、蛋殼、水果皮等廚餘，但除了培養土過於肥沃，不能直接倒在土壤，要和一些原有的泥土攪拌外，小昕也轉述兩件媽媽告訴她的小撇步，首先，廚餘不能直接灑在馬兜鈴上當肥料，因為堆肥要經過「腐熟」的過程才能使用，而經過太陽曝曬產生的「熱」，也會傷害植物的根系，所以要先把廚餘鋪在另一塊土上，待一段時間後，再重新移回馬兜鈴的土上；再者，每天的十點過後到下午兩點是不適合澆水的時間，因為那時土壤中澆的水，會因為太陽過度曝曬，而使植物的根系受傷。

3. 培養土復育馬兜鈴

　　早上我們帶著大家從家裡帶來的培養土，出發去栽植馬兜鈴的地方，希望利用專業人員耀文叔叔提供給我們的泥土，加入培養土的營養後，可以讓馬兜鈴重新翠綠起來……。老師先請孩子將培養土倒在泥土上，再利用鏟子翻鬆，因為泥土的黏性強，所以孩子挖動的力量沒那麼大時，反而挖起一些飛揚的培養土，慢慢的，孩子比較上手後，知道把下面的泥土挖上來和培養土攪拌均勻，使得土壤可以鋪蓋在馬兜鈴的根部。另一方面用剩下的泥土，因為昨天小昕有提到廚餘需經過「腐熟」的過程，所以有帶蛋殼、果皮來的孩子，也將這些即將可以使用的肥料埋入土堆當中，希望經過太陽的曝曬後，能繼續提供養分給馬兜鈴。

老師的觀察 vs. 省思

　　第一次嘗試將泥土和培養土攪拌均勻的過程，孩子們在力道的控制上遇到一些困難，再者對於裸露出來的馬兜鈴根部，孩子覆蓋之後還需要老師幫忙再壓平、加工，不過老師提醒兩株馬兜鈴中間，可以再加入一些已經攪拌好的土，提供了當馬兜鈴養分不足時，可以從旁邊來攝取。

▲我們將培養土和泥土攪和均勻，要重新給馬兜鈴養分外，也要將帶來的蛋殼和果皮埋成堆肥。

4. 照顧馬兜鈴～澆水

　　再替馬兜鈴填上新的土後，我們仍利用時間去關懷它、照顧它，孩子還在觀察的過程中發現一隻羽化出來就斷翅的蝴蝶，最後仍舊死亡了，大家提議將牠埋起來，於是挖了一個洞，將牠埋進去，並齊唱「愛與關懷」這首歌給牠聽，祝福牠下次變成一隻健康的蝴蝶。今日我們利用五行健康操前的一點時間去澆水，並觀察馬兜鈴生長的情形，似乎仍沒有長出新的嫩葉的跡象，倒是旁邊的植物長得不錯呢！看見老師在撥弄馬兜鈴的果實，孩子們也產生興趣，在每株馬兜鈴上找果實，並用手搓揉，讓裡面的種子可以掉落在地面上，還幫忙將枯掉的葉子拔下來，透過這些照顧的過程，希望可以提高孩子對於植物的尊重。

5. 照顧馬兜鈴～觀察紅紋鳳蝶交配

　　昨日下午老師將小星星爸爸拿到學校的馬兜鈴移植到大盆栽內，以讓它有更多的空間可以生長、繁殖，而今天一早就發現上面的紅紋鳳蝶幼蟲開始紛紛出走，原因是馬兜鈴已經被吃光了，為了不讓牠們因為食物短缺而失去生命，所以我們決定將牠們送回亞洲水泥的蝴蝶園，讓牠們可以繼續健康的成長。利用早上的時間請幾位自願的孩子替馬兜鈴澆水，他們發現一對正在交配的蝴蝶，開心的跑來與老師分享，所以我們就請有興趣的孩子一起去做觀察。

6. 長出嫩葉囉！

搶救馬兜鈴的活動一直持續著，我們會利用早上或下午的時間去觀察馬兜鈴、替它澆澆水、把枯葉取下來，就是希望馬兜鈴可以繼續活下去，長出新的葉子，就在我們的努力以及照顧下，終於發現馬兜鈴已經陸續冒出新的嫩葉，表示我們的方法成功了，但是我們仍要持續照顧它，因

▲小小嫩葉在此！

為如果可以長出更多的馬兜鈴，紅紋鳳蝶媽媽就會在這裡產卵，幼蟲寶寶也才會有食物可以吃。

7. 觀察馬兜鈴～發現新的紅紋鳳蝶寶寶囉！

經過一個星期，馬兜鈴上的葉子愈來愈多，小蓁、靈靈開心的分享馬兜鈴的樹葉已經長出許多了，阿佑主動的將馬兜鈴旁的雜草拔掉，其他孩子看見了，也仿效起他的動作，有的孩子則是負責澆水，而原本從這裡羽化的紅紋鳳蝶，也陸續回來產卵在馬兜鈴的葉子上，所以又可以看見紅紋鳳蝶幼蟲的身影囉！

8. 移動紅紋鳳蝶幼蟲

我們種植的馬兜鈴上又有蝴蝶媽媽在那裡產卵，並有新的一批紅紋鳳蝶的幼蟲，但是植物長的速度不夠快，幼蟲寶寶又面臨斷糧的危機，所以我們再一次搶救紅紋鳳蝶寶寶，將牠們移到新的馬兜鈴上。在上次參觀大豐蝴蝶園區時，解說阿姨有提醒小朋友身上如果有噴防蚊液，不要直接用手接觸幼蟲，老師提出這個問題，請孩子想想，如果自己身上有噴防蚊液

時，要怎麼將幼蟲移到別的葉子上呢？靈靈：「可以在下面用一個東西，讓牠爬上去。」培培：「可以用葉子引牠。」小昕：「可以用色紙做成葉子的形狀。」

討論好方法後，我們動手出發，孩子開始用葉子試圖將幼蟲移到別的葉子上，我們最後共移動了 11 隻幼蟲寶寶。

(二) 觀察箱的觀察系列活動

配合主題的課程，老師向中學生物教室借了兩個大型的觀察箱，在觀察箱內放置了另一種蝴蝶——樺蛺蝶的幼蟲以及寄主植物，讓孩子們透過觀察過程，探索蝴蝶的生長過程。

1. 放生觀察箱裡羽化的蝴蝶、書籍查閱～樺蛺蝶的幼蟲

早上孩子們到校的時間，發現大觀察箱裡的蝴蝶有兩隻樺蛺蝶已經羽化完成了，一隻可能是今天早上羽化的，另一隻則羽化的時間較久、翅膀已經曬乾了，並且牠一整天都沒吃東西，所以老師帶著孩子討論是否需要將牠放生出來找食物吃，經過孩子的同意，大家決定將觀察箱的門打開，然後給樺蛺蝶五分鐘的時間，可是五分鐘過後，大家發現樺蛺蝶好像沒有要飛出去的樣子，於是開始討論要怎麼幫助牠？恩恩說：「可以用鉤子把牠鉤起來。」銘銘則說：「可以用鏟子鏟起來。」

可是這兩個方法可能都會傷害到樺蛺蝶，所以最後在考量到孩子的高度下，老師依照培培建議——用手當鏟子，輕輕讓蝴蝶停在手上再飛出去，結果當老師的手才慢慢靠近時，就發現蝴蝶也往上移動，接著就自己飛出

觀察箱了。再來，老師發現觀察箱裡
的幼蟲和食物快不成比例，因此將問
題拋給孩子，詢問大家有沒有發現葉
子不一樣了，其中大家覺得葉子好像
快枯了，雖然沒有馬兜鈴枯萎的樣
子，但葉子幾乎都垂下來，並且我們
發現有很多的幼蟲。回到教室後，老

師詢問孩子需要留這麼大量的幼蟲來觀察嗎？得到的答案是否定的，但在
移動幼蟲前，我們必須先知道觀察箱內蝴蝶幼蟲的名稱，以及寄主植物的
名稱。在老師拋出此問題後，培培、皓皓利用角落時間幫忙從蝴蝶知識書
裡去對照幼蟲的圖片，結果找到兩種蝴蝶，透過阿哲與我們一起去驗證，
但是好像都不符合，而孩子沒有因此就放棄，下午的時候，培培找到了正
確答案了！

老師的觀察 vs. 省思

　　老師沒有事先告知孩子觀察箱內的蝴蝶幼蟲以及寄主植物的名稱，
是希望孩子可以自己透過翻閱蝴蝶圖鑑的過程發現以及尋求答案。查
閱書籍的工作，其實從觀察箱進駐的那天開始就已經展開，但是因為
幼蟲體積過小的因素以及孩子閱讀能力仍在進展中，所以正確的結果。
孩子花了一段時間才找到，老師也花了一些時間等待孩子的發現以及
成長，但這些時間是值得的，因為孩子展現的是自主的知識學習者，
是具有探索精神的科學家，而非被動的接收者。

　　針對今天大家正在研究另一個觀察箱內的幼蟲及其食用葉子的樹
木名稱，培培一開始找到魯花樹和皓皓找到的在經過我們圖片與實體
做比對後，發現葉子的大小及顏色其實有所差距，所以搜尋的動作仍
在持續著，只是，如玉老師提到，孩子們其實已知道那是一種叫「菎

麻」的植物，可能經過一些時間，大家又忘記了。而另一件開心的事，是培培鍥而不捨地尋找幼蟲的名稱，在老師提供一個「名稱只有三個字」的線索下，他終於在下午順利地找到這些原來是「樺蛺蝶」，這項開心的訊息，也即將在明天一起與大家分享。

2. 認識蓖麻、樺蛺蝶／團體討論～如何將過多的幼蟲移出觀察箱？

　　在昨天培培找到觀察箱裡的幼蟲是樺蛺蝶後，早上我們將另一隻樺蛺蝶也放生了，接著培培介紹了樺蛺蝶給大家認識，對於之前孩子們已經知道的「蓖麻」，其實並不影響我們要移動多餘的幼蟲，只是，孩子們透過觀察，發現幼蟲的身上有很多毛，並且觸摸起來會有刺刺的感覺，因此我們應該怎麼移動牠們呢？靈靈首先說：「可以用葉子引牠們，因為幼蟲會以為那是可以吃的食物。」再來，培培分享了一個不同於現成的方法，他說：「可以在紙上塗綠色，然後剪出葉子的形狀」，而小星星則建議可以用水彩畫，雖然這可能需要花費較多的時間，但老師決定可以讓孩子都去試試看，而最後，小昕也提供了另一個可以節省一些時間的方法，就是直接用綠色的色紙剪成葉子的形狀就好了。

┌───┐

📖 老師的觀察 vs. 省思

　　對於孩子們提供的方法，還有小岱說的用綠色手套也可以，針對這個方法，老師沒有先做否定，只是提供一個思考的方向讓孩子想一想：蝴蝶的幼蟲小小，而我們的手大大，並且對於力道的控制，其實大家都沒有經驗，所以在不傷害到幼蟲的前提下，希望將這個方法先保留，等明天試試看用葉子、紙張的方法後，再考量需不需要用到綠色手套。

└───┘

3. 使用葉子移動樺蛺蝶幼蟲／觀察箱裡的斷翅紅紋鳳蝶

　　因為這兩天進行著學校其他活動的練習，所以前幾天孩子們討論出來的要將過多的樺蛺蝶幼蟲移出的想法，在今天活動結束後，終於有時間讓提出想法的孩子們去落實，靈靈和小蓁到外面蒐集葉子，然後拿進來教室將一片片呈圓形排列後，再以膠帶固定，老師問他們為何這麼做，孩子回答：「因為這樣才像蓖麻葉子的形狀，幼蟲可能才會過來啊！」

　　另一方面小昕和慈慈利用綠色色紙剪出葉子形狀後，再把背面也塗上綠色說：「因為這才像葉子啊……。」最後還有小星星和培培利用綠色的彩色筆在紙上畫出葉子的形狀，再把它們剪下來，因此移走幼蟲的「工具」陸續完成後，大家也慢慢地成功取出幼蟲。另一方面，孩子們發現另一個觀察箱裡怎麼又有一隻紅紋鳳蝶飛來飛去，原來是昨天早上我們在馬兜鈴附近水池區解救的那一隻斷翅的紅紋鳳蝶，在我們幫忙把牠移到馬兜鈴葉子上後，佩嘉老師考慮到牠的安全性，又將牠移回觀察箱內，所以當我們今天又再將牠放生時，想要飛翔的牠竟重重地摔在地上了！對於那隻斷翅的紅紋鳳蝶成蟲，重複地被救起又因為折斷的翅膀失去了飛翔的自由，老師下午和孩子們討論是什麼原因造成的？

小昕：「蛹生病了，就是不健康的蝴蝶。」

小岱：「牠翅膀還沒乾，就飛了。」

小安：「毛毛蟲的時候有人欺負牠，翅膀就長不出來。」

培培：「遭受鳥的攻擊（天敵），鳥將牠的翅膀弄受傷。」

恩恩：「有人去弄到蛹；鳥攻擊時，蝴蝶要躲避就受傷了……。」

老師的觀察 vs. 省思

　　對於斷翅的蝴蝶，聽完孩子的分享，老師也提供自己的想法：也有可能當初牠在結蛹時，我們去灌溉馬兜鈴或是補充培養土時，因為聲音或是其他的打擾，驚動了牠，所以蛹羽化之後，造成了不健康的蝴蝶，雖然真正的原因無法得知，但這都留給孩子之後要觀察蛹時一個很好的借鏡。所以，針對「以後我們應該如何保護蛹及蝴蝶呢？」慈慈：「請小朋不要弄牠。」佑佑：「看到鳥攻擊時，將牠趕走。」宸宸：「我們觀察時，不要踢蛹。」……，相信這樣的討論會帶給孩子很多的啟示。

　　昨天下午的時間，有不少孩子們觀察到總務處俊銘叔叔來幫忙我們更換、補充觀察箱裡的植物，也看到地上有一些硬殼的東西，雖然對硬殼物的好奇沒有持續去探究，但關於叔叔會協助這個動作是因為，提供給樺蛺蝶食用的植物——蓖麻，是從污水處理廠那邊「採」過來

的，對於植物本身的養分，沒有繼續留在土壤裡生長，自然容易產生枯萎、凋零的情況，所以在那麼多的幼蟲需要食用下，我們請俊銘叔叔來幫忙，也算是家長提供的資源及協助喔！

4. 主題分享～觀察蝴蝶的成長

在班上陸續有臺灣粉蝶、樺蛺蝶、樺斑蝶從幼蟲到羽化成蝴蝶後，孩子們認識幼蟲食用的植物、也練習去觀察幼蟲的成長、結蛹到蝴蝶曬乾翅膀、飛出觀察箱等等之後。

老師今天引導大家思考一個問題：「請問你們對於觀察毛毛蟲或者是蝴蝶的成長，有什麼樣的想法及感覺呢？」玲玲說：「毛毛蟲很可愛，牠在爬因為要去吃食物，所以我請同學拿尺測量看牠有沒有長大，然後牠結成蛹變成蝴蝶，我看到就很開心，因為牠長大了！」小真則分享：「我觀察從卵變成蝴蝶的過程，可是沒有看到毛毛蟲怎麼從卵出來的，所以很可惜，很想看一看。」

針對想做這方面的觀察，也引發了其他孩子們的興趣，所以老師會試著找找有沒有這樣的資源。

5. 放生樺斑蝶

早上一入園，孩子就發現共有七隻樺斑蝶在觀察箱內羽化了，孩子們就一直問什麼時候要去放生樺斑蝶，在整理完工作袋後，我們一起去放生樺斑蝶囉！樺斑蝶飛出觀察箱後，仍舊在我們附近飛舞，孩子看到很興奮，不停的與牠們揮手告別，有幾隻樺斑蝶停在門上休息，拍動翅膀，我們在那裡觀察了一會兒，並請孩子分享對於放生樺斑蝶有何感覺，或想和牠說什麼？孩子的話都非常的真摯。

恩恩：「飛出來的樣子很漂亮！」

阿宏：「祝福牠們可以找到花蜜。」

思思：「希望牠們可以開開心心的跟雄的蝴蝶產卵。」

阿廣：「覺得牠們很漂亮，看到牠們飛出來很開心。」

小柏：「看到牠們健健康康的飛出來。」

阿凱：「希望牠們回家的半路，不要被天敵攻擊。」

小馨：「希望牠們健健康康的活。」

靈靈：「希望牠們快快樂樂，不要被敵人吃掉。」

阿哲：「看到牠們飛走很開心，應該不會飛到都市，否則車子很多會把牠們撞傷。」

小真：「看到牠們飛出來的時候，翅膀張開，捨不得。」

宸宸：「很開心，牠們以後就可以在很大的世界飛。」

阿德：「感覺很開心，牠們飛的樣子很漂亮。」

小昕：「很開心，牠們飛出來以後可以去玩，不用再關在裡面。」

(三) 校園蝴蝶園區探訪

1. 校園內蝴蝶園區探訪

老師邀請總務處振峰叔叔帶我們到校園內的蝴蝶園區進行一場探訪，振峰叔叔帶著我們繞了一圈園區，介紹了寄主植物——魚木，觀察上面臺灣粉蝶的卵和端紅蝶的卵，叔叔介紹了為什麼毛毛蟲不會從葉子上掉下來？原來牠會在葉子上吐絲，以加強自己固定在葉子上，所以當看到毛毛蟲在擺動頭，左右晃時，可不是牠在跳舞喔！而是在做吐絲的動作啊！今日主要的目的是讓孩子可以學習利用放大鏡觀察，運用尺協助進行觀察的記錄，希望可以增進孩子主動觀察的興趣，所以也開放自由觀察時間給孩子，以小組的方式進行觀察，希望可以透過同學們的互相發現、討論、分享，讓孩子們達到更深入的觀察，而非只是走馬看花的觀賞活動！

👆 老師的觀察 vs. 省思

　　校園內的蝴蝶園區因為沒有特別的規劃，在實際了解蝴蝶的觀念上，或許沒有太多的增進，但此次的目的是希望孩子透過實際的接觸大自然，增進孩子對於觀察的興趣，培養孩子能夠加深觀察的深度，並學習使用放大鏡或尺來協助觀察，也讓孩子透過本活動可以對於振峰叔叔專家的概念可以更加建立，並藉由專家解說，讓孩子可以增進對於蝴蝶的相關知識。但在觀察孩子觀察的過程，老師也發現孩子的投入性還不足，思考問題點乃是因為自然中有許多不同的生物，孩子的注意力也很容易被分散，失去或忘記我們此次觀察的重點是蝴蝶、食草或幼蟲，但相信透過一次次的練習、培養，孩子除了能增進觀察能力外，也將學會學習觀察重點。

2. 蝴蝶園區觀察記錄畫

　　回到教室後，馬上請孩子將他們今日觀察到的蝴蝶或寄主植物以畫的方式記錄下來，今天讓孩子使用黑色的簽字筆劃底稿，然後可以依孩子的意願再塗上顏色，孩子多是畫出看到許多蝴蝶在飛、蝴蝶在吸花蜜或者是毛毛蟲的幼蟲，部分的孩子會畫出寄主植物。丞丞的作品則是其中表現最為超齡且完整的，作品中，丞丞是採大空間構圖的概念，所以他畫出了天、

地、蝴蝶、寄主植物等，但是細心的他還會在魚木的葉子上點上幾個黑點，代表是卵，雖然它是採大範圍的構圖，卻不忘重要的重點和細節喔！

◤ 老師的觀察 vs. 省思

　　這次使用黑色簽字筆讓孩子畫畫，發現孩子的線條變得更清楚、明確，而且發現孩子畫法進步許多，整體的構圖概念出現，不再是單一的物件，例如蝴蝶、花、太陽，而且會配合它們實際的空間對應關係來畫，像是太陽畫在畫紙的最上面，畫紙的最下面畫的是花，蝴蝶則畫在畫紙的中間。孩子對於蝴蝶的形體畫法已經有了初步的概念，會畫出翅膀、觸角，這與他們常常翻閱蝴蝶書籍或許有關，當然與個人的繪畫能力也有關聯，但從這張孩子第一張的觀察記錄畫，老師已經看見孩子在繪畫方面的成長囉！

3. 主題討論～何謂嫩葉？為什麼毛毛蟲不會從葉子上掉下來？

　　探訪校園內的蝴蝶園區時，總務處振峰叔叔有與孩子討論到兩個知識，利用團體討論時間，老師再引起這兩個話題，讓孩子自己說說看，以從中了解他們的認知有多少。

　　【何謂嫩葉？】孩子們的想法：

小瑋：「綠色的葉子。」

阿珩：「沒有破掉的葉子。」

小岱：「比其他葉子還軟。」

小蓁：「軟軟的。」

阿佑：「硬的不是嫩葉，折葉子有彈性，就是比較嫩。」

宸宸：「硬的。」

小昕：「新鮮的。」

小馨：「樹葉被吹到地上就不是嫩葉。」

阿哲：「摸起來有彈性就是嫩葉。」

老師解釋「嫩」代表年輕、剛長出來的意思。再帶著孩子從兩種意思去比對孩子們分享的是不是嫩葉的特徵，對於嫩葉的定義以及讓孩子也更加清楚了解嫩葉是年輕剛長出來新鮮的綠色葉子，軟軟的、摸起來有彈性，折起來有彈性，但不一定會破掉，也不表示樹葉掉在地上就是嫩葉。

【毛毛蟲為什麼不會從葉子上掉下來？】孩子們的想法：

阿珩：「用鉤子鉤住。」

靈靈：「腳有黏性。」

阿德：「用嘴巴吐出的絲黏住。」

阿宏：「嘴巴會吐出東西黏住，像蜘蛛一樣。」

老師問：「是阿德說的絲嗎？」

阿宏不認同那個東西是絲。

皓皓：「吐出很黏的東西。」

小岱統整大家的說法後分享說：「嘴巴吐出絲，腳抓住絲再黏住樹葉。」

阿德已經將答案說出來，老師將以他的分享再繼續詳細一點的說明。

校園內蝴蝶園區探訪活動新知識的學習	
何謂嫩葉？	年輕剛長出來新鮮的綠色葉子，軟軟的、摸起來有彈性，折起來有彈性，但不一定會破掉，也不表示樹葉掉在地上就是嫩葉。
毛毛蟲為什麼不會從葉子上掉下來？	會在葉子上吐絲，以加強自己固定在葉子上，所以當看到毛毛蟲在擺動頭，左右晃時，可不是牠在跳舞，而是在做吐絲的動作啊！

老師的觀察 vs. 省思

- 小馨在今日的團討中，主動舉手分享兩次，看到她高舉雙手，樣子非常大方，老師也立即請她分享，雖然回應的內容不是最正確的，但是老師仍是肯定她主動分享的舉動與精神。小書也主動分享毛毛蟲可以在葉子上不會掉落的原因是因為吐絲，總是羞於發言的他，可以主動發言，可見這個蝴蝶主題已經引起了他的主動學習與分享的意願。

- 在討論嫩葉時，老師有提出一個問題讓孩子思考，就是嫩葉的葉子顏色是綠色的沒錯，但它是深綠色還是淺綠色呢？老師沒有給予孩子答案，而是希望他們將此問題放在心中，下次去觀察時，除了可以依照我們今天討論出來的特徵找到嫩葉外，可以再多留意它在的顏色，也是希望藉此增進孩子觀察的敏銳度，希望幾天後，孩子可以發現這個答案。

(四) 戶外教學～亞洲水泥蝴蝶園區

在出發前，孩子分享他們期待在亞洲水泥蝴蝶園區內看到什麼？阿佑、恩恩、小馨：「看到我們不認識的蝴蝶。」阿哲：「想知道有沒有有毒的蝴蝶。」培培：「想看到馬兜鈴。」阿廷：「想看到大紅紋鳳蝶。」

我們到達亞洲水泥的行政中心門口，解說員譚叔叔就已經在大門口迎接我們了！我們來到了簡報室，貼心的園區為每一位到訪者準備了一份彩色版的蝴蝶卡，上面標示著亞洲水泥的蝴蝶園區內可以尋覓的蝴蝶品種，譚叔叔利用簡報與我們說明蝴蝶的相關知識，例如蝴蝶的身體構造、蝴蝶的生長、天敵、與人類的關係、蛹的變化與種類、蝴蝶與蛾的差別、紫斑蝶的介紹等。過程中，譚叔叔與孩子進行互動問答，對於蝴蝶認識已經很深的孩子，都沒有被考倒，譚叔叔也對孩子擁有如此豐富的蝴蝶知識感到讚賞。蝴蝶園區的探訪，更是本次戶外教學的重頭戲，採分組的方式由導覽員帶著孩子認識園區內的蝴蝶品種或寄主植物，孩子個個都充滿著好奇與興奮的表情，一看到蝴蝶、幼蟲或蛹的蹤跡就很開心，如果是認識的就會喊出牠們的名字，不認識的就會詢問譚叔叔，希望獲得更多的認識。在溫室蝴蝶園區，孩子更是與蝴蝶可以做近距離的接觸，觀賞蝴蝶各種美麗的翅膀紋路、顏色、種類，孩子們還撿了許多的蝴蝶翅膀帶回學校觀察，除了觀察蝴蝶的生態外，園區內還有一種竹節蟲，也是園區特別復育的一種昆蟲，孩子因為是第一次看到，所以對於牠也是充滿興趣，而這也是我們的另一個額外收穫。可惜今天沒有太多時間讓孩子拿著放大鏡自行去體驗、觀察蝴蝶的美。

新知識的學習	
大笨蝶會裝死	將大笨蝶平放在手上，牠會一動也不動，讓人誤以為牠死了，以作為保護自己的方法。
如何分辨雌、雄蝴蝶？	身體比較大的是蝴蝶媽媽，因為牠要生出很多的卵。
哪些種類的蝴蝶會吃腐爛的水果？	蛺蝶類的蝴蝶會吃腐爛的水果，因為其翅膀的顏色與腐爛的水果相似。

亞洲水泥戶外教學分享

培培：「叔叔放一隻大笨蝶在我手上裝死。」

阿哲：「有一隻蜜蜂，從我頭上飛過去。」

小安：「看到樺斑蝶、枯葉蝶和黃賞鳳蝶。」（幼蟲、卵）

宸宸：「在電影院看到竹節蟲。」

阿宏：「蝴蝶的家。」（溫室）

小岱：「枯葉蝶裡面比較像蛾。」

老師的觀察 vs. 省思

　　PPT 簡報的過程中，從孩子與解說員譚先生的互動以及回答的答案，發現孩子對於蝴蝶的知識已經具備不少，但其中有許多的知識並不是老師在課堂上解說過的，其實從蝴蝶主題進行到現在，我們主要的活動在照顧馬兜鈴、觀察蝴蝶幼蟲的生長，而這些相關的知識孩子多是透過書本或者是家長的說明而得知的，且孩子都能牢牢的記在心中，這就是興趣引發他們主動學習的心，今天從孩子的表現，更能證明這個論點。

(五) 蝴蝶大記事一：蝴蝶訪客～琉球青斑蝶

　　阿廷在來園的途中，發現一隻躺在地上似乎是剛羽化的蝴蝶，於是將牠帶至班上。老師請他利用蝴蝶圖鑑試著對應圖片找出這隻蝴蝶的名稱。剛開始阿廷有些心不在焉，在教室到處晃，老師鼓勵他找出名稱，再進行下一個活動，給予明確的指示後，阿廷開始認真的找出這隻蝴蝶的名稱。一會兒的時間，阿廷找到了圖片，告訴老師說：「牠是琉球青斑蝶。」老師發現另一面的小紋青斑蝶也很像啊？老師回問：「為什麼不是小紋青斑蝶呢？」阿廷並沒有透過語言說得很清楚，但他的觀察、分辨重點放在翅膀上的斑點位置。老師引導他再利用放大鏡或尺進行更深入的觀察，阿廷也顯得很開心，只是沒有分享什麼新發現！而透過阿廷帶來的這隻琉球青斑蝶，孩子們也多認識到一隻新的蝴蝶，

且從阿廣和阿佑的分享，可以知道在比對的過程中，他們已經運用到了比較、對應的能力。阿廣說：「琉球青斑蝶的翅膀比較銀。」阿佑：「琉球青斑蝶的翅膀比較咖啡色，小紋青斑蝶的翅膀比較黑。」（兩位孩子說的都是翅膀底色的部分。）

(六) 蝴蝶大記事二：探究卵的孵化 vs. 蛹的羽化

蝴蝶相關的主題書籍，變成孩子們在點心時間後最火紅的閱讀書籍，孩子們常常從中閱讀到許多與蝴蝶相關的知識，三五好友一同閱讀、討論，孩子發現到我們曾經討論過的蝴蝶話題或種類，也常會開心的與老師分享，而老師從中觀察到，孩子對於蝴蝶的認知欲望也愈加的濃烈，在閱讀中，他們會提出更多的疑問想要探究更多與蝴蝶有關的知識，於是老師藉由孩子從圖書館中借閱的一本《蝴蝶》一書，來鷹架孩子們的認知學習。

1. 小瑋分享蝴蝶知識書／討論蝴蝶知識書

在主題課程進入「蝴蝶」後，孩子們陸續帶來關於蝴蝶的知識書，上週小瑋帶來一本從花蓮縣文化局圖書館借閱的《蝴蝶》書後，因考量到書籍放入語文角讓孩子自行取閱後，可能會有破損的情況，所以今天老師邀請小瑋來介紹書裡的內容。害羞的

他，一開始說到蝴蝶是在白天出來活動後，因為孩子們反應好像音量太小了，所以小瑋轉而請老師幫忙介紹故事的內容：「和蝴蝶不同的是蛾都在晚上飛行。」聽到老師這麼說，靈靈馬上附和說：「對啊，因為牠是夜行性動物。」然後這本書中也提到了蝴蝶身體的構造及其功用，包括牠具有六隻腳、兩對翅膀、兩隻觸角，還有一隻吻管，也就是吸食用的「口器」，

孩子們也透過放大鏡下的圖片，發現蝴蝶的翅膀其實是由很多列鱗片構成的，算是增強了孩子對於認識蝴蝶身體的知識。另外，在書本進行當中，有幾位孩子提出幾個疑問，例如當書裡提到雌雄交配需要維持不動的姿勢，並且雌蝴蝶會將受精卵產到葉片上時，靈靈對於何謂「受精卵」有些不了解；阿哲在毛毛蟲要孵化出來，會用上顎把卵殼弄碎後（他看到靈靈到白板畫出毛毛蟲會先將卵敲破一個洞，再慢慢爬出來）提出一個意見說：「這時候牠會把自己的卵再吃掉。」而小昕則是從毛毛蟲要孵化，需弄碎卵的啟發，提出了：「那蝴蝶要如何從蛹飛出來？」的疑問，因此針對靈靈、小昕的疑問，除了老師幫忙解釋受精卵外，其他孩子們也提供自己的看法作為參考。

　　阿哲說：「蛹會愈來愈薄。」小岱補充：「薄到就破掉了。」接著培培也比喻說：「因為蛹裡面的蝴蝶愈長愈大，就像氣球大到會爆掉一樣。」而阿佑則提出另一種看法：「蝴蝶要出來的時候，牠會用前腳把蛹戳破，因為蝴蝶已經長出前腳、中腳和後腳了。」靈靈則以帶蛹為例，說明：「蛹是有線穿過去的，所以蝴蝶會把穿過蛹裡的線咬斷，這麼一來蛹就會搖晃，蝴蝶就可以從破掉的洞鑽出來了。」

老師的觀察 vs. 省思

　　對於蝴蝶如何破蛹而出的，老師不急著公布正確解答，而是將問題的解決拋回去給孩子，結果下午的閱讀時間，宸宸果然找到答案：「當蝴蝶準備破蛹而出時，會將體液壓縮到頭、胸部，促使蛹皮裂開，然後將裂口撐大，並從蛹皮脫身而出。」

2. 主題分享～樺蛺蝶的卵

　　在昨天我們討論到蝴蝶的成蟲如何從蛹破繭而出後，今天還找不到時

間讓宸宸來分享，但培培早上從閱讀蝴蝶知識書中發現，原來「樺蛺蝶的卵是有刺的」，因為俊銘叔叔幫我們找來樺蛺蝶時已經是幼蟲的形體了，所以培培的分享，倒是讓孩子更加認識樺蛺蝶的生態了。

3. 蝴蝶議題分享～毛毛蟲如何從卵鑽出來？蝴蝶成蟲如何破蛹？

　　在星期一小瑋介紹的蝴蝶知識書，引起孩子對於「毛毛蟲如何從卵鑽出來」，或是「蝴蝶成蟲又是如何破蛹」而出的討論，今天宸宸透過自己找到的書籍，向大家介紹：「蝴蝶居住的蛹會隨著日漸長大而變透明，所以從蛹可以觀察到蝴蝶部分的構造、特徵，接著蝴蝶會將體液擠向頭部及胸部，直到蛹皮裂開後，再慢慢將蛹撐大即可離開蛹，但是當蝴蝶破蛹而出，翅膀必須即時擴張完成，否則等翅膀乾硬後，發育不全的翅膀會造成飛行的障礙，因此如果蝴蝶羽化時，翅膀伸展的空間或時間不夠，美麗的蝴蝶就會變成殘翅的蝴蝶，最後就被天敵補食。」另外，關於阿哲提到的「毛毛蟲鑽出卵後會回頭吃掉自己的卵」這個說法，今天他也找到圖片來輔助自己的見解，但是，毛毛蟲的種類有很多，雖然卵本身是有營養的，但有些毛毛蟲可能不會回頭將自己的卵吃掉喔！

老師的觀察 vs. 省思

　　對於今天宸宸分享的一書中提到「當蝴蝶揮動翅膀的空間不夠大時，可能會造成翅膀殘缺的狀況」，這正好呼應到之前孩子們搶救的那隻斷翅的紅紋鳳蝶，可能是因為這個原因而讓翅膀長得不完全或是受到天敵的攻擊，從最近老師觀察到孩子對蝴蝶研究產生更多的興趣之外，他們透過書籍去找到解答的功力也增加不少，尤其在宸宸一下就找到蝴蝶如何破蛹而出的說明時，老師不得不讚賞孩子從圖片去判斷的能力了。

4. 班級共讀～《蝴蝶》

　　星期一分享了阿瑋提供的《蝴蝶》一書後，故事進行到中間的部分，即引起大家熱烈的討論，因此孩子們陸續從其他知識書找到解答後，今天繼續將這本書後半段的部分介紹給大家：那是等待毛毛蟲靜止不動—結成蛹—變成蝴蝶後，介紹關於蝴蝶覓食及會有保護色的蝴蝶例子，其中大家最熟知的偽裝大王就是「枯葉蝶」了。另外書中也將幾種較為特殊的蝴蝶提出來介紹，包括：斑馬紋鳳蝶（和我們認識的紅紋鳳蝶屬同科，因其身上有類似斑馬的條紋而得名）、亞歷山大鳥翅蝶、印度月亮水青蛾、海威特森蜆蝶等，從翻閱這本書的每一頁，都可以聽孩子對於蝴蝶不同的見解或知識分享，相信大家對於蝴蝶的探索愈來愈有心得。

　━━ ▶ 老師的觀察 vs. 省思 ━━

　　小瑋帶來的這本書，是套書中的其中一本，那是一套提供孩子們自己發現問題、自己尋找答案的叢書，所以在孩子們從其他知識書中獲得很多關於蝴蝶的嘗試後，再來共同閱讀這一本書時其實就相當順利，就像那天我們安排到亞洲水泥進行校外教學時，主講的譚叔叔發問的問題，都能立即得到孩子的答覆，甚至說出一些較學術性的專有名詞，不僅讓叔叔們驚呼連連外，老師也為孩子平時用心的研究而感到開心。

(七) 蝴蝶大記事三：埋葬往生的蝴蝶

1. 主題討論～為什麼要將死掉的蝴蝶埋起來

　　（有興趣的人）在前天中午孩子聞一聞觀察箱裡不幸往生的蝴蝶後，昨天早上老師帶一些孩子去掩埋死掉的蝴蝶，老師今天邀請其中幾位孩子來分享掩埋的過程，接著和大家討論了「為什麼要將死掉的蝴蝶埋起來？」

亭亭：「要不然會臭掉。」

阿佑：「就像人死掉會埋在土裡一樣。」

阿哲：「因為沒有埋起來，它的臭味會讓小狗、動物靠近，到時候就會去咬走牠。」

宸宸：「而且牠的臭味很重。」

小柏：（從觀察箱裡面拿出來）「如果沒有埋起來，放在土上面的話，會被鳥吃掉。」

而阿廣也再次強調臭味四散會造成思思口中「那我們人類就會生病」的原因了。

統整大家的分享幾乎都集中在「臭味」上面，而關於生命教育的部分，正是老師要與孩子探討的另一個課題。

老師的觀察 vs. 省思

關於生命教育的探討，是當初老師在設定主題名稱時，另一個要加進去讓孩子一同體驗的，隨著孩子觀察到毛毛蟲—結蛹到完全變化成蝴蝶的過程，大家也對毛毛蟲如何從卵鑽出頭來感到好奇。這是一個生命成長的過程，但相對地，有生命也有死亡，就像小醌分享的：所謂有生命是像我一樣會走來走去，所以我們藉由五官去感覺這個世界，但是當人的生命結束時，也該是回歸塵土的時候了，希望透過掩埋屍體的過程，也讓孩子了解幫死掉的動物動手做好事。

(八) 蝴蝶大記事四：柑桔樹上的蝴蝶幼蟲

1. 柑桔樹上的蝴蝶幼蟲

知足班的惠麗老師在柑桔樹上發現了蝴蝶的幼蟲，特別拿到我們的教

室，讓小朋友觀察。小岱、小瑋、丞丞對於這二隻幼蟲很感興趣，一直在觀察他們。老師引導他們找出牠們是什麼蝴蝶的幼蟲？他們認真的翻閱教室中的書籍或資料，應該是鳳蝶科的幼蟲，可能是大鳳蝶，但是從外形上因為頗無雷同，所以孩子似乎又不太能確定。沒關係，就等明日小岱將《蝴蝶100》的書帶來，我們再一起來研究吧！觀察時，丞丞觀察到其中一隻蝴蝶的幼蟲長得很像小鳥的糞便喔！

2. 觀察馬兜鈴／柑桔樹上的蝴蝶幼蟲

帶領孩子觀察馬兜鈴的生長情形，以及觀察惠麗老師種植的柑桔樹上的幼蟲，老師先和孩子說明本次戶外觀察的重點，以及安全的重要性，就開始孩子的自由觀察時間。小蓁、靈靈開心的分享馬兜鈴的樹葉已經長出許多了，阿廷第一個發現馬利筋上有樺斑蝶的幼蟲，我們也發現柑桔樹上的蝴蝶幼蟲，孩子們分享觀察的結果：

恩恩：「蛹都破掉了。」

阿凱：「馬利筋上有樺斑蝶幼蟲，還有看到紅紋鳳蝶在飛。」

小真：「本來在椅子旁的蛹已經破掉了。」

小瑋：「有看到白粉蝶在飛。」

阿宏：「發現樺斑蝶的幼蟲。」

阿德：「馬兜鈴長出很多葉子。」

小瑋接話說：「長出嫩芽了。」

阿哲更正說：「應該是嫩葉。」

小蓁：「看到蝴蝶媽媽要回來產卵。」

在活動中，孩子會主動去發現、觀察，且可以透過語言表達出自己的發現，也在觀察、分享的過程中，互相的增長蝴蝶相關的見聞。

老師的觀察 vs. 省思

　　戶外的觀察活動，目的是讓孩子多接觸大自然，可以更加敏銳的觀察大自然的生態，這也是老師將本學期的主題定為「蝴蝶」的原因，透過在觀察中，孩子主動的去發現、察覺，在孩子們的對話中彼此相互學習、概念的釐清等等，老師個人都覺得比在教室坐著聽老師說有效果，例如：小星星在觀察馬兜鈴時想要澆水，老師就將問題拋給孩子，小醍馬上回應說：「太熱的時候不可以澆水。」老師追問原因：「因為這樣太熱會將根燒死。」而最佳的澆水時間是早晨與傍晚，這些知識是小醍從媽媽那裡得知的，而現在他則是將這個知識分享給其他的孩子。

(九) 蝴蝶大記事五：鳳蝶幼蟲大預測

1. 猜一猜～柑桔樹上的蝴蝶幼蟲是哪種蝴蝶？

　　柑桔樹上的鳳蝶幼蟲，已經來到班上數天了，孩子們都會在吃完點心後或轉換時間去觀察牠們，或翻閱書籍，想要了解牠是哪一隻鳳蝶的幼蟲，可是因為圖片與實際的幼蟲在顏色的分辨度上較不易，且鳳蝶幼蟲的相似度頗高，所以我們進行一場猜測活動，我們找出幾種相似性較高的鳳

▲ 觀察鳳蝶幼蟲

蝶名稱，請孩子們選擇自己認定的一種，之後，隨著蝴蝶成功的結蛹或羽化後，就可以揭曉猜測結果。

老師的觀察 vs.省思

　　蝴蝶幼蟲的猜測活動，是希望透過本活動，可以激發孩子觀察的細心度，且可以延續他們觀察的動力，不要只是看看就好，而是能仔細觀察幼蟲身上的變化、預測的活動，老師有提到在幼蟲結蛹前，孩子如在觀察後，發現與原本猜測的不同，都還能做更改，但是結蛹後就不能了喔！這幾天，孩子都會協助清理幼蟲的糞便，丞丞也都會替牠們更換葉子，孩子們都還很細心的照顧牠們，也希望從照顧的過程，孩子們能了解蝴蝶生長是多麼的不易。

鳳蝶科	預測名單
臺灣白紋鳳蝶	銘銘、皓皓、小瑋、阿德、小馨、小崇、玲玲、小安、恩恩、亭亭、思思、培培
大鳳蝶	阿宏、小柏、阿哲、阿佑、小昕、丞丞
烏鴉鳳蝶	小蓁、阿廣
大白斑蝶	小真
黑鳳蝶	小岱、小柏

2. 大鳳蝶羽化了

　　早上一到班上，發現鳳蝶的蛹已經破囉！可是卻不見蝴蝶的蹤影，一方面感到開心，心想飛走代表鳳蝶成功的羽化了，難過的是這樣我們的預測就無法找到正確的答案囉！結果下午吃點心時，孩子在紗窗上發現了牠的蹤跡，可是牠的翅膀似乎沒有羽化

成功，老師將其移到觀察箱供孩子觀察，孩子們陸續翻書，對照牠翅膀的形狀、顏色、紋路，孩子們一致認為牠就是「大鳳蝶」，小瑋還透過書本的比對，分辨出牠是雌的鳳蝶，明日要再與孩子討論鳳蝶羽化失敗的原因，以及該如何安排這隻大鳳蝶的未來。

3. 鳳蝶寶寶大預測結果揭曉／大鳳蝶的後續照顧問題討論

　　繼昨日下午發現大鳳蝶的蹤跡後，以我們的認定牠應該就是從蛹羽化出的那隻蝴蝶，而透過觀察牠的翅膀外形、顏色、圖案，終於揭曉正確答案，牠就是大鳳蝶，讓我們的預測活動，畫下一個完美的句點。

　　在觀察時，孩子發現到大鳳蝶的翅膀有折到，什麼原因造成的呢？孩子頻頻發表自己的想法：「牠太快想飛，結果還沒等到翅膀乾，就急著飛出去，所以翅膀會折到。」「飛到窗戶邊躲起來，不小心把翅膀弄破壞啦！」「可能是在蛹裡面的時候，翅膀就沒有長好。」小馨：「蝴蝶媽媽生牠的時候就是這樣。」老師引導孩子從我們提供給牠的環境去發想其他可能的原因？阿佑說：「應該是我們沒有給牠一根樹枝，讓牠結蛹，牠出來時就沒有地方讓牠的翅膀打開。」皓皓：「牠出來的時候，翅膀壓在下面，所以翅膀就折到了。」阿哲補充提到：「要讓蝴蝶有充足的空間可以張開翅膀，牠才可以順利羽化成功。」

　　孩子們已經意識到我們照顧的疏失，造成大鳳蝶無法羽化成功，老師後續追問：「那既然是我們造成的，我們該如何負責呢？」阿凱說：「將牠放在有花的地方。」靈靈說：「可是這樣牠很容易會被敵人攻擊。」其他同學也贊同靈靈的說法，小蓁就提出：「那我們可以保護牠。」老師：「怎麼保護呢？」小蓁：「每天找花給牠吃。」阿佑說：「那放假怎麼

辦？」慈慈回應說：「可以摘兩朵花給牠啊！」（想法是摘多一點的花，只是數量及單位詞用得不適當。）

　　老師詢問孩子的想法，超過半數的孩子都想要將蝴蝶留下來餵養，老師請孩子可以搜尋書本，找出哪些是大鳳蝶的食物，大家再一起提供食物源來照顧這隻大鳳蝶。

▼ 老師的觀察 vs. 省思

　　既然決定要照顧大鳳蝶，首要解決的就是食物的問題，老師拋出大鳳蝶吃什麼的問題時，孩子提出花、水果、大便、尿等的答案，這些答案都是蝴蝶的食物種類，表示孩子對於蝴蝶的食物認知已經有基本的概念，也進行科學的預測活動，但大鳳蝶是否這些都吃呢？卻是需要再透過一些方法得到驗證的喔！

4. 照顧大鳳蝶～摘花給大鳳蝶吃

　　在決定負起照顧大鳳蝶的責任後，這幾天都是阿廷上學時摘花來給大鳳蝶吃，遇到明、後日是放假日，老師提出沒有花提供給大鳳蝶吃怎麼辦？孩子提出要去校園摘花來給大鳳蝶吃，中午吃完飯後，我們拿著剪刀到校園去找花，老師指導孩子剪的時候，要剪到莖的部分，而且要挑選已經開花的，希望透過剪花的過程，引起孩子對於大鳳蝶的關心，且能將這份關心持續下去。

5. 主題討論：大鳳蝶的生命結束與否？

　　在上週答案揭曉，關於原本放在教室裡的嬌客確定為大鳳蝶後，孩子們以為牠羽化成功後就飛走了，沒想到後來在窗簾旁邊發現牠的蹤影，原來牠的翅膀已經斷了一截，於是孩子們決定要提供花朵給牠吸食，照顧身體有缺陷的牠，這是蝴蝶主題進行以來，激發出孩子對於生命教育該有的責任，畢竟從幼蟲到結蛹的過程大家都參與到了；但是，不幸的事情發生了，星期五的下午，如玉老師發現牠似乎沒有移動，失去了生命跡象，這個消息老師沒有第一時間告訴孩子，而是希望有人可以在觀察時能主動發覺，但實際上並沒有發覺，而且慈慈星期一帶來了新鮮的花朵，也和宸宸一起幫忙換下了枯萎的花朵……，但是，知道大鳳蝶已經死亡的人，好像仍在個位數，眼看就要接近放假的時間，老師也希望盡快處理大鳳蝶的軀殼，並且在心中預留一些伏筆，期待與孩子討論時，能引導他們說出一些有別於之前只有「埋葬」、送「祝福」話語的儀式，於是當老師問道：「有人發現觀察箱裡的大鳳蝶有哪裡不一樣呢？」丞丞首先說：「牠死了！」小崇接著補充：「牠不會飛，不會移動翅膀了。」但是，靈靈確有不同見解：「牠應該只是快死了，所以揮動翅膀只有一點點……」最後，當老師公布大鳳蝶已經往生的消息時，的確換來孩子們的一陣錯愕，因此，在感傷之餘，老師希望大家想一想有沒有什麼方法可以讓大鳳蝶留在我們的記憶裡和心中呢？阿宏說：「我們常常思念牠就留在心中了！」慈慈則說：「可以把牠記錄下來，就是用紙畫下來！」還有皓皓說：「請老師把牠拍下來，然後再印下來，貼在我們的善解班。」最後，阿佑也說出更完整的看法：「可以做一本書把牠記錄下來（包含牠的成長）」。於是，在決定仍需要將牠埋葬並做一些後續的工作後，老師再詢問：「那埋起來的地方要不要做一些記號呢？」小安說：「可以插一根樹枝。」然後小蓁補充：「上面還要貼上大鳳蝶的圖畫喔！」所以利用蝴蝶大展結束的時間，阿佑和丞丞幫忙完成要標示的大鳳蝶圖案，而原本預計下午要埋葬的活動，因

為讓孩子體驗新遊戲設施而耽誤了一些時間，只能在明天早上將牠埋葬了！

6. 埋葬大鳳蝶

老師和幾位小朋友，帶著大鳳蝶的遺體，以及他們製作的標示牌，一起來到馬兜鈴旁的泥土地上挖了一個洞，將大鳳蝶遺體輕輕的放進去，再將土蓋上埋葬大鳳蝶。

(十) 蝴蝶大記事六：毛毛蟲肢體模仿遊戲

1. 肢體遊戲～模仿毛毛蟲

老師有感主題探索活動中，孩子缺乏肢體方面的活動，於是與孩子進行了一場毛毛蟲模仿大賽，也可以藉機從孩子的肢體模仿中，了解孩子對於毛毛蟲的觀察能力，今日是每個人都扮演一次毛毛蟲爬行，在爬行過程中有的孩子會加上吐絲、吃葉子的動作，模仿能力十足的阿哲還自己加上結蛹的動作過程呢！孩子對於這個活動都很投入，也會觀察其他孩子模仿的過程，猜測扮演者扮演了哪些動作，而每個人爬行的方式也都各有巧

妙不同，希望藉由這個活動也可以增進孩子的肢體想像力。扮演的活動，老師也延伸到角落時間，讓有興趣的孩子可以再進行多次。

2. 建構角～模仿蝴蝶

　　老師特別準備蝴蝶翅膀、髮圈，讓孩子可以玩蝴蝶扮演遊戲，希望孩子可以透過肢體的展演，展現他們對於蝴蝶的認識，也可以增進孩子的大肌肉發展。第一次的扮演，老師沒有引導，就讓孩子自己去嘗試，只限定一個活動區域要求孩子不要超越，以免影響其他操作角落教具的孩子。觀察孩子扮演的過程，多是很期待穿著蝴蝶的翅膀假裝飛舞的樣子，孩子的情緒高亢，就有孩子開始反應有人玩太久了等問題，對於此類的問題，需要與孩子討論，尋求一個大家都接受的方法。

◤ 老師的觀察 vs. 省思

　　在進行過如何使用玩偶和蝴蝶等教具，與建構角教具的結合後，觀察到孩子就會主動在操作教具時，加入玩偶和蝴蝶等素材進行一些變化，但是蝴蝶多是以裝飾為主，原本老師期待的蝴蝶扮演遊戲尚未顯現。

　　準備扮演蝴蝶的相關道具，供給孩子操作，是老師有感於目前為止孩子的能力表徵多是透過語言和圖像，希望可以激發出孩子不同的表徵方式，或讓孩子也可以展現他們不同的表徵方式，於是準備了這些道具，像是阿哲就很有這方面的才能，但是缺乏一個適合的空間給孩子展現大肢體的動作也是需要突破的問題，孩子在扮演過程的互動、情緒、爭執也是老師需要一一去引導孩子解決的課題啊！

(十一) 生命教育議題的探究

1. 主題討論～觀察教室裡蝴蝶幼蟲及成蟲發現

在上星期惠麗老師從班上的種植區發現一隻接近結蛹的成蟲及小毛毛蟲後，孩子們觀察的專注力轉而在研究牠們是哪一種蝴蝶身上，經過了一個假日，今天一早丞丞竟發現：「老師，小隻的毛毛蟲死掉了！」但同時他也發現，大隻的毛毛蟲已經在前蛹期了，如此令人震驚的消息，讓接下來入園的孩子也紛紛前去觀察。在上課時，我們便針對「為什麼小毛毛蟲死掉了？」的問題做探討。

小崇：「小毛毛蟲死掉了！為什麼呢？」

小柏：「因為牠吃到便便了！」

阿哲：「小毛毛蟲不要吃葉子，因為牠要留給大隻的吃，可是應該是大隻的讓給牠吃。」

小安：「大隻的吃比較多，小隻的吃一點點，全部都被大隻的吃光了，所以是我們食物給的不夠快……」

阿佑：「給的不夠多。」

小乖：「大隻的在吐絲，把葉子圍起來了，所以，小隻的要去找食物的時候，路被擋住了，牠就因為走得太累而死掉了。」

針對這個問題，靈靈表示贊成前面那一個說法，而玲玲則是贊成第二個說法，可是……大隻吐絲的速度應該沒有快到會蓋住葉子，這是小昕出的意見。因此，對於是什麼樣的原因造成小隻毛毛蟲的死亡，老師讓大家在聽過其他同學第一遍的分享後，再一一請孩子到盒子來觀察是否真的有吐絲蓋住葉子，或是其他的啟發。

阿德說：「真的有絲在葉子上，所以小毛毛蟲會吃不到。」小星星則

帶點想像的說：「大隻把葉子吃完後，小隻就吃不到了，因為大隻變成蝴蝶後還要吃葉子，牠告訴小隻的說不能吃葉子……。」雖然在小星星分享之後，大家向她說明：「變成蝴蝶之後就改吸花蜜了。」但對於孩子自己認為大隻的會和小隻的「溝通」這個道理，我們也讓小星星保有自己的想像。接著，這個問題在阿廣說：「我看到葉子上有大便，所以小隻的才不敢去吃。」而皓皓則補充：「大隻的吐絲在葉子上，而且牠大便在葉子上，所以小毛毛蟲是吃到大便死亡的之後。」

　　大多數的孩子們認為小毛毛蟲之死是因為吃到大便，而一開始反應出事實的「沒有食物」的說法，好像只獲得少數人的贊成，因此在今天尚未找到答案之前，老師們也一邊在進行蝴蝶研究的工作，希望孩子能將「吐絲在葉子上」會不會影響到幼蟲的死亡這個問題拋回來再讓孩子自己去探究、找資料。

▼ 老師的觀察 vs. 省思

　　今天的團討，孩子們一開始發現因為是食物短缺造成小毛毛蟲死亡的原因，但在小乖提到是大隻的吐絲在葉子上，把葉子圍起來之後，大家的焦點陸陸續續都放在討論小毛毛蟲過不去或是牠可能吃到大便而死亡上，其實對於孩子分享的意見，在我們沒有足夠的證據說明小毛毛蟲不是因為這些原因而死亡之前，老師將重心先轉到是不是「我們疏於照顧」這個討論上，畢竟對於惠麗老師提供給我們觀察的蝴蝶幼蟲及柑橘樹，孩子們只集中注意力在觀察這個區塊，而造成孩子口中：「有可能是幼蟲吃到大便而死亡」的說法，可以反應到每次需要清理大便時，老師總是問有沒有人要幫忙才有小幫手，而不是當孩子發現時就主動會去清理；另一方面，柑橘樹的葉子幾乎也是老師發現幼蟲沒有食物了，才請孩子去採摘，所以對於孩子喜歡蝴蝶的主題，老師希望孩子除了意境上的喜歡之外，也能夠透過觀察及照顧引出對於生命教育的話題！

2. 回顧毛毛蟲之死

　　在昨天孩子討論小毛毛蟲之死的重點都圍繞在有吐絲的葉子或是吃到大便而導致幼蟲死亡後，老師今天拋出一個問題：「我們是從哪裡得到這些幼蟲的？」希望引起孩子做整個討論的回顧。靈靈說：「牠們是從知足班的菜園來的！」恩恩補充：「是從柑橘樹上！」還有小蓁說：「因為珮嘉老師和惠麗老師知道我們的主題是蝴蝶，所以拿給我們觀察的。」因此對於能獲得可以「觀察」的資源，孩子們感到開心之外，對於「照顧」的課題，正是今天老師要引導孩子了解的。因為大部分的時間，老師發現沒有食物或是有大便需要清理時，孩子們才會提供協助，而缺乏「主動」去照顧這部分的動作，所以對於幼蟲的死亡會有大家發表的原因，還是要找到問題發生的源頭，因為學校假日沒有人提供食物給幼蟲，也沒有人幫忙清理大便，這對於下一次孩子們要觀察幼蟲成長時，提供了一個很好的啟示。

老師的觀察 vs. 省思

　　對於毛毛蟲幼蟲一死，老師將思考的方向導至可能是疏於照顧這一方面，而孩子們昨天提到的那一片有吐絲存在的葉子，是不是真的會影響到幼蟲的覓食，老師和孩子討論，能否把它當成另一個研究的題目呢？因為孩子在之前討論還想了解哪些蝴蝶的知識時，多數人已提出一些想法，因此在學期結束之前，孩子們對於知識上的建構也建立得差不多後，老師希望接下來能透過「蝴蝶研究紀錄」的活動，讓孩子以個人或是找搭檔的方式，來針對問題做研究、紀錄，可能採取的方式有書本、影片或是上網等媒介，在搜尋資料後還可以用圖畫的方式記錄下來，再加上老師、家長的補充說明，這將會是一份記錄孩子另一個學習的成果。

(十二) 蝴蝶大記事七：自編蝴蝶歌謠

老師在歌唱時間，彈奏蝴蝶歌，帶領孩子唱了一遍，並詢問孩子是否有聽過其他與蝴蝶相關的兒歌或歌謠，靈靈分享一首：「一隻蝴蝶飛一飛，二隻蝴蝶飛一飛，三隻蝴蝶飛一飛，四隻蝴蝶飛一飛，五隻蝴蝶飛一飛，大家一起來玩耍，大家變成好朋友。」小蓁也即席唱了一首自編的蝴蝶歌：「蝴蝶、蝴蝶在哪裡？怎麼都找不到，不知道在哪裡……」可是後面的歌詞忘記了，透

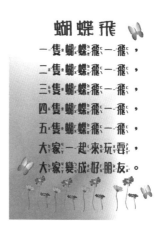

過此活動，引導孩子可以有不同的蝴蝶創作品，刺激孩子語文的創作能力。靈靈的蝴蝶兒歌，朗朗上口，孩子們聽了一次就學起來了呢！這首蝴蝶歌謠，老師將其製作成海報，張貼在教室，並利用課程轉換時間，多次提出與孩子們複習，全班孩子與老師更是一起腦力激盪，編出了動作，這也在日後的成果展上成為孩子發表的一個表演喔！

(十三) 蝴蝶大記事八：綠斑鳳蝶的蛹

1. 團體討論～是否要將綠斑鳳蝶的蛹帶回教室觀察？

老師發現玉蘭樹上的綠斑鳳蝶已經結蛹了，有意將蛹帶回教室讓孩子們觀察，老師向孩子提出想法，孩子們開始有不同的聲音出現，於是讓孩子可以針對這個議題發表自己的想法，再來整合大家的意見。

培培：「不要，不想要讓綠斑鳳蝶的蛹受傷，因為怕有人不小心弄到牠。」

小蓁：「可以帶進來，請小朋友不要碰牠就可以囉！」

皓皓：「要帶進來，因為可能有其他生物會攻擊牠，如果有不愛惜的人就請他休息。」

小柏：「帶進來蝴蝶會沒有空氣。」

小蓁：「那瓶子不要蓋蓋子就好了。」

阿廷：「放在外面變成蝴蝶後，可以飛來飛去，而在教室裡將牠放出去。」

小真：「帶進來不要搖牠，否則頭會暈，不要用指甲刺牠。」

慈慈：「可以在上面貼一個禁止進入的標示。」

慈慈利用角落時間幫我們完成了上面有一隻手和一條橫線的標示，代表「勿用手碰」以提醒大家愛牠就不要碰牠。

2. 觀察綠斑鳳蝶的蛹／將其帶回教室

我們一起到玉蘭樹下，請孩子尋找綠斑鳳蝶蛹的蹤跡，孩子們東找找、西找找，由於綠斑鳳蝶的蛹具有保護色，所以觀察敏銳的孩子才有找到，在發現後，基於保護蛹的安全，由老師負責將蛹連帶樹枝剪下，將牠插入瓶子內，帶到教室內的觀察區，讓孩子利用角落時間、閱讀時間可以做近距離的觀察。（策略的修正）

> ### 老師的觀察 vs. 省思
>
> 發現孩子有不同的聲音，老師決定將這個問題以開放討論的方式解決，再將決定權交由孩子自行投票表決，就是希望孩子可以透過發表想法，思考、回應他人的想法，最後再整理出自己想法的完整討論過程，建立孩子思考、決斷的能力。

3. 班級共讀～《破繭》

作者：丁朝陽

繪者：吳波／張曉

出版社：漢湘繪本館

　　丁丁從樹上找到了一個繭，他將牠帶回家照顧，每天丁丁都很期待可以早日破繭而出，不論到哪裡、做什麼事都帶著牠。一天，全家在餐桌上用晚餐時，丁丁發現繭動了，蛾已經露出半個頭，可是卻似乎爬不出來，所以他拿了一把剪刀，幫他剪開了繭，讓牠順利破繭而出。

　　丁丁很開心，但過不了多久，他卻發現小飛蛾死了，他非常的傷心、難過，可是透過爸、媽的引導和分享，他慢慢可以理解破繭的過程是艱難的，以及生命的可貴。

老師的觀察 vs. 省思

　　希望透過《破繭》這本書，帶孩子了解生命的可貴，以及蝴蝶在破蛹過程的艱難。但也唯有透過這個艱難的過程，才可以創造出一個美麗的生命。在請孩子分享感覺時，孩子的重點多放在繭的問題上，例如：牠為什麼把自己包起來？繭的形狀為何是圓的？等等，只有小馨分享說：「感覺很好聽，看到繭流血，覺得很感動。」從孩子的分享，發現孩子對於生命教育的這部分感受仍不是那麼強烈，對於死亡的概念不深刻，在蝴蝶的主題學習上收穫最大的應該是在觀察深入度的提升，以及透過資料習得知識的轉換能力。

(十四) 蝴蝶主題的未來發展

1. 主題討論～蝴蝶主題的未來發展

　　回顧「蝴蝶」主題，我們進行過哪些活動呢？

靈靈：「調查馬兜鈴上的蝴蝶幼蟲是什麼蝴蝶。」

皓皓：「放生臺灣粉蝶。」

思思：「放生樺斑蝶。」

玲玲：「幫馬兜鈴澆水。」

老師：「為什麼要替它澆水？」

小馨：「否則馬兜鈴會枯掉。」

老師再追問：「葉子枯掉會影響什麼呢？」

小安：「毛毛蟲會沒有食物。」

小馨：「這樣才是愛護地球媽媽。」

亭亭：「否則地球媽媽會生病。」

孩子從照顧馬兜鈴的過程中，衍生出愛護地球的概念，真的是很棒。課程的目的也是希望孩子對於自然環境可以多一點的主動關心與付出，從孩子的分享可以感受到孩子已經慢慢建立相關的觀念，老師拋出問題想了解孩子還想在蝴蝶主題中做什麼或研究什麼？讓我們來聽聽孩子們的想法吧！

小昕：「認識有毒和沒有毒的蝴蝶。」

阿宏：「認識各種蝴蝶的幼蟲，還有為什麼牠只吃那種葉子。」

阿哲：「哪些蝴蝶的幼蟲，被鳥吃掉後，鳥會中毒？」

阿廣：「為什麼要結蛹？」

靈靈：「無尾鳳蝶為什麼叫城市蝶？」

小馨：「找蝴蝶的觸角。」

皓皓：「哪些蝴蝶幼蟲的毒性會讓人死掉？」

孩子們提出的想法多與蝴蝶相關的知識有關，老師思考著該如何帶領

孩子進行相關的活動，目前有兩個方向，一是以孩子個人研究的方向為主，讓孩子自己去尋找答案，當然方法可以有許多種。二是請教蝴蝶專家振峰叔叔。

2. 主題討論～蝴蝶主題的未來發展

慈慈：「紋白蝶與白蛾怎麼分辨？」

小安：「毛毛蟲為什麼會動？」

阿哲應聲說：「有生命就會動。」

阿凱：「心臟在跳就會動。」

皓皓：「毛毛蟲有骨頭嗎？」

小蓁：「研究毛毛蟲交配，幼蟲會把卵吃掉。」

阿宏：「怎麼分辨蛾和蝴蝶的觸角。」

阿佑：「研究蝴蝶、毛毛蟲的身體構造，是不是每一種毛毛蟲和蝴蝶的身體構造都一樣？」

培培：「樺斑蝶的幼蟲為什麼可以吃兩種食草。」

思思：「為什麼樺斑蝶的幼蟲有毒。」

阿廷：「研究蝴蝶的頭。」

小安：「想要用顯微鏡看蝴蝶。」

阿珩：「想要知道蝴蝶的口器如何使用？」

恩恩：「蛹怎麼變成蝴蝶？」

(十五) 個人蝴蝶研究紀錄

在主題團討中，老師詢問孩子對於「蝴蝶」主題還想要進行哪些活動？孩子在分享時，提出想要更進一步知道蝴蝶的相關知識，例如：「哪些蝴蝶的幼蟲被鳥吃掉後鳥會中毒？」「認識毛毛蟲的器官」「怎麼分辨毛毛蟲有沒有毒？」孩子對於蝴蝶仍舊有滿滿的好奇，於是老師依照每位孩子

的疑問或興趣，設計了一份研究紀錄單，希望孩子在探索或釐清蝴蝶的相關知識時，也可以擁有自己的蝴蝶研究紀錄，作為一個成果的展現，在家長的協助下，孩子陸續將蒐集到的答案，再次以口語的表達方式傳達給老師了解，老師也將其所言記錄下來，完成孩子的第一張個人研究紀錄。

1. 研究紀錄一

孩子們的研究題目都已確定，但是觀察孩子對於如何獲得答案或研究方法的部分，概念尚不清楚，所以角落時間只見阿哲、慈慈和小岱利用書本想要尋求答案，但仍舊沒有結果，所以多數的人仍舊到角落去操作教具，老師思考著該如何引導孩子可以更加了解如何針對自己的題目，進行研究歷程。這是一個需要突破的問題，或許可以和同學討論，尋求孩子的一些想法，或是由老師一天帶領一至兩位孩子，針對他的問題進行討論研究，或是可以將研究帶回家中請家長協助完成，方法固然很多，但何種是最為適切合宜的呢？

2. 研究紀錄二

阿哲、丞丞自己透過書籍查閱的方式找出研究的答案，像他們一樣的仍屬少數，多數孩子是在家長的協同下搜尋到答案，原本設計研究觀察紀錄，是想讓孩子主動尋找到答案，並做出紀錄，但幾天的觀察下來，發現孩子都在進行角落，只有丞丞、阿哲對於自己的研究題目有在尋找解答。評估在施行上，孩子可能尚未建立相關的研究邏輯概念，也不知從何著手？是需要指導者給予指導，但老師因為工作的關係，無法一一的陪著孩子探索自身的研究問題，所以才會發下通知單，請家長可以協助孩子尋找出他想要釐清的問題，一方面是滿足孩子對於蝴蝶知識的獲得欲望，一方面我

 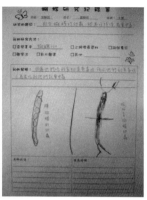 

們的活動或者孩子的想法有可讓家長試著參與以及了解。

3. 個人蝴蝶研究紀錄分享

　　請丞丞分享完成的蝴蝶研究紀錄，讓孩子可以透過分享，增進他們完成研究紀錄的動力，而孩子對於個人的研究紀錄單不甚了解，或許與老師的說明不足有關，且孩子對於研究紀錄的模式尚未建立，所以需要老師的啟發與引導。

老師的觀察 vs. 省思

　　個人的蝴蝶研究紀錄單，在家長的協助下，孩子已經陸續交回，從孩子交回的資料與紀錄，發現家長都很用心的協助孩子學習，而老師也透過讓孩子再用口頭的方式與老師敘述其研究發現或結果，來了解孩子是否已經將此研究題目內化成自己的知識。

(十六) 蝴蝶生長觀察紀錄

希望透過觀察紀錄，讓孩子學習記錄的方法，增進孩子的研究記錄能力、練習日期的書寫等，透過觀察紀錄可以更加認識蝴蝶從卵到成蛹過程，滿足孩子想要了解實際觀察到卵孵化的過程。

1. 蝴蝶觀察記錄～卵及食草介紹

孩子們每天從外面進到園裡，都會觀察到老師又新增一株植物，及樹上有一些蝴蝶的幼蟲，今天孩子發現那是叫作綠斑鳳蝶的幼蟲後，繼昨天告知孩子要以想認識的蝴蝶知識，進行一項蝴蝶的研究記錄後，還有另一項「蝴蝶觀察紀錄」的活動，也透過如玉老師介紹魚木、華他卡藤這兩項食草和卵，希望帶給孩子能夠從卵開始做觀察紀錄的體驗，因為之前端紅蝶吃的植物就是魚木，只可惜結成蛹後，就失去了生命，因此另外一種也以魚木為食物的蝴蝶種類，是希望孩子能從書裡面根據卵的顏色去找到答案。另外，華他卡藤也是一項可以去尋找到其對應蝴蝶的線索，希望每位都能在蝴蝶觀察紀錄裡，獲得更多的成長。

老師的觀察 vs. 省思

老師將孩子們分成紅、黃兩隊，分組去進行關於蝴蝶研究的探討，從詢問的過程中，會發現少數孩子對於想研究什麼樣的問題沒有概念，或是講出來的問題偏向於陳述事實，這個除了和孩子平時接收蝴蝶知識時不夠用心，或是閱讀時間裡沒有花精神去探索有關，因此，再讓孩子重新思考要研究的問題尚未有明確的目標時，老師依照孩子陳述的話語去引導其思考，後來大家的問題都有了方向之後，期待孩子在蝴蝶研究這活動裡能變成小小博士。

2. 蝴蝶觀察記錄說明

昨天如玉老師找到華他卡籐及魚木的葉子並帶來小小的幼蟲後，老師先向孩子說明目的，因為之前在討論還想要了解關於蝴蝶有哪些知識時，有人提出想觀察卵的想法，因此，老師也設計了觀察記錄本，希望孩子在擁有這些資源後，能用心去觀察，並持之以恆、做出完整的紀錄。

🔻 老師的觀察 vs. 省思

在棲地保護協會提供的「生命樹」活動，這週校外教學時，小乖將自己的記錄小冊子交回去給叔叔、阿姨，得到「很用心」的讚美後，老師在上課的時間裡，也將它提出來分享，除了以小禮物鼓勵小乖的努力觀察記錄外，要告知孩子班上每個人都會有一本觀察記錄小冊子，希望大家能以教室裡的華他卡籐及魚木上的幼蟲開始觀察起，學習記錄下每一個階段，讓自己在這個活動中有所成長。

---

3. 團體討論～觀察鳳蝶的蛹、樺斑蝶的蛹、飼養箱之分享

老師請孩子分享觀察所見，或有什麼新發現：

皓皓：「看到鳳蝶的蛹在翻動。」

小柏：「看見蛹脫皮囉！」

阿宏：「發現兩個樺斑蝶的蛹是綠色的，幼蟲都不知跑哪裡去了？」

丞丞：「我發現的不是綠色的蛹，是橘紅色的蛹。」

小昕：「有一顆硬硬的，像是木頭的顏色，淺的顏色的蛹感覺軟軟的。」

慈慈：「有一個線（阿佑、丞丞糾正說：「是絲啦！」），黏住牠的蛹。」

小真：「發現一隻毛毛蟲長大。」

丞丞：「發現有兩顆卵。」

阿佑回應他知道為什麼樺斑蝶的蛹顏色都不同，請他發表想法：阿佑：「保護色可以躲避敵人。」老師：「那樺斑蝶的蛹和保護色有什麼關係。」阿佑：「就是結在不同地方，就會變成不同顏色。」丞丞提出一個問題：「那為什麼有一顆結在透明的窗戶上，卻是粉紅色的呢？」

老師的觀察 vs. 省思

每日的團體討論與分享，是希望孩子透過觀察，持續發現、關心蝴蝶的生長情形或變化，進而引發孩子的研究精神，不要只流於點到為止的活動，蝴蝶的課題孩子們在認知的部分已經有程度上的了解，但如何讓孩子對於蝴蝶仍舊保持高度的熱情，並引發孩子尊重生命、愛惜生命的情操，是最後課程發展的重點階段，也是我們主題的目標之一。

4. 蝴蝶觀察記錄介紹

明天開始，孩子就要開始記錄蝴蝶生長，老師說明記錄本的書寫方式，並告知孩子可以選擇自己有興趣的蝴蝶幼蟲做觀察。目前有兩種幼蟲可供觀察，紅紋鳳蝶和端紅蝶，每日利用時間去觀察自己認養的蝴蝶幼蟲，記錄下幼蟲生長的情形。

5. 蝴蝶生長觀察記錄實作

　　從觀察紅紋鳳蝶、樺蛺蝶的生長、成蛹、羽化過程，孩子對於蝴蝶的成長過程已經有所認知，而老師思考可以拓展孩子經驗，學習如何做觀察紀錄，於是設計一本蝴蝶生長觀察紀錄，孩子可以選擇魚木上的卵或紅紋鳳蝶的幼蟲做觀察紀錄，希望可以再增進孩子觀察的細微度，運用工具觀察，以及學習做紀錄的方式，而也在每日日期記錄的過程，練習數字的書寫。

老師的觀察 vs. 省思

　　蝴蝶生長觀察記錄今日是第一天執行，所以孩子對於如何記錄以及書寫月日上的數字，需要老師一一的指導，且要逐一的記錄孩子們的話確實需要一些時間，而且部分孩子仍因為不專心而發生畫錯頁的情形，希望在執行幾天之後，孩子會畫得愈來愈順手，也可以透過觀察與記錄的過程，讓孩子的觀察力可以更加增進，繪畫能力也可以獲得磨練的機會。今天孩子普遍的繪畫成品不夠具象，表示孩子對於觀察記錄畫的真實呈現仍在累積經驗中。

6. 角落觀察活動

　　孩子利用角落時間進行觀察活動，從孩子觀察的紀錄以及分享中，了解到孩子對於蝴蝶的認知有多少？老師透過詢問：「你今天有什麼新發現？或者是想和蝴蝶寶寶說什麼話？」引導孩子透過語言，說出他們的觀察發現，但是仍需要老師做較多的引導，例如：「蝴蝶幼蟲在做什麼？有觀察

到卵的顏色、形狀有什麼不一樣嗎?」而在記錄畫上,孩子畫的圖像多是以一個點或線條代表,相似度較不足,較屬於抽象的圖像,而且多數的孩子就只會畫蝴蝶幼蟲或卵等單一物件,較沒有整體性的構圖。而觀察與記錄是在科學知識學習上重要的能力,所以需要再引導孩子增強相關的能力。

7. 團體討論~蝴蝶觀察的分享(紅紋鳳蝶的幼蟲、綠斑鳳蝶的蛹、 魚木上的卵、鳳蝶的蛹)

> 阿廣:「在裝有鳳蝶蛹的盒子裡,發現一個像蜘蛛,但是不會動的東西。」
>
> 靈靈:「那是蝴蝶幼蟲脫下來的皮。」
>
> 小真:「玉蘭樹葉上有兩顆白色的卵。」
>
> 阿宏:「那是綠斑鳳蝶的卵,因為牠長在綠斑鳳蝶幼蟲吃的葉子上。」
>
> 慈慈:「樺斑蝶羽化了。」
>
> 阿佑:「紅紋鳳蝶準備結蛹,是前蛹期。」
>
> 皓皓:「牠的背拱起來。」
>
> 小安:「卵裡面有黑黑的,像毛毛蟲的頭。」
>
> 阿廷:「卵已經好幾天,怎麼都還沒出來。」

透過孩子的分享,讓孩子可以持續在蝴蝶上的興趣,也透過彼此的分享,相互澄清觀念或者發現新的值得探究的問題。

老師的觀察 vs. 省思

- 廷廷所說：「卵已經好幾天，怎麼都還沒出來。」這句話，真的也點出老師心中的疑慮，早上老師發現一片魚木上的卵已經不見了，且魚木上有出現一個被咬過的洞，老師思索著剛孵出來的幼蟲，如果吃到已經枯掉的葉子是否會影響到牠的健康？會不會造成牠的死亡？這是老師在摘取卵時，沒有注意到的問題，也是一個疏失，而現在又不方便移動卵，怕會影響牠的生長，老師也只能天天祈禱著這些卵可以成功的孵化。

- 蝴蝶生長觀察記錄進行第三天，孩子在日期的書寫上，只剩幾位同學還會發生寫錯格子的問題，但在觀察的時候也發生小蓁、小昕玩起來忘記要觀察的情形，可以再和同學討論觀察時的態度。

8. 團體分享～分享觀察蝴蝶的新發現

小瑋：「白色盒子內的蛹破了。」（鳳蝶的蛹）

阿宏：「發現一隻有假眼的蝴蝶。」

小昕：「什麼是假眼？」

阿佑解釋說：「假的眼睛，長在翅膀上，可以嚇走天敵。」

宸宸：「綠斑鳳蝶還沒出來。」

阿佑：「玉蘭樹上的卵黑黑的。」

小真：「那是紋白蝶。」

亭亭：「發現玉蘭樹的葉子垂下來。」

阿廷：「紅紋鳳蝶的前蛹已經往生了。」

老師：「你從哪裡觀察出來呢？」

阿廷：「因為牠變黑了。」

阿廷補充說：「牠本來是兩邊黏在一起，現在頭往後了。」邊說邊做
　　　　　動作，老師請他演一遍。

阿哲補充說：「我不小心用尺碰牠，牠也沒有怎樣。」

丞丞：「在門口的蝴蝶卵變成黃色的。」

思思：「魚木的卵變白色。」

小昕：「魚木上的卵形狀，下面平平的，上面尖尖的。」

老師的觀察 vs. 省思

　　阿廷在觀察的敏銳度上增進了不少，也較會透過語言表達的方式，
將他觀察的發現分享出來，對於蝴蝶的書籍，他也很樂於與人分享，
因為對於蝴蝶主題有興趣，且觀察得更深入，所以他也變得更樂於在
課堂上分享自己的新發現，或者解釋一些想法，讓同學了解，對於這
樣的成長，真的讓人感到高興。

　　孩子們觀察記錄的那隻紅紋鳳蝶，不知為何結蛹到一半就不幸往
生了！阿廷和部分孩子已經發現，可是多數的孩子尚未察覺，所以今
日阿廷在分享時，老師並沒有立即告訴孩子真實的情形，就如阿廷所
說，老師只是讓孩子分享他從哪些點觀察出牠已經死亡的特徵？也鼓
勵孩子可以透過實際、細心以及有方向的觀察，來建立以及統整出相
關的認知概念，老師採取的是不直接式的教學，是要引發主動探究、
尋求答案的精神，而不是老師直接的知識教學，因為相信透過不直接
的教學，孩子學習到的知識將會更深植他們的頭腦中。而接下來的團
討，也可以將其提出來討論、分享。

9. 蝴蝶生長觀察區來了新朋友

　　因為蝴蝶生長觀察區新增了大鳳蝶的觀察箱，馬兜鈴上也新增了幾隻

紅紋鳳蝶，孩子觀察的對象變多了，所以在記錄蝴蝶生長觀察紀錄時，出現畫錯觀察對象的情形，老師已在課堂上再與孩子討論，加強他們對於蝴蝶觀察紀錄的認識以及記錄的原則。

10. 主題討論～蝴蝶生長觀察紀錄的紅紋鳳蝶的蛹怎麼了？後續的觀察對象

　　孩子的蝴蝶生長紀錄觀察，出現了一個問題？就是紅紋鳳蝶的幼蟲在前蛹階段不幸往生，且後來還不見了，老師讓孩子想一想紅紋鳳蝶的蛹為什麼不見了？

　　阿宏：「上天堂，所以不見了。」

　　小馨：「頭低下來，死了，就跑了。」

　　皓皓：「身體掉下來，就爬走不見了。」

　　阿廣：「不見了。」

　　小柏：「往生了不會動。」

　　阿哲：「掉土裡，土把牠埋住。」

　　小岱：「可能被天敵吃掉了。」

　　皓皓：「寄生蟲把牠害死了。」

　　阿廷：「掉到地上，被螞蟻搬走。」

　　阿珩：「壁虎搬走了，帶回家給朋友吃。」

　　並讓孩子討論後續要改觀察什麼蝴蝶，孩子們提出紅紋鳳蝶的幼蟲、蛹以及大鳳蝶三種想法，以民主投票的方式，最終以蛹獲得最多的 11 票，所以觀察紅紋鳳蝶組的孩子們就改觀察另一個觀察箱內紅紋鳳蝶的蛹。

老師的觀察 vs. 省思

　　孩子在分享、討論紅紋鳳蝶的蛹為什麼不見時，從孩子的想法中，可以觀察到孩子雖然知道蛹已經往生了，可是對於「往生」的真正意義尚未完全理解，所以他們會說出「牠往生了，就爬走了」，而有孩子對於往生的意義已經了解，所以當這些孩子分享出這樣的想法時，就會有孩子反駁「死了，怎麼會動？」老師的角色則是沒有帶入太多的教育意義，而是會以拋問題的方式，讓孩子再透過自我的思考以澄清觀念。

(十七) 顯微鏡下的蝴蝶翅膀

1. 使用顯微鏡～觀察蝴蝶的蛹殼、蝴蝶的翅膀、毛毛蟲的糞便

　　孩子在分享時曾有提到想要用顯微鏡觀察蝴蝶，老師於是向小學借了一臺顯微鏡，想要讓孩子可以觀察蟲卵，可是觀察蟲卵需要用另外一個儀器，老師改準備蝴蝶的蛹殼、糞便和蝴蝶翅膀讓孩子觀察。老師不先公布觀察的是什麼？只提醒是和蝴蝶相關的物品，讓孩子先透過顯微鏡觀察，說出他們看到了什麼？再請他們預測答案是什麼？最後老師再公布。希望透過這個活動，讓孩子的觀察可以更加的深入。

紅紋鳳蝶幼蟲
觀察分享

> 阿佑：「紅紋鳳蝶準備結蛹，前蛹期。」
> 皓皓：「牠的背拱起來。」

> 阿廷：「紅紋鳳蝶的前蛹已經往生了。」
> 老師：「你從哪裡觀察出來呢？」
> 阿廷：「因為牠變黑了。」
> 阿廷補充說：「牠本來是兩邊黏在一起，現在頭往後了。」
> 阿哲補充說：「我不小心用尺碰牠，牠也沒有怎樣。」

【有待再觀察及討論的問題】
紅紋鳳蝶的蛹往生了嗎？為什麼呢？

魚木上的卵
觀察分享

> 思思：「魚木的卵變白色。」
> 小昕：「魚木上的卵形狀，下面平平的，上面尖尖的。」

> 靈靈：「卵已經好幾天，怎麼都還沒出來。」

【有待再觀察及討論的問題】
卵為什麼好幾天還沒有孵化？

2. 觀察完蛹殼後的分享

恩恩：「像石頭，很亮。」

小馨：「一片一片像玻璃。」

阿廣：「有一個東西像蝌蚪的形
　　　狀。」

阿宏：「有看見裂縫。」

小崇：「像蝌蚪。」

銘銘：「感覺像有一點點大的石頭。」

3.毛毛蟲的糞便觀察分享

小蓁：「一塊一塊黃黃和咖啡色的線。」

玲玲：「黑黑的顏色。」

恩恩：「看見黃色和咖啡色的東西。」

宸宸：「看見裂痕。」

阿德：「看見咖啡色的東西。」

4.蝴蝶翅膀的觀察分享

阿廣：「像蒼蠅的眼睛。」

阿哲：「像蜥蜴的部分。」

小真：「黑色的斑點往旁邊長，白色的部分變得像黃色。」

小瑋：「很多的鱗片。」

阿德：「有咖啡色的鱗片。」

「有黃色的鱗片。」

老師的觀察 vs. 省思

　　原本商借顯微鏡的理由是孩子們想要更清楚觀察到卵的形狀、紋路、顏色變化，但實際發現顯微鏡在觀看時，需要可以透過光的物品才可以觀看得到，於是老師思考可讓孩子先觀察翅膀，加深翅膀相關知識的探索，例如蝴蝶翅膀是由一片片的鱗片組成，更感謝家長佩茹，替我們蒐集到蛹殼和糞便等觀察物，而孩子對可以透過顯微鏡看到微小的物品，更是感到新奇與開心，希望孩子可以藉此機會增進觀察能力。

四、成果展現階段

(一) 蝴蝶主題的展示

　　孩子對於蝴蝶的知識，已經鷹架建構了許多，而配合主題的進行，教室的環境也會與主題產生關聯，例如擺設蝴蝶標本觀察箱、展示孩子們的蝴蝶繪畫等等，老師思考著可以將環境布置的這個部分，提出與孩子們討論，聽聽孩子們的意見，讓他們也可以動手參與布置的工作，更可藉此將他們在主題中累積的知識或經驗呈現出來！孩子熱烈的提出想法，最後討論出要製作蝴蝶知識海報，以及蝴蝶創作品來布置我們的主題教室。

1. 主題討論～如何讓大家知道我們進行的主題或正在進行什麼？

　　先請孩子觀察教室內外的環境有哪些不一樣的地方。

　　小馨：「本來有恐龍花樣，現在變成蝴蝶花樣了。」（主題展示板）

　　小昕：「教室外有蝴蝶標本。」

　　恩恩：「第四桌的牆面有貼蝴蝶的圖片？」

　　孩子觀察細微，有發現教室的不同，老師再追問：「知道老師為什麼會放蝴蝶標本或圖片嗎？」

　　培培：「因為我們在上蝴蝶的主題。」

　　老師帶出這次討論的主題，要孩子幫助老師動動腦，還可以在外面的牆面放上哪些東西，讓其他的人可以知道我們正在進行什麼主題或研究什麼？

小馨：「牆壁上可以貼蝴蝶。」

老師：「是自己做蝴蝶貼上去嗎？那可以用什麼做呢？」

阿佑：「用布剪出蝴蝶的形狀，再畫上圖案。」

慈慈：「畫在紙上再剪下來。」

小柏：「可以用黏土做。」

小瑋：「還要有花讓蝴蝶吸花蜜。」

　　孩子們提出製作蝴蝶的方法，老師請孩子再轉換一個方向想，除了蝴蝶作品外，還可以貼哪些與蝴蝶主題有關的呢？或是讓大家研究了哪些？靈靈：「可以畫下蝴蝶交配的樣子，就像外面貼的蝴蝶的一生一樣。」小昕：「可以用一張大張的紙，畫下有關蝴蝶的事情。」老師整理孩子的想法，就是要製作一張大海報，介紹有關蝴蝶的知識，可以有哪些知識呢？小昕：「交配。」靈靈：「產卵。」阿佑：「介紹蝴蝶身體、蛹。」

老師的觀察 vs. 省思

　　今日的小馨在主題討論時，很主動的舉手分享自己的想法，而且分享的與老師問的問題符合，沒有離題。分享時的態度也顯得很大方，小馨的發言次數太少，家長一直很擔心，雖然老師覺得每位孩子的優勢能力不同，而害羞的小馨對於在眾人面前表達的主動性較弱，但在繪畫的表現頗為突出，也是她的表徵方式，其實並不一定要強迫孩子一定要與其他同學一樣，但是老師仍站在鼓勵的立場，也會隨時觀察孩子的轉變，像今日老師一發現小馨主動舉手，立即給予她發言的機會，並肯定她的發言增強其信心，以讓她可以慢慢更勇於表達自己的想法。

(二) 蝴蝶創作品

1. 蝴蝶創作品～黏土

　　在討論要製作相關的蝴蝶作品展示牆面後，老師也準備好孩子要的黏土材料，今日孩子在美勞角陸續用黏土創作蝴蝶作品，小瑋和丞丞則是在圖畫紙上畫了花，要給蝴蝶可以吸花蜜，觀察孩子的作品太小，貼在牆面不明顯，在孩子做好後，也請小瑋實際去擺放看看，觀察牆面與作品的關係，這樣下次他們就知道作品要畫大一點。孩子的黏土作品，可以做出蝴蝶的身體構造，例如翅膀、角、觸角、頭、腹部等，只是各部位的比例概念還在培養中，所以會發生腳比身體和翅膀還要粗大的情形，會在利用作品分享時間與孩子討論相關的創作技巧。

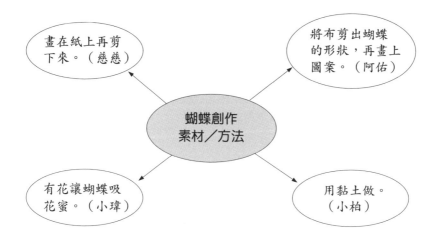

畫在紙上再剪下來。（慈慈）

將布剪出蝴蝶的形狀，再畫上圖案。（阿佑）

蝴蝶創作素材／方法

有花讓蝴蝶吸花蜜。（小瑋）

用黏土做。（小柏）

2. 蝴蝶創作品～布

　　應孩子分享時所需要的材料，老師提供「布」的素材，讓孩子進行蝴蝶創作，小岱、小蓁、阿佑都很好奇的動手使用布來進行創作。在過程中，阿佑剪好了一塊布，說是蝴蝶，老師發現並無法清楚的看出他的作品就是

「蝴蝶」的形體，且由於布料是軟的，立不起來，老師建議阿佑可以將布
貼在紙上，且可以嘗試同時使用不同顏色或花色的布進行創作，或是蝴蝶
的身體用畫的，翅膀用布剪出來。阿佑對於使用布料有點挫折，在經過老
師建議，他也接受的情形下，他在圖畫紙上畫出蝴蝶的身體，並剪了兩塊
半圓形的布當翅膀，就完成了一個蝴蝶的創作品。小蓁也接受老師建議將
布拼貼在紙上，對於同一布料的問題，後來也慢慢做了修正，但對於布料
的使用，她倒是很有自己的想法，從他作品可以看出其對於蝴蝶身體的構
造已經了解，且運用在創作上，翅膀的部分還剪出了尾狀凸起的部分呢！
老師則是有觀察到小岱在剪布，至於成品則是沒有發現，需要再多些時間
引導，且發現他在遇到挫折後，很容易就放棄。

▲布的蝴蝶創作　　▲形狀拼貼蝴蝶創作　▲黏土創作～蝴蝶

🦋 老師的觀察 vs. 省思

　　孩子在操作的過程中，往往會遇到一些困難，有的孩子會積極的
面對挑戰，努力用其他的方法嘗試，有的孩子則是在能力不足的情形
下很容易就退縮、放棄，阿佑今日的情形就是如此，但是身為老師的
角色，引導孩子正向面對問題的教育功能就要顯現了，所以老師引導
小佑去思考可以如何解決問題，或是改變一些方法措施，去實行他所
想要達到的目的，當小佑可以在老師的引導下自己完成一個作品，老
師很感動，因為孩子沒有被問題打敗，而是跨越了問題，相信這對於
孩子在學習的經驗上是一個啟發。

3. 蝴蝶創作品分享

在角落探索時間，孩子陸續以黏土、布料等素材製作了蝴蝶的創作品，阿佑和小蓁分別分享他們用布創作出來的蝴蝶畫，並請孩子提供一些建議和想法：阿哲提說：「可以將紙改成直的，這樣蝴蝶就可以做長一點。」慈慈建議小蓁的作品：「可以使用不同的布料，這樣會更漂亮。」老師原本有建議阿佑可以將布料貼得更紮實些，布的邊邊會讓人感覺好像沒黏好，阿佑則是解釋說這樣翅膀才可以有飛舞的感覺。黏土的創作品則是以孩子的作品為例，討論如何讓作品可以更像蝴蝶，老師也觀察到孩子的作品普遍做得很小，所以建議孩子可以將作品再做大一些，效果更佳。

4. 蝴蝶作品創作

老師在今日的美勞角新增一樣蝴蝶圖案紙板，讓尚無法自己繪畫出蝴蝶圖案或剪工技巧較弱的孩子進行蝴蝶相關創作，也可以用塗色或拼貼素材的方式完成作品，觀察孩子對於新教具的興趣濃厚，都會挑起他們嘗試的意願，所以今日參與本活動的孩子們都是用彩色筆或蠟筆塗色，尚未有人使用素材拼貼創作，老師可以引導孩子利用不同的素材製作。

(三) 蝴蝶創作延伸學習～對稱概念

1. 蝴蝶圖形板作品

孩子在蝴蝶圖形板的創作作品，已經可以觀察到蝴蝶翅膀的對稱概念，

並在作品中展現出來，所以透過分享孩子的作品點出蝴蝶翅膀具有對稱的特性，讓其他的孩子也可以注意到這個特性，以及認識到對稱的概念。

2. 美勞角

【美勞角】蝴蝶立體創作，孩子在老師示範的過程中，就有提到要替蝴蝶做腳，所以他們利用自己的方式完成腳的製作。銘銘的腳還可以站，也帶動同學們分享模仿他製作蝴蝶的腳。觀察再次探討過「對稱」的概念後，孩子們在創作翅膀造型時，多數已會留意對稱的特性。

蝴蝶美勞作品～對稱概念的再認識

觀察孩子的蝴蝶美勞作品，在翅膀的創作上，並沒有運用到對稱的概念，老師特別以阿佑、玲玲的作品讓孩子做比較，再次點出對稱的概念，並輔以蝴蝶標本，讓孩子透過實際的觀察可以清楚的了解何謂對稱的概念，也就是兩邊的圖案是一樣的，不管在形狀、顏色、圖案、位置都是同樣的，稱為對稱。

🔍 對稱概念的應用與學習

觀察孩子在美勞角創作的蝴蝶作品，發現孩子已經觀察到蝴蝶翅膀的圖案是對稱的，所以孩子畫出來的作品，前翅的圖案位置、色彩都是相同的，這是老師希望孩子可以學習到的一個知識，但是老師一直在尋找最佳的時機帶入此概念，所以並沒有直接的與孩子介紹，而是希望孩子從本身觀察為出發，自己發覺此特色與概念，所以透過分享孩子的作品點出蝴蝶翅膀具有對稱的特性，讓其他的孩子也可以注意到這個特性，以及認識到對稱的概念。

(四) 蝴蝶知識海報製作

1. 小組討論～蝴蝶知識海報製作

　　我們先行討論「海報上要分享哪些蝴蝶知識？」需要先取得共識後，再進行後續的工作。思思：「分享產卵、交配、身體構造和蛹。」小昕：「還要加上說明。」阿哲：「蝴蝶變化的過程。」皓皓：「要畫上各種蝴蝶。」討論好要畫哪些內容後，就是工作的分配了，但大家意見不同，阿哲說：「提意見的人負責畫自己的。」小昕說：「投票。」思思則是一開始有點不想與人合作，但最後他也接受與他人合作。最後全班以個人自己選擇想要參加的組別與同學合作畫，分組為【產卵組——小昕、小柏、慈慈】；【交配組——思思、小馨】；【身體構造組——小柏】、【蛹組——阿哲、銘銘、皓皓】；【蝴蝶名稱組——阿廷、皓皓】；【蝴蝶的一生組——阿哲、銘銘、皓皓】，討論結果，孩子們要用兩張海報紙來畫，老師協助孩子分出各組的區塊，孩子在自己的區塊內進行創作，在敘述說明，老師則協助他們將說明打字，列印出來並貼上去。

2. 分組製作蝴蝶知識海報一

　　為了防止孩子經驗不足，造成畫錯的情形，也方便各組創作的討論，讓各組在圖畫紙上先畫出草稿，等確定草稿與主題相同時，再將草稿繪製在海報上。

　　【產卵組】分組合作的過程，兩個女生合作愉快，可是小柏卻一直被排除在外，或是聽到小昕大聲的斥責小柏不會畫，老師居中協調，請小女生可以教導小柏如何畫，但小柏不願意，老師觀察小柏對於自己這組負責畫的主題不甚了解，且中途的不好情緒影響了他參加這組的意願與熱情。

　　【交配組】兩人都想要畫蝴蝶交配的部分，於是他們決定兩人各畫一個。思思初步的草稿中，蝴蝶交配的重點尾巴對尾巴並沒有明確的畫出，

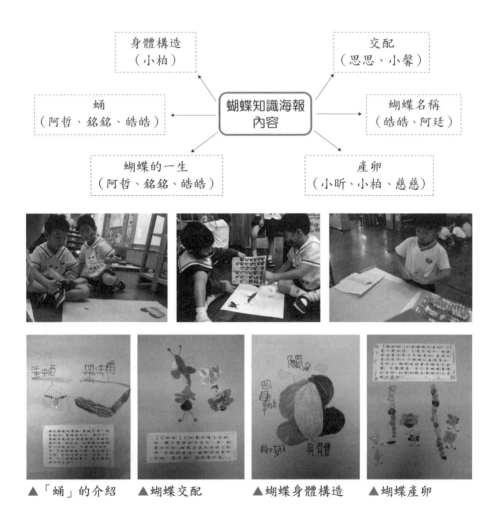

▲「蛹」的介紹　　▲蝴蝶交配　　　▲蝴蝶身體構造　　▲蝴蝶產卵

老師引導其回想上次觀察蝴蝶交配的情形，他說：「尾巴會對尾巴。」於是請他再修正其中一隻蝴蝶的姿勢，過程中老師也適時給予一些繪圖空間概念上的指導，因為發現有時孩子觀念雖正確，但在畫的過程中無法確實的表現出來。

　　【身體構造組】一人獨力完成，小柏可以將蝴蝶的身體構造，例如頭、身體、翅膀畫出來，但是在形體大小的轉換上尚在學習中，面對大張的海

報空間，他一時沒有辦法將蝴蝶放大來畫，這與手部肌肉的掌握也有連帶的關係。

【蝴蝶的一生組】【蛹組】這組合作愉快，默默的就將蝴蝶的一生完成，還以一個循環圖示來建構整個創作，且每一個過程都畫得很清楚。蛹的介紹這組清楚的畫出了垂蛹和帶蛹，形體的相似度很高，多數草稿的部分是由阿哲負責完成，但是其他兩位同學還是會協助畫一些較為簡單的部分。

【蝴蝶名稱組】皓皓、阿廷，兩人負責要畫出各種不同名稱的蝴蝶，老師建議他們可以參閱蝴蝶卡上的蝴蝶圖片畫，皓皓有提到要畫出各種蝴蝶的花紋和顏色，在草稿的成品上，皓皓畫了一隻青帶鳳蝶，形體與翅膀上的紋路畫得很像，就是斑點的顏色搞錯了，老師請他再仔細觀察一遍，他也發現自己的顏色畫錯了。阿廷則是一開始在嘗試畫蝴蝶，後來卻發現兩人畫起了毛毛蟲，且工作的態度變成在玩鬧，老師與他們溝通畫的主題，讓他們可以清楚自己負責的工作內容，明日再重新進行創作。

3. 分組製作蝴蝶知識海報二

【產卵組】早上的角落時間，慈慈主動與老師說要繼續繪製蝴蝶海報，於是三個人一起將草稿上產卵圖畫在海報上，有別於昨日的小爭執，三人今日的合作情形良好，小柏接受畫卵的工作，其他兩位小女生則是負責畫寄主植物和蝴蝶。過程中老師發現圖像畫得有點小，有提醒孩子觀察一下紙張的大小，請他們思考看看是否需要再畫大一些。

【蝴蝶名稱組】皓皓畫得很像，他照著蝴蝶圖卡上的蝴蝶圖片可以畫出蝴蝶的側身，形體的相似度頗高，還有注意到有的蝴蝶有尾狀凸起，因為阿廷尚無法畫出具象的蝴蝶形體，於是老師引導他可以協助塗色的工作，負責替青帶鳳蝶塗色，發現負責這份工作的他比較得心應手，所以過程中阿廷畫得也很認真，老師也引導他再多注意翅膀上的顏色變化，讓他可以更真實的將其蝴蝶的翅膀圖案呈現出來。

> 老師的觀察 vs. 省思
>
> 　　從今日產卵組以及阿廷的工作表現，發現孩子的合作能力進步了，不再固執自己的想法，會學習與人妥協或分工，且在了解阿廷的情形後，老師協助他找到自己可以勝任的工作，他在做事的專心度也獲得提升。

4. 蝴蝶海報小組製作

　　海報的製作工作已經陸續完成，老師與各組討論他們想要表達的話，將其記錄下來，再打成文字說明，貼在海報上。

　　【產卵組】如果蝴蝶在產卵，不要大聲說話，不要去嚇牠，蝴蝶媽媽會在葉子背面產卵，會將卵產在安全以及蝴蝶幼蟲需要的食物上，蝴蝶媽媽會用觸角去感覺和聞聞看是不是蝴蝶寶寶的食物，如果卵孵出來就可以直接吃食物。

　　【交配組】雄的會把精子給雌的，精子會跟卵子合在一起，就會生出卵。蝴蝶爸爸和媽媽交配時，屁股對屁股，蝴蝶媽媽會大肚肚，會生卵，卵再變成蟲。

　　【蛹組】蛹有垂蛹和帶蛹，垂蛹只有一條絲黏住，垂蛹頭在上，腳在下，帶蛹有兩條絲連接樹枝，帶蛹是頭在前，腳在後，如果看到蝴蝶羽化沒有成功，不要把牠拉出來，否則翅膀張不開。看到蛹不行碰，否則牠會流血、生病、死掉。不能隨便摘葉子，因為有的蛹是綠色的。

　　【蝴蝶的一生組】卵期→幼蟲期→蛹期→蝴蝶期。

　　卵期：幼蟲用頭頂破卵的殼，休息一下，回頭吃掉卵，咬破卵，毛毛蟲就會出來。幼蟲期：遇到敵人會閃出臭角、保護色，吃東西的時候頭會晃。蝴蝶期：蝴蝶也有保護色，敵人看到琉球青斑蝶的翅膀會變得迷迷糊

糊，蝴蝶會生卵，精子、卵子合起來，就會生出卵來。阿哲、皓皓和銘銘三人將垂蛹、帶蛹以及蝴蝶一生的週期（卵期、幼蟲期、蛹期、蝴蝶期）仿寫在海報上。

【身體構造組】小柏則是將各身體的部位（觸角、前翅、後翅、身體）仿寫在海報上。

【蝴蝶名稱組】繼續繪製蝴蝶，並將其剪下，剩下黏貼的工作未完成。

(五) 蝴蝶成果大展

1. 蝴蝶主題的結束呈現方式討論

在學期進入最後一星期的日子裡，老師和孩子們討論蝴蝶主題該如何做結束，回顧孩子之前有提及的：想和上學期的恐龍主題一樣，舉辦一個恐龍大展，但是考慮到我們只剩下五天的時間，需要籌備的部分，可能沒有那麼充分的時間，所以老師建議孩子往「我們目前現有的作品或是內容」來做呈現，靈靈首先提到：「可以把研究的東西展示出來，包括我們在做的蝴蝶研究和觀察，然後可以有人去介紹」，對於這個 idea，老師提出建議說：「要不要試試由孩子分組到各班去介紹呢？」

雖然當下獲得了孩子們的同意，但考量到接下來孩子在分享的想法裡，老師可能無法兼顧到教室及到各班同時進行，所以這個建議暫時還無法成行。

小昕說：「可以邀請別班來用顯微鏡觀察蝴蝶。」培培補充說：「那要有人在旁邊先介紹會看到什麼喔！」阿珩表示：「還要限制一次幾個人。」就像小星星說的「輪流」一樣，孩子們對這個活動的進行很有概念呢！再來，小榛說：「要參加的人要自己畫卡片。」老師：「可是，大家會不會不清楚要畫什麼呢？」所以最後在大家投票決定之下，還是由我們幫忙畫卡片了。接著小乖說：「可以讓大家猜一猜我們預測的『大鳳蝶』那一個的活動。」老師：「可是，我們會猜測那是哪一種蝴蝶，是因為我

們可以觀察到幼蟲成長、結蛹的過程，可是別班的人可能不清楚耶！」所以，小真聽到小乖分享跟教室外的海報相關的意見，就聯想到：「可以介紹外面橘色的海報啊！」

那是孩子們集體創作關於蝴蝶成長的過程、蝴蝶交配以及垂、帶蛹的分別等，所以，大家接納了這個想法後，老師也提供說：「記得之前我們去大班欣賞媽媽懷孕的影片後，小萱姊姊會問問題和給貼紙嗎？我們也嘗試看看吧！」接著，還有思思針對俊銘叔叔提供給我們的蝴蝶標本，提出自己的看法：「我們可以介紹蝴蝶的標本。」「可是，大家並不是對每一隻蝴蝶標本都完全認識，要等到全部認識，好像還需要一些時間喔！」因此這個提議，可能還要再考慮其可行性之外，阿佑提到了：「可以唱我們學的那一首『蝴蝶飛』的歌曲。」非常好的動態表演建議。

後來孩子們也說要再加上「蝴蝶蝴蝶真美麗」的歌曲，慈慈雖補充了剛剛思思說要介紹標本的想法，但對於我們要呈現的活動性質，好像都偏向靜態的分享之考量下，老師請孩子再想想有沒有可以動態一點的活動。

蝴蝶成果大展 —— 工作人員分配表

工作項目	工作人員
個人蝴蝶研究紀錄分享	培培、小真、玲玲、小蓁、小瑋、小安、阿廣、小岱、皓皓
顯微鏡觀察	靈靈、阿宏
蝴蝶兒歌表演（蝴蝶蝴蝶真美麗）	亭亭、慈慈、宸宸
蝴蝶歌謠表演（蝴蝶飛）	阿佑、小柏、柏柏
蝴蝶知識海報介紹	思思（包含負責問問題、發貼紙的工作）、阿哲、丞丞、阿廷、皓皓、小馨、小昕、銘銘
發門票	恩恩、阿珩
現場諮詢人員	阿德、小崇、阿凱

　　孩子們也在接下來的練習工作裡，認真地揣摩臺詞或是自己要介紹的內容，讓老師對於孩子經過恐龍大展的洗禮之後，感受到孩子的改變及進步。

 老師的觀察 vs. 省思

　　對於今天蝴蝶主題結束的呈現方式，老師們其實心裡已有某些模式存在，希望能在緊湊、簡短的籌備時間裡，引導孩子能順利地在星期四、五舉行蝴蝶大展的工作，雖然一開始對於讓孩子可以分組到各班進行的想法，因為考量到老師能否兼顧的問題而作罷，但或許這是之後可以再嘗試看看的。再來，對於分組的工作，有些孩子似乎無法決定自己熱衷於哪個組別的工作，因為海報製作的成員有限，參加表演組的也有場地大小的限制，而蝴蝶觀察和研究雖然每個人都有參與，但距離對自己有信心說出紀錄及研究的內容，還需要一些練習的時間，有些孩子因為缺乏自信而沒有馬上做出決定，所以後來才有恩恩提到要自願發門票的工作，雖然這可能是每一次在分組時會面臨到的問題，但老師也期待每一次活動的舉辦都能增加孩子揣摩別人的經驗，轉而化作自己上進的動力。

2. 蝴蝶大展討論：各組的位置以及一次輪流人數

　　在昨天孩子們決定要舉辦「蝴蝶大展」的活動後，今天繼續針對昨天未完成的討論，首先老師向大家說明恩恩自願要參加、再加上阿珩加入的發門票組的由來，後來因為如玉老師提到阿珩說「來參加的人可以分成一次幾個人」的 idea，所以我們可以省略發門票的人選，讓恩恩和阿珩分別加入表演組的行列，另外，分享研究紀錄組的孩子，今天在討論自己要在哪邊分享的位置時，考量到中間紅色區塊以及第四桌是表演組使用的位置，

而且動態歌唱的音量可能會影響到分享及聆聽者，因此研究分享組的孩子們最後決定在外面的十二生肖區裡，排出八張椅子給客人坐（因為我們設定每一關有七人，但一個班級裡可能會有八個人的情況），分享者排成一列，九個人輪流分享，輪到的人就站著，沒有輪到的就坐下。另外，老師今天也到各組去當客人，讓孩子們模擬當客人來時，自己要介紹的內容或是表演的動作等。大致上來說，介紹海報組的孩子，以四格海報為例，大家決定分享的順序為：介紹交配的思思、介紹卵的小昕、介紹帶蛹和垂蛹的阿哲和介紹蝴蝶的丞丞，另外定定和銘銘介紹蝴蝶成長過程，小星星和阿廷介紹黃裳鳳蝶、無尾鳳蝶等。在聽過孩子的介紹後，老師發現雖然每個人了解自己要說的內容，但可能會在流暢性及銜接上出現一些停頓的情況，因此在學期剩下不多時間的考量下，老師決定明天即邀請感恩班的哥哥、姊姊，讓孩子實際去感受活動中會遇到的所有情況，再來做修正。

老師的觀察 vs. 省思

　　有別於恐龍大展的舉辦，孩子們自己有當過工作人員及客人的經驗，所以充裕的時間讓孩子較為熟悉整個流程，並且能針對問題做修正及改進，但蝴蝶大展的準備，是從這禮拜開始籌備起，而其中孩子們出現許多意見不同的情況時，都會適時有人提出來：「讓老師決定」，所以原本希望以尊重孩子決定的意見，最後都把決定權交給老師，因此雖然整個活動都在短暫的時間裡決定及執行，但相信不同的體驗都能讓孩子學習到不同的經驗。

3. 舉辦蝴蝶大展～感恩班

　　在昨天蝴蝶展工作都陸續決定並且經過第二次的練習後，今天感恩班的哥哥、姊姊首先來參加孩子們的蝴蝶大展，之所以將蝴蝶大展的舉行比

原本預期的提前一天，是因為不同於恐龍大展，孩子們可以抽離自己、練習當客人及主人的角色，也在活動後進行討論，但是在蝴蝶大展裡，每個人都有自己負責的工作，所以老師希望透過客人來訪的體驗，引導孩子去檢視哪裡不足或是需要再修正。今天整個活動進行下來，基本上還算流暢，老師觀察到各組的孩子都很清楚自己的工作內容，大致上也都賣力地參與，除了小書以外的領導人員比較沒有事情可以做之外，最令人誇獎的就屬顯微鏡組和表演組的孩子了。活動結束後的時間，老師請孩子針對優缺點提出來討論。小星星首先說：「自己在介紹時不夠用心，也就是說音量可以再大一些，客人才比較清楚介紹的內容。」小乖則說：「客人都很有禮貌，我也喜歡自己的工作，因為我有認真地介紹。」思思也覺得自己很棒，因為在問問題和發貼紙的工作上很盡職。小昕則是提出了可以讓海報組更好的建議，她說：「明天可以搬椅子給客人坐，這樣就不會都擠在前面了。」另外銘銘則提到了：「自己要再練習好『蝴蝶成長的過程』」。因為他和定定這一組，是特別讓雨凡老師點名說工作不認真的，一方面是銘銘的音量不夠大，一方面是定定一直靠著牆壁……，至於分享研究紀錄這一組，老師觀察到大家都熟悉自己分享的內容，但除了小真的音量可以讓八個人同時聽到外，其餘都像小安說的：「講話聲音還可以再大聲一點。」而且雨凡老師後來也建議他們改變輪流站在自己的位置說的方式，讓要分享的人站到中間來，效果的確改善很多。另外，小蓁和培培在過程中將紙張捲起來玩又到處走動，更是讓客人說他們不用心，提出這些需要改進的點，希望讓活動更有意義外，也期待孩子的自我控制能力能更加進步。

4. 舉辦蝴蝶大展～合心班

　　今天輪到合心班的弟弟、妹妹來參加蝴蝶大展，在活動前的討論，老師除了針對昨天大家提出來需改進或是再增加的部分，恢復一下孩子們的記憶外，對於昨天參加的是大班，今天年齡則降至中、小班的差異，老師

也事先向孩子說明,雖然我們也是中班,但上學的時間比弟弟、妹妹多出
半年到一年,所以他們可能在理解及配合度上沒那麼高,所以在活動前,
老師提醒大家可多說「請大家跟我們一起做」的小祕訣,增加弟弟、妹妹
的參與度,果然第一組進去表演「蝴蝶飛」時,就聽到阿佑說:「老師,

▲蝴蝶知識海報介紹

▲顯微鏡觀察

▲蝴蝶歌曲表演

▲自編蝴蝶歌謠表演

▲個人研究紀錄分享

▲個人研究紀錄分享

他們都沒有反應耶，都沒有跟我們一起做！」「當然阿，你們是表演者，合心班的是客人，他們本來就是欣賞表演，所以剛剛提醒的小祕訣要不要說出來用啊？」而另一組「**蝴蝶蝴蝶真美麗**」的孩子們，似乎也遇到了相同的問題，但接受了老師的建議，有了這樣的邀請後，大家表演起來互動性就增加不少了。

◤ 老師的觀察 vs. 省思

　　在今天整個活動進行下來，除了老師觀察到的表演組遇到問題之外，大致上的過程都算流暢，尤以昨天分享研究組的孩子，在提醒過音量及說話速度需留意，再加上拉近孩子和客人間的距離，讓聽眾可以更確實諦聽到分享的人在說什麼後，今天每位分享者幾乎都可以達到 90 分，雖然可能因為對象比較小，所以互動上比較沒那麼熱絡。另外，海報組的定定和銘銘今天也配合得很好，定定還稱讚銘銘講得很好喔！以下是孩子們提出來屬於優缺點的部分。宸宸說：「我們跳舞的時候，帶領人員會從前面走過去。」（意即雖然帶領人員今天很盡責，但走的路線應該不能經過表演的地方；並且思思也表示他們拉妹妹的力氣好像太大力了，應該要讓客人舒服一點！）而昨天自己提出要再進步的小星星則說：「今天自己的聲音有變大聲，客人比較聽得懂了，而且自己在介紹結束後，有告訴客人『我講完了』，所以客人就知道要離開了。」另外，小安則提到：「別人在分享研究時，自己有安靜地等待。」因此，最後一次的蝴蝶大展順利地結束，孩子們也有收穫的喜悅囉！

伍、主題相關教具

角落學習區、教具名稱	操作方法及功能
蝴蝶的一生 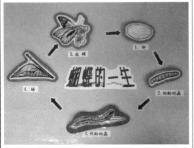	方法： 依照蝴蝶的一生（卵、幼蟲、蛹、蝴蝶），找出每種不同蝴蝶不同生長時期的圖片，完成排列。 功能： 1. 增進孩子了解蝴蝶一生的成長。 2. 透過黏貼操作，促進孩子手眼協調及識字能力。
蝴蝶的一生 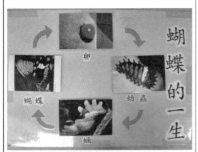	方法： 依照蝴蝶的一生（卵、幼蟲、蛹、蝴蝶），找出每種不同蝴蝶不同生長時期的圖片，完成排列。 功能： 1. 增進孩子了解蝴蝶一生的成長。 2. 透過黏貼操作，促進孩子手眼協調及識字能力。
蝴蝶立體拼圖 	方法： 依照各個拼圖片上的號碼，將拼圖零件組合起來。 功能： 1. 增進孩子立體空間的概念。 2. 了解蝴蝶的身體構造。

角落學習區、教具名稱	操作方法及功能
蝴蝶身體構造三段卡 	方法： 依照每個部位的形狀，將各部位的圖卡配對至符合的位置上。 功能： 1. 認識蝴蝶的身體構造、名稱。 2. 增進孩子圖形配對的能力。
蝴蝶翅膀創作畫 	方法： 使用各式著色原料（彩色筆、蠟筆），在蝴蝶形狀的圖卡上，創作蝴蝶翅膀的圖案。 功能： 1. 增進孩子的繪畫能力。 2. 認識蝴蝶翅膀具有對稱概念。

 陸、孩子的學習成長

 一、學習成效展現

1. 認識不同種類的蝴蝶。

2. 了解毛毛蟲與食草的關係。

3. 了解蝴蝶的生命歷程。

4.科學方法的運用：觀察、記錄、預測、查閱書籍、驗證進行探索。

5.具有尊重生命的態度與行為。

二、學習能力展現

1. **自我澄清概念的能力展現**：原本老師以為馬兜鈴上的幼蟲是大紅紋鳳蝶的幼蟲，但是孩子卻推翻了老師的論點，孩子透過翻閱蝴蝶圖鑑，觀察比對圖片，判定我們種植的馬兜鈴上的幼蟲是屬於「紅紋鳳蝶」的幼蟲，孩子不只是單向的知識接收者，會去質疑、推論、澄清事實，這就是一種科學研究的過程。

2. **展現主動的學習欲望**：孩子因為對於「蝴蝶」主題產生了興趣，所以隨著主題的發展，孩子會主動去探究蝴蝶的相關知識，例如探究卵的孵化 vs.蛹的羽化、鳳蝶寶寶大預測、個人蝴蝶主題研究紀錄等活動，雖然課程最後終有結束的時候，但蝴蝶小博士對於蝴蝶的知識與喜歡，卻是一直延續著。

3. **學習各種探索知識的方法**：在過程中，孩子透過書本、專家、網路、同儕來探索、建構蝴蝶的相關知識，蝴蝶圖鑑、書籍成為孩子在閱讀時間最喜歡翻閱的書本，在遇到想要了解蝴蝶的相關知識，孩子會很主動翻閱書本，尋求答案，而專家的介紹與解說則是可以獲得更直接且第一手的資訊，而同儕間的學習更是在此主題發展一再的展現，透過同儕間的分享與討論，孩子們相互澄清或建構知識。

4. **主動發現問題→問題解決的能力**：在種植馬兜鈴過程、移動樺斑蝶幼蟲、觀察蝴蝶生長紀錄時，孩子會主動的發現問題，並且提出解決的方法，表示孩子觀察力、感受力提高了，會懂得去觀察、思考，如此的能力正是在面對未來變遷快速的世代，所需具備的能力。

5. **思考力的展現**：在孩子發現問題、解決問題、探索蝴蝶生長的過程中，孩子需要不斷的運用思考力，要分析原因，思辨同儕間的觀念，孩子們的判斷能力提高了，對於聽到的話、觀察到的現象，孩子會主動去質疑、分析、建構概念，而不只是一直沒有思考的接收訊息。

6. **執行力的展現**：有了恐龍展的籌劃與展現的經驗，在這次的蝴蝶大展，孩子在舉辦成果展的執行力也再次的展現出來，籌劃的速度更加的快，約只用了一個星期就完成籌劃以及舉辦過程。

7. **合作力的展現**：在蝴蝶知識海報製作、蝴蝶成果展中，孩子們彼此的合作能力又再次接受考驗，當然經歷過許多的爭吵、溝通、妥協、合作的過程，也因為這些活動，讓孩子在合作力上獲得進步。

8. **創意的發想**：從孩子的蝴蝶創作品，可以發現每位孩子的創作成品都是很有個人特色的，雖然一樣都是蝴蝶的創作，運用的素材卻不同，有布料、黏土、紙張、蠟筆等，老師希望孩子不是只有依照老師教導的方式，創造出一樣的美勞作品，而是希望他們可以嘗試運用不同素材，創造出具有創意的作品。

9. **表達能力**：在主題發展過程，老師與孩子有多次的團體討論過程，老師都是透過討論來讓孩子發現問題，思考問題解決的方法，而溝通的管道就是透過語言，所以自然而然的孩子在一次又一次的討論、分享過程中，表達能力更是有所進步，發表的句子愈來愈長，語句更加通順，語意也更能讓人明瞭。在蝴蝶成果展中，孩子是擔任展覽人員，更與參觀人員互動，要分享個人研究紀錄，要表演蝴蝶歌曲，整個過程孩子都是在運用其表達能力，而老師發現孩子們在表達能力提升的同時，自信與勇氣連帶的也成長良多。

柒、教師的成長與省思

1. **老師的角色**：老師要放下身段和孩子一起學習，老師本身要投入，帶領孩子一起觀察、研究，當自己也融入主題中，孩子自然而然也會被吸引，自然會投入並充滿興趣。

2. **老師的適時介入**：雖然課程實施策略是採用不直接教學，但老師的確需具有敏銳的觀察力，觀察孩子探索的過程，在遇到問題時，給予適時的鼓勵、引導、質疑或者陪伴，例如阿廷找資料的部分（琉球青斑蝶），遇到挫折會較易退縮，老師有時給予強制的要求、鼓勵並適時的協助引導，之後發現阿廷在這方面已經有所進步。

3. **課程延續至家中生活**：因為家長的配合，支持孩子將對於蝴蝶的喜愛與探索延伸至家中，陪伴孩子閱讀蝴蝶的書籍，購買蝴蝶圖鑑給孩子，陪伴孩子到戶外參加蝴蝶生態活動，在家中飼養蝴蝶幼蟲，陪伴孩子觀察蝴蝶幼蟲的生長過程等，這些家長的參與、陪伴與投入，絕對是激發孩子對於蝴蝶議題的產生濃厚興趣不可或缺的要素。

4. **順應孩子的心**：課程發展的方向其實就是順著孩子的心來進行，滿足孩子學習的欲望，如此一來，孩子學習的主動性會很強烈，老師無需費盡力氣的引導，孩子自然而然的就會很投入，至於要如何了解孩子們的心呢？很簡單，就是觀察孩子，與孩子討論，仔細聆聽孩子說的話，並且注重孩子說的話。

5. **老師專業知識的不足**：蝴蝶生長觀察紀錄的實施沒有成功，卵一直沒有孵化成功，原因可能與老師專業知識的不足，雖有想要滿足孩子學習欲望的心意，卻沒有充足的知識或者更為完善的規劃。孩子記錄的深度不足，且中途出現過多的變數，例如食物的不足、蝴蝶幼蟲在中

途死亡等等，都是造成觀察紀錄無法順利進行的因素。

6. **給孩子更多驗證自己想法的機會**：孩子在提出問題解決方法時，老師對於孩子提出的方法別過早評估其可行性，或許可以多一些的空間、時間讓孩子去嘗試，再從中自我評估方法的可行性，如果老師先幫孩子構想好，孩子永遠也不會了解方法。

7. 主題的進行是以飼養蝴蝶幼蟲的寄主植物「馬兜鈴」開始，但由於對於寄主植物的照顧以及幼蟲成長所需食草量的了解不足，所以發生寄主植物不足，為了寄主植物疲於奔命或尋求寄主植物的情形，所以下次需要考量到食草量的問題，也或許可以校園內就隨處可見的「橙帶藍尺蛾」為主題觀察的重點。

捌、家長回饋

1. 有天晚上，小昕幫忙收拾房間裡的「玩具角」，突然跑到媽咪面前，拿著妹妹長形的圓柱形布偶，把自己的身體當作樹枝，表演橙帶藍尺蛾幼蟲爬行的樣子非常像。從蝴蝶的主題學習中，孩子已經從知性的、感性的各種活動裡，將蝴蝶點點滴滴的資訊，自然而然地融入他的生活之中。

2. 自從這學期開始觀察蝴蝶，小岱就會特別注意小昆蟲，在家裡發現的，觀察完後會放生到室外，校園內發現的會放在草的上面，不但多認識一些昆蟲，也養成了護生的概念。

3. 阿凱常會跟媽媽說明蝴蝶天敵及相關的蝴蝶知識。會畫蝴蝶，也會跟媽媽分享在學校蝴蝶的相關討論。會細心照顧蝴蝶生命樹，愛護幼蟲，關心幼蟲變化。可清楚告訴媽媽帶蛹、垂蛹、前蛹期及羽化相關知識。能描述自己對生命及蝴蝶一生的感受，對幼蟲死亡有特別感受與體驗，

了解生命教育及尊重生命。主題結合生態與大自然做親密接觸，結合生命教育，讓孩子了解生命的可貴與意義，也讓身為父母的我們，上了很棒的課程，進而對蝴蝶的一生有深刻的了解與認識。

4. 爸爸對於生態是超級有興趣的，他可以隨意就說出二十幾種蝴蝶，現在也會自己去查書，放假到學校，也都會帶著寶弟到觀察箱觀察並解說蝴蝶狀況。

5. 這學期「蝴蝶」的主題，讓家中的爸爸、媽媽也一同參與了大自然蝴蝶的奧祕，不但是培培從書籍中得到蝴蝶的生長過程知識外，也趁假日時，實地去探索，使得爸爸、媽媽也一同了解蝴蝶，透過這次課程，讓培培對於觀察與思考及探討有更深的進步，也在家中上網尋找許多對於蝴蝶的疑問而找到答案。

6. 自從蝴蝶主題開始之後，小蓁會與我們分享一些與蝴蝶有關的知識，比如以馬兜鈴為寄主植物的蝴蝶有大紅紋鳳蝶、紅紋鳳蝶等，除了讓我們知道他在學校的學習狀況外，也藉此使我們知道一些從前當學生時所不知道的事情。

7. 老實說，慈慈現在懂的蝴蝶生態，已經比我多很多了，小朋友從中學習到主題內容外，也經由各式各樣的延伸活動，學習到做人、做事、面對問題的態度與方法。

8. 每年春天，家門口的馬路以及車庫，總有一段時間會爬滿了不知名的毛毛蟲，有時候數量一多，還滿嚇人的，以前的皓皓，看到那麼多的毛毛蟲，一開始是害怕，後來甚至會用腳去踩，雖然被爸媽制止，但看到毛毛蟲，皓皓還是躲得遠遠的。今年春天，毛毛蟲還是出現了，可是皓皓不一樣了，幾天前當我們一起把花道課帶回的花種在花園的時候，意外發現了幾隻小毛毛蟲，這時皓皓已經不會害怕了，更不會去傷害牠們，只是靜靜的在旁觀察，甚至要爸爸不要打擾牠們。學會對生命的尊重，知道即便是小小的生命，也是可貴的，這是爸媽感到

欣慰的，感謝老師費心的準備教材，以生活化最直接的方式，讓小朋友在認識蝴蝶的同時，也學會人生中，自己動手研究的第一步。

9. 小乖針對這次主題「蝴蝶」，的確學到不少資訊及知識，有時媽咪會故意考他，他也都會講出讓媽咪驚訝的答案，驚訝他怎麼對於蝴蝶了解這麼多，甚至要媽咪幫他借書，求知的欲望頗為強烈。

10. 正如老師所說的，孩子對待生物多是用抓或撥弄的方式，小真以前也是，自從在學校學習後，他更懂得保護小生命，走在路上發現別人對小動物或植物有不正當的舉動時，會說：「這樣別人就不能欣賞了」。

11. 靈靈從主題定下後，便要求我買相關的書籍給她，投入的精神及積極求知的欲望，都是身為大人的我望塵莫及的，我常開玩笑地跟她說：「蝴蝶小博士你好，以後要多多指教。」這個學習的過程，最難的是建立孩子科學驗證技巧及方法，透過查書、觀察、記錄、比對的交叉分析，讓孩子建立邏輯論證及思辨的能力，是很多小學孩子（我們以前的填鴨式）都不見得具備的基本能力，有你們的辛苦付出，我們很感恩！

 ## 玖、孩子的作品

(一) 心情日誌上的蝴蝶作品

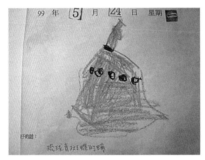

▲琉球青斑蝶的蛹

▲蝴蝶交配

▲馬兜鈴上的樺斑蝶幼蟲

(二) 角落時間創作的蝴蝶作品

▲蝴蝶畫

▲蝴蝶畫

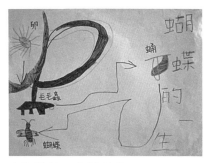

▲蝴蝶的一生過程畫

▲蝴蝶翅膀對應畫

▲立體蝴蝶美勞作品

▲手工蝴蝶小書

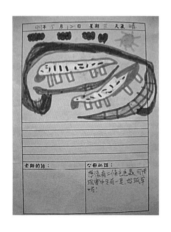

拾、主題評量表

領域	項目	優	良好	尚可	加油
知識	1. 能說出紅紋鳳蝶幼蟲的寄主植物——馬兜鈴。				
	2. 能夠正確的操作尺，進行測量工作。				
	3. 能指認出紅紋鳳蝶的幼蟲。				
	4. 能利用蝴蝶相關圖鑑，尋找資料，求得答案。				
	5. 能懂得分辨帶蛹與垂蛹。				
	6. 能指認出三種以上的蝴蝶種類。				
	7. 能分辨兩種以上蝴蝶的食草。				
	8. 能知道蝴蝶斷翅、羽化失敗的原因。				
	9. 能知道影響蝴蝶幼蟲死亡的原因。				
	10. 可以知道「蝴蝶的成長」的演變過程。				
	11. 能知道從相關書籍中蒐集資料、研究問題。				
技能	1. 能照著文字形體，進行仿寫或描寫的動作。				
	2. 會正確使用放大鏡，進行觀察活動。				
	3. 會透過口語表達，說明各關卡的闖關方式。				

（續下表）

領域	項目	優	良好	尚可	加油
技能	4. 懂得運用五官去觀察蝴蝶幼蟲或寄主植物。				
	5. 可以在紙張上畫出樹木的形像特徵（樹幹、樹葉）。				
	6. 能靈活將「顏色」塗在蝴蝶身體的範圍內。				
	7. 可以在紙張上畫出蝴蝶的形像特徵（觸角、翅膀）。				
	8. 能靈活使用雙手，搓整黏土形狀，完成蝴蝶作品。				
	9. 會使用有刻度的尺，測量毛毛蟲的大小、長度。				
	10. 會靈活使用剪刀，依照線條剪下圖案。				
	11. 會運用不同素材，創作出蝴蝶作品（布、紙）。				
氣質	1. 團體討論中，勇於分享自己的想法。				
	2. 會認真聆聽他人的分享，並接納他人的意見。				
	3. 會主動與老師分享蝴蝶相關話題或知識。				
	4. 會積極參與搶救馬兜鈴的工作。				
	5. 能夠做到尊重、愛惜生命，不任意傷害生命。				
	6. 主動、積極參與研究蝴蝶的工作。				
	7. 具有愛護、照顧蝴蝶幼蟲及成蟲的觀念與行動。				
感覺	1. 會主動發現問題，並提供解決辦法。				
	2. 會細心照顧蝴蝶幼蟲的寄主植物（澆水）。				
	3. 會細心照顧「蝴蝶幼蟲」、「寄主植物」（清理大便）。				
	4. 會主動觀察蝴蝶的生長過程。				
	5. 會細心觀察蝴蝶幼蟲的生長。				
	6. 能與同學溝通、協調，完成小組工作。				

🦋 拾壹、主題活動觀察紀錄

班級：善解班　　姓名：○○○　　座號：17　　主題名稱：蝴蝶

活動名稱：照顧馬兜鈴
日期：＿＿＿＿＿＿＿

說明：

在將馬兜鈴移植到校園內後，我們會利用時間來替馬兜鈴澆水，希望透過我們細心的照顧，馬兜鈴可以長得很好，這樣紅紋鳳蝶寶寶才能有食物可吃。孩子對於照顧馬兜鈴的工作，總是很積極投入，可以看見她主動的拿著水桶，裝著一桶桶的水，來回穿梭在水槽和馬兜鈴間，做著澆水的動作，都沒有喊累喔！看見枯掉的葉子也會協助拔掉，從孩子用心照顧馬兜鈴的過程，相信她已具有關懷植物、尊重生命的概念囉！

活動名稱：照顧馬兜鈴
日期：＿＿＿＿＿＿＿

說明：

我們發現在蝴蝶觀察箱內的樺斑蝶幼蟲過多，而發生寄主植物——箆麻不足的問題，眼看幼蟲們就要面臨餓死的命運，我們決定要將這些部分的幼蟲移到校園內的生態區，那該怎麼移動這些幼蟲又不傷害到牠們呢？孩子嘗試使用真實的葉子，黏貼成箆麻的葉形，來移動牠們，而選擇此方法的理由是：「幼蟲會以為是真的箆麻，就會爬上來。」此方法也果然奏效，藉由此事件，可了解孩子已經會思考問題並運用方法來嘗試解決問題囉！

活動名稱：照顧馬兜鈴　　日期：＿＿＿＿＿＿＿

說明：

隨著主題的發展，愛創作的孩子會使用各種素材來創作蝴蝶作品，這次她使用「布」來嘗試創作，她接受老師的建議將剪下來的布拼貼在紙上，完成這隻蝴蝶，面對一大塊的布，可以剪出一個基本雛型，對於這個年紀的他們來說，真的是需要技巧，而她也掌握得很好，從她的作品，更可以看出她對於蝴蝶身體的構造已經了解，且運用在創作上，翅膀的部分還剪出了尾狀凸起的部分呢！

班級：善解班　　姓名：○○○　　座號：22　　主題名稱：蝴蝶

活動名稱：照顧馬兜鈴　　日期：＿＿＿＿＿＿	活動名稱：照顧馬兜鈴　　日期：＿＿＿＿＿＿
說明： 孩子發現馬兜鈴的葉子出現枯死的情形，探究原因後，發現原來是馬  兜鈴的根裸露在外所引起的，在全班討論後，孩子提出可用培養土混泥土，再將其蓋在馬兜鈴的根上，進行搶救馬兜鈴的工作。這天，孩子帶了培養土來，手拿著鏟子，賣力的將泥土與培養土攪拌均勻，因為他知道如果只有放培養土會太營養，所以要混合均勻的土才最適合拿來種植，雖然頂著大太陽，汗水猛冒，孩子可是一點都沒有喊累，而是很投入於搶救活動喔！	說明： 早上走去學校的路上，孩子發現了一隻橙帶藍尺蛾，對於蝴蝶充滿興  趣的他，馬上與老師分享，我們還一同到戶外去做觀察，觀察到一半，孩子想起可以拿蝴蝶圖鑑出來翻閱，查詢看看牠是什麼蝴蝶？（老師知道答案，但是並沒有說）很具有科學家追根究柢的精神。回到教室，孩子和同學陸續翻閱了幾本書，終於在一本書上找到答案，開心的他更是迫不及待的與老師分享呢！而因為此事，孩子對於翻閱蝴蝶圖鑑就更加喜愛了，每天都會翻上幾回喔！

活動名稱：照顧馬兜鈴　　日期：＿＿＿＿＿＿

說明：
在亞洲水泥蝴蝶園區參訪後，孩子對於蝴蝶的見聞又更加增長了，那孩子在參訪中對於什麼印象最深呢？從他們的參訪記錄畫中，便可以窺見一二。孩  子畫出他在園區看到的蝴蝶。從孩子的畫作中，可以觀察到他已經知道蝴蝶的基本身體構造，並可用圖像的方式表徵出來，且已具有翅膀對稱的概念，但對於蝴蝶翅膀的色彩、圖案線條的觀察則仍在發展中喔！

 拾貳、參考資料

中華蝴蝶保育學會：http://butterfly.kingnet.com.tw/

臺灣蝴蝶保育學會：http://www.butterfly.org.tw/home.php

臺灣的蝴蝶：http://web2.nmns.edu.tw/Multimedia/Butterfly/home.html

臺灣蝴蝶家族：http://butterfly.caes.tpc.edu.tw/

臺灣蝶類網路圖鑑：http://nc.kl.edu.tw/bbs/showthread.php？t=5615

國立鳳凰谷鳥園：http://databook.fhk.gov.tw/butterfly/index.htm

蝴蝶生態面面觀：http://turing.csie.ntu.edu.tw/ncnudlm/

王效岳、李俊延（2012）。**臺灣蝴蝶圖鑑**。臺北市：貓頭鷹。

徐堉峰（2004）。**近郊蝴蝶（精）**。臺北市：聯經。

郝廣才（2010）。**蝴蝶新衣**。臺北市：格林。

張永仁（2007）。**蝴蝶 100——臺灣常見 100 種蝴蝶野外觀察及生活史全紀錄**。臺北市：遠流。

陳燦榮（2008）。**蝴蝶**。臺北市：親親。

國家圖書館出版品預行編目(CIP)資料

幼兒園主題課程設計：慈大附中附幼主題課
程紀實／施淑娟主編.--初版.--
新北市：心理，2019.05
面；　公分.--（幼兒教育系列；51203）

ISBN 978-986-191-863-1（平裝）

1.學前教育　2.學前課程　3.教學活動設計

523.23　　　　　　　　　　108004412

幼兒教育系列 51203

幼兒園主題課程設計：慈大附中附幼主題課程紀實

主　　　編：施淑娟
作　　　者：陳佩珠、張珮嘉、陳美如、顏桂玲、顏如玉、鄒怡娟、簡月蓉、
　　　　　　梁佩芹、莊惠麗
執 行 編 輯：高碧嶸
總 編 輯：林敬堯
發 行 人：洪有義
出 版 者：心理出版社股份有限公司
地　　　址：新北市新店區光明街 288 號 7 樓
電　　　話：(02) 29150566
傳　　　真：(02) 29152928
郵撥帳號：19293172　心理出版社股份有限公司
網　　　址：http://www.psy.com.tw
電子信箱：psychoco@ms15.hinet.net
駐美代表：Lisa Wu（lisawu99@optonline.net）
排 版 者：龍虎出版製作有限公司
印 刷 者：龍虎出版製作有限公司
初版一刷：2019 年 5 月
ＩＳＢＮ：978-986-191-863-1
定　　　價：新台幣 500 元